AI시대
디지털 품질 4.0
실현

AI시대, 디지털 품질 4.0 실현

발 행 일	2026년 1월 1일 초판 1쇄 발행
지 은 이	이경근, 황인극, 김현득, 이문영
발 행 인	김현균
편 집	노지호
발 행 처	(주)미디어스트리트
출판등록	2004년 12월 24일(제2004-350호)
주 소	서울시 강남구 선릉로 513, 10층(역삼동)
전 화	02-6249-6077
팩 스	02-6249-6106
홈페이지	www.mediastreet.co.kr

ISBN 979-11-6010-083-9 93320

AI시대 디지털 품질 4.0 실현

이경근, 황인극, 김현득, 이문영 지음

MEDIA STREET

4차 산업혁명, 디지털 전환, AI 확산 등 급격한 환경 변화와 치열한 경쟁 속에서 기업들은 지속적인 경쟁력 강화를 요구받고 있다. A+DX 시대에 접어들면서, 데이터 분석에 기반한 전략적 의사결정은 기업 성장의 핵심 동력으로 자리 잡았다. 특히 고객 개인화 시대에 맞춰 데이터를 효과적으로 활용하면 고객만족도를 크게 높일 수 있다. 이에 기업은 축적된 데이터를 부서별로 분절해 사용하는 대신, 통합적으로 관리·분석할 수 있는 체계를 마련해야 한다. 이를 통해 경영 효율성을 높이고 차별화된 경쟁 우위를 확보할 수 있다.

최근 AI 기술의 급격한 발전과 확산은 경영 환경과 경쟁 구도를 근본적으로 바꾸고 있다. 오픈AI의 ChatGPT, 딥시크, 엔비디아의 피지컬 AI 등은 업무 자동화, 고객 소통, 제품 개발 방식을 혁신적으로 전환시키고 있다. 기업들은 이러한 변화를 위협이 아닌 기회로 인식하고, 조직 내 AI 활용 전략과 인재 재교육 체계를 신속히 구축해야 한다. 더불어 보안, 윤리, 데이터 신뢰성 문제에 대한 대응체계 마련도 필수적이다. 결국 AI를 적극 도입·관리하는 기업만이 지속 가능한 경쟁우위를 확보할 수 있을 것이다.

이러한 AI와 디지털 전환 논의는 자연스럽게 인더스트리 4.0과 품질 4.0으로 이어진다. 인더스트리 4.0은 데이터, 연결성, 사물인터넷 등 첨단 기술로 제조업의 패러다임을 혁신했으며, 품질 4.0은 이러한 기술 기반 위에 품질관리의 디지털 혁신을 추구한다. 이는 단순한 생산 자동화 확장을 넘어, 고객의 가치와 신뢰성을 보장하는 새로운 품질관리 프로세스 도입을 의미한다. 전통적 품질관리가 오류 탐지와 개선에 집중했다면, 품질 4.0은 실시간 데이터와 AI를 활용해 예측적이고 선제적인 품질 전략을 목표로 한다. 결과적으로 품질 4.0은 운영의 탁월성을 극대화하며 디지털 전환 시대에 필요한 새로운 성과 창출의 근간이 된다. 또한 로봇, 3D 프린팅, 원격 모니터링 등의 신기술은 제품 결함 최소화와 고객 맞춤형 서비스 제공을 가능케 하여 경쟁 우위를 더욱 공고히 한다. 품질 4.0은 인더스트리 4.0과 함께 기업이 시장에서 지속적인 성과와 혁신을 이루기 위한 핵심 전략으로 자리매김하고 있다.

2017년 맥킨지가 발표한 「The evolution of quality : Higher quality output, lower cost of quality」에 따르면, 품질은 4단계 진화를 거쳤으며, 4차 산업혁명 시대의 최종 단계는 데이터, 분석, 연결성, 협업, 서비스 가능성과 같은 핵심 요소들을 포함해 제품 설계부터 사후 서비스에 이르기까지 품질관리 범위를 확장하는 것으로 정의된다. 이는 4차 산업혁명 기술을 통해 품질 문제를 해결하고 고객 중심의 품질경영을 실현하는 새로운 패러다임이다.

이와 같은 품질경영의 디지털 전환은 글로벌 품질경영 참조모델의 변화에서도 명확히 드러난다.

미국의 말콤 볼드리지 모델은 최근 개정판2023~24년에서 조직 민첩성, 혁신과 전환, 업무 및 인력 수요 변화 대응력을 강조하는데, 이는 디지털 전환과 결합되어야만 실현 가능한 영역이다.

ISO 9001:2026 역시 소프트웨어 통제, 데이터 무결성, 사이버 보안, 원격 관리 등 디지털 통합과 회복력 강화, 선제적 리스크 관리, 품질 문화 조성 측면에서 개정 중이며, 품질 목표와 기업의 사회적 책임 사이의 연관성을 보여주기 위해 환경Environmental, 사회Social, 지배구조Governance 요소와의 연계성도 포함한다.

유럽의 EFQM 2025 모델은 AI, 자동화 등 신기술 활용과 데이터 기반 경영을 강조하며, 품질경영의 디지털 전환을 핵심 전략 요소로 제시한다. 조직 내부 및 외부 경계 확장, 혁신 및 변화 대응력 강화를 위해 디지털·자동화 시스템 도입과 활용을 권장하며, Lean·Agile 방식과 IT 리스크 관리 등의 디지털 관리체계도 핵심 요소로 포함되어 있다.

이 모델은 디지털 도구와 프로세스를 기반으로 품질 혁신과 지속 가능한 성과 달성에 집중할 수 있도록 설계되었다.

품질 4.0 프레임워크는 사람, 조직, 프로세스, 기술을 통합적으로 조망하는 관점에서 출발한다. 이 책에서는 JM Juran의 블로그에서 제시한 11개의 핵심 축에 최신 도구와 기술을 더해 포괄적인 품질경영 프레임워크를 제안한다. 이 프레임워크는 전통적인 품질보증 방식을 넘어, 디지털 및 실시간 품질관리 시스템으로의 전환을 목표로 한다. 조직은 지속가능성을 확보하고, 급변하는 환경에 민첩하게 대응할 수 있는 역량을 강화해야 하며, 특히 디지털 역량 강화를 통해 인더스트리 4.0 시대에 경쟁 우위를 확보하는 것이 필수적이다. 이처럼 품질 4.0은 디지털 전환과 조직 혁신을 통해 새로운 품질경영 패러다임을 제시한다.

디지털 전환으로 복잡해진 품질경영 활동의 변화와 저항을 극복하고 미래 방향 설정에 도움을 주고자 현실적인 방향성과 실행 방안을 담는데 중점을 두었다.

1장은 인더스트리 4.0 디지털 혁명의 흐름과 핵심 기술, 제조업에서 스마트 기술이 하는 역할을 설명한다.

2장은 기존 품질관리 방법에서 디지털과 실시간 관리로의 전환 과정을 설명하고, 품질 4.0의 특징과 구현 동기, 장애 요소, 적용 효과를 설명한다.

3장은 성공적인 디지털 품질경영을 위해 필요한 프레임워크, 요소와 도구, 수준 평가 방법을 학습하도록 구성했다.

4장은 설비 진단과 예측을 통한 디지털 환경에서의 유지관리 방법과 의사결정 과정을 다룬다.

5장은 예방·교정·예지보전 등 다양한 설비관리 기법을 통해 4차 산업혁명 시대에 맞는 설비 효율과 생산성 향상 방법을 학습한다.

6장은 컴퓨터머신, 머신비전을 활용한 이미지 처리, 자동화 검출 시스템을 통해 품질 검사의 효율화 방안 및 사례를 설명한다.

7장은 데이터 기반 관리시 발생하는 이상 데이터의 탐지와 분석 기법을 통해 문제를 조기에 발견하고 대응하는 방법을 소개한다.

8장은 인간 중심과 지속가능성을 강조하는 인더스트리&품질 5.0 시대에 품질경영과 제조혁신의 특징, 미래 전략을 제시한다.

4차 산업혁명의 거대한 흐름 속에서, 디지털 전환이라는 중대한 과제를 안고 기업들은 새로운 품질경영 패러다임에 직면하고 있다. 이 책은 품질 4.0이라는 혁신적 접근을 통해 이러한 변화에 효과적으로 대응하고자 한다. 디지털 기술과 데이터를 적극 활용하여 품질관리의 자동화와 실시간 개선을 구현하는 방법을 제시하며, 변화하는 환경에서 지속가능한 성장과 경쟁력 확보를 위한 구체적인 전략과 실행 방안을 제공한다.

품질 4.0을 통해 조직 전체가 디지털 시대에 맞는 품질 문화와 혁신 역량을 갖추도록 지원하며, 이 책이 품질경영의 새로운 방향성을 모색하는 의미 있는 출발점이 되기를 기대한다.

품질 4.0은 실시간 모니터링을 통해 공정 상태를 지속적으로 파악하고, 예측 분석을 활용하여 품질 문제를 사전에 예방한다. 자동화된 품질 검사 시스템은 검사 시간을 단축하고 정확도를 높이며, 디지털트윈 기술을 통해 실제 공정을 가상으로 재현하여 품질관리의 효율성을 극대화한다. 다양한 품질 데이터를 통합·분석함으로써 심층적인 인사이트를 제공하며, 지능형 유지보수 시스템은 설비 이상을 조기에 감지해 안정적인 운영을 지원한다.

이러한 기술 요소들은 모두 PDCA 사이클을 기반으로 품질 향상과 지속적인 개선으로 이어진다. 궁극적으로 품질 4.0은 디지털 기술을 기반으로 기업 혁신을 가속화하며 경쟁력과 생산성 향상에 핵심 동력으로 작용할 것이다.

아울러, 품질 4.0의 중요성에 공감하고 많은 조언과 의견을 주신 한국표준협회 문동민 회장님을 비롯한 임직원분들과 한국품질경영학회 교수님들, 기업 관계자분들께 감사드리며, 이 책의 출판을 위해 끊임없는 지원과 격려를 보내주신 미디어스트리트 김현균 대표님과 관계자 여러분께도 깊은 감사의 마음을 전한다.

2025년 11월

이경근·황인극·김현득·이문영

차례

제8장   인더스트리 5.0 & 품질 5.0 방향

제 **1** 장

4차 산업혁명 개요

01 소개

지난 수십 년 동안 정보 기술 분야의 꾸준한 발전은 우리 삶의 방식과 산업 전반에 걸쳐 수행되는 방식에 혁명을 가져왔다.

이 새로운 시대의 산업혁명인 인더스트리 4.0 Industry 4.0의 도래와 함께 기업들은 민첩한 제조와 대량 맞춤 생산이 가능한 통합 네트워크 시스템을 가진 기업으로 변모하게 되었다. 기업들은 유연하고 적응력이 뛰어나며 에너지 효율적이고 혁신적인 지능형 제조 시스템을 기반으로 핵심 역량을 통합하였고, 이를 바탕으로 프로세스와 공급망을 가상화하여 원활한 기업 간 협업 운영을 실현했다.

이것은 현재 제조업의 트렌드가 되었고 최신 유행어인 인더스트리 4.0 또는 디지털 혁신이란 명칭과 함께 스마트공장의 개념적 결과물로 인식되었다. 따라서 인더스트리 4.0은 일반적으로 스마트공장에서 지능형 생산 프로세스를 구축하여 빠른 제품 개발, 유연한 생산과 같은 기능을 구현하는 것으로 간주되었다.

인더스트리 4.0은 비용·효율적인 방식으로 짧은 제품 수명 주기와 극한의 대량 맞춤화를 실현하기 위해 제조를 발전시키기 위한 것이며, 인더스트리 4.0의 핵심인 스마트공장은 물리적 기술과 사이버 기술을 통합하고 관련 기술을 보다 복잡하고 정밀하게 만들어 제조 공정의 성능, 품질, 제어 가능성, 관리 및 투명성을 향상시킨다.

02 역사

인더스트리 4.0이라는 용어는 생산성과 효율성을 높이기 위해 디지털 기술을 사용하여 현재 산업 프로세스를 변환하는 중요한 4차 산업혁명을 의미한다.

[그림1-1]과 같이 첫 번째 산업혁명은 물과 증기기관을 사용하여 작동할 수 있는 기계 및 생산 장비를 도입하여 농경사회를 산업사회로 전환하여 제조 프로세스를 변경한 것을 말한다. 두 번째 산업혁명은 대량 생산, 조립라인 및 전기를 포함하여 대규모 제조, 기계 공학 및 자동차 산업에 도움이 되었다. 세 번째 산업혁명은 전자 및

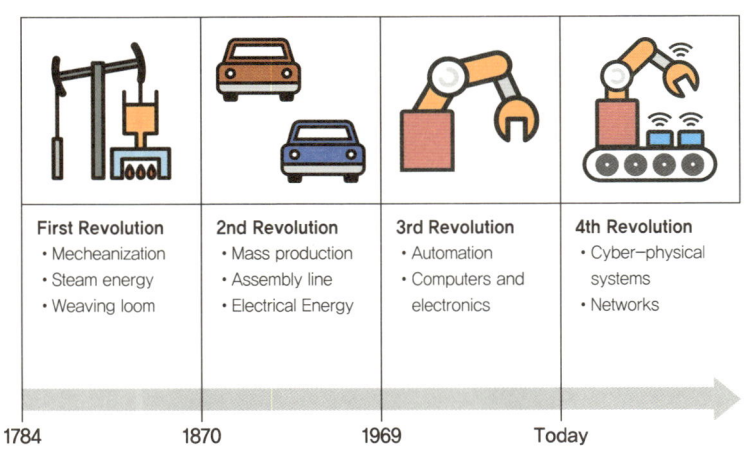

[그림1-1] 산업혁명의 과정

정보 기술을 사용하여 제조 프로세스를 더욱 자동화하여 "공급망 관리" 개념으로 이어졌다. 네 번째 산업혁명은 산업 프로세스와 전체 가치 창출 프로세스의 종단 간 디지털 변환을 의미한다.

1. 1차 산업혁명(1765년부터 1800년대 중반까지)

1차 산업혁명은 18세기 영국에서 시작되었으며 수력과 증기기관을 활용하여 제조업 생산성, 운송업, 그리고 증기동력으로 인간의 고된 노동을 대체할 수 있는 분야의 성장을 가능하게 했다.

하지만 이것들은 예상과 달리 고용을 감소시키지 않았다. 오히려 기계화로 인한 대량 생산 산업 활동을 촉진하여 노동력을 농업에서 공장으로 이동시켰고, 이는 경영에 대한 사고와 철학을 정립시키는 계기가 되었다.

2. 2차 산업혁명(1870년부터 1914년까지)

1차 산업혁명이 산업 문화의 시작이라면, 2차 산업혁명의 중요한 변화는 생산 규모이다. 가스, 석유는 노동을 더욱 용이하게 하였고 마력을 대체했으며, 전기는 가정과 도시의 생활공간을 밝혀 낮보다 더 오래 일하고 활동할 수 있게 하였다. 이는 생산성, 경제성, 그리고 삶의 질을 크게 향상시켰다. 주요 발명품으로는 새로운 통신 방식전화 및 전신, 전기, 철도, 자동차와 비행기, 대규모 공장, 내연 기관, 철강 산업, 화학 합성 등이 있다.

가스와 석유는 경제 발전을 이끌었으며 에너지 생산, 송전, 배전,

그리고 사용 분야에서 새로운 산업들이 활발하게 등장했다. "20세기 최고의 공학적 성과"로 불리는 전기는 다른 모든 산업의 운영 방식을 변화시켰다.

3. 3차 산업혁명(1950년대부터)

컴퓨터, 전자 및 정보 기술이 3차 산업혁명에서 생산 공정 자동화를 지원했다. 다양한 사용자 요구에 맞춰 체계화된 정보화 및 인터넷 시대를 열었으며, 원자력 에너지, 전자 기술_{트랜지스터, 마이크로프로세서}의 부상, 생명공학 및 우주 연구개발을 위한 소형 소재 개발과 더불어 제조업에서 고도화된 자동화 및 로봇공학의 발전을 이루었다.

4. 4차 산업혁명(2010년대부터~현재)

인더스트리 4.0은 지능형 공장을 생산라인이나 가치체인의 모든 부분과 연결하고 자동화 시스템을 통해 스마트생산 환경을 조성하는데 주로 기반을 두고 있다. 제조 공정 전반에 걸쳐 모든 기계·장비를 디지털화하면서 공장 전체가 디지털화되어 스마트공장으로 변모한다. 디지털화는 우리가 물리적 세계를 조종할 수 있는 가상세계를 구축할 수 있도록 한다. 4차 산업혁명의 핵심 과제는 모든 생산 수단의 실시간 연결과 상호작용이며, 생산라인의 여러 사물과 다양한 참여자를 연결하는 스마트공장을 위한 솔루션_{클라우드 컴퓨팅, 빅데이터 분석, 산업용 사물인터넷 및 서비스, 머신러닝, 가상 및 증강 현실, 3D 프린팅, 인공지능}을 구현한다.

이러한 기술의 활용은 물리적, 디지털, 생물학적 영역의 경계를 모호하게 만들어 전 산업의 영역을 완전히 파괴한다. 이것들은 생산, 관리 및 거버넌스 시스템 전체의 변혁을 가져오지만 에너지는 여전히 중요한 문제로 남아 있다.

03 인더스트리 4.0의 필요성과 정의

1. 인더스트리 4.0의 필요성

전통적인 제조는 일반적으로 이해관계자 간의 원활한 정보 흐름, 조정 및 협업을 저해할 수 있는 몇 가지 과제에 직면하게 된다. 현장에서 발생하는 시간, 비용, 유연성, 통합, 디지털화, 그리고 업무 환경의 다양성을 막는 몇 가지 사항들은 다음과 같다.

- **정보 사일로** : 부서 내의 정보 사일로로 인해 데이터 흐름이 방해받고 실시간 가시성이 저하되며 불일치가 발생하여 지연, 오류 및 비효율성이 발생한다.
- **기존 시스템 및 인프라** : 오래된 소프트웨어, 하드웨어, 통신 기술, 표준화 및 상호 운용성 부족으로 인해 데이터 호환성이 부족해져 원활한 정보 교환이 방해를 받는다.
- **데이터 품질 및 정확성** : 기존 시스템의 불완전한, 노후화된, 일관성 없는 데

이터는 공급망의 의사 결정 및 계획 프로세스에 영향을 미친다.

- **변화에 대한 저항** : 기존 프로세스와 작업 방식에 익숙한 직원은 변화에 저항하고 효과적인 통합을 방해한다.
- **신뢰와 협력 부족** : 신뢰를 구축하고 협력 관계를 육성하는 것은 효과적인 통합을 위한 주요 요소이다.
- **보안 및 개인 정보 보호 문제** : 성공적인 통합을 위해서는 강력한 사이버 보안, 데이터 암호화, 액세스 제어 및 개인 정보 보호 규정 준수를 보장하는 것이 주요 과제이다.
- **공급업체 및 파트너 준비성** : 기존 제조 환경에서는 통합 이니셔티브에 맞춰 시스템, 프로세스 및 데이터 공유 기능을 조정하는데 어려움이 있다.

이러한 문제점을 해결함으로서 기업은 저렴한 비용, 투명성, 민첩성 및 슬림성을 통한 공정 효율성, 제품 품질, 지속가능성 및 안전성을 얻을 수 있다. 이를 위해 인더스트리 4.0의 도입이 필요하다.

2. 인더스트리 4.0의 목표

인더스트리 4.0의 목표는 비용과 효율적인 방식으로 짧은 제품 수명 주기와 극한의 대량 맞춤화를 실현하는 것이다. 독일의 인더스트리 4.0 전략 외에도 한국의 제조업 혁신 3.0, 유럽 2020, 미국의 산업 인터넷, 일본의 2014년 제조업 백서, 2025년 메이드 인 차이나 Made in China 2025와 같은 다른 국가들도 유사한 전략을 개발했다.

이러한 전략은 제품과 서비스의 혁신을 통해 고부가가치 제품을

[표1-1] 전통적인 공장과 인더스트리 4.0의 공장 비교

구분	원천	전통적인 공장		인더스트리 4.0	
		속성	기술	속성	기술
요소	센서	정도	• 똑똑한 결함 감지 센서	• 자신과 타인에 대한 인식 • 미래를 예측하는 능력	• 환경을 면밀히 관찰하고 남은 시간이 얼마나 되는지 평가 • 생산 공정의 분산 제어 및 모니터링
기계	컨트롤러	생산성 및 효율성	• 중앙 제어에 따른 모니터링 및 진단	• 자기 인식, 자기 예측 가능성 및 자기 비교 가능성	• 예측 건강 유지관리로 가동 시간 보장
사람	관리	고용 및 활용도	• 더 많은 인력이 필요 • 제한된 자원으로 인해 기계, 인력 활용도가 낮음	• 자기 통제 및 자원 효율성	• 인력이 감소하고 지능형 장치로 대체 • 오류 최소화
생산 시스템	네트워크 시스템	장비의 총효율성과 생산성	• 작업 및 폐기물 감소가 핵심 • 린 운영의 구성 요소 • 근로자, 기계, 도구 간의 지속적인 응답 및 정보 교환이 없음 • 생산성, 유연성, 지속 가능성이 낮음	• 자체 구성, 자체 유지 관리	• 인간과 스마트 기기는 끊임없이 소통하고 협업 • 생산성, 유연성, 지속가능성이 높음 • 지능형 생산

창출하고 생산성을 향상시키는 생산 최적화이며 프로세스 자동화를 통해 효율성을 개선하고 인적 및 기계적 자원의 활용을 극대화함으로써 세계 시장에서 경쟁할 수 있는 능력을 갖춘 국가 산업 부문을 창출하는 것을 목표로 한다. 즉 인더스트리 4.0의 목표는 다음과 같은 특성을 가진 스마트공장을 만드는 것이다.

• **스마트 네트워킹** : 내부 물류와 운영 공급품은 무선 및 유선 통신 서비스, 스마트 액추에이터 및 센서 등 다양한 통신 기술과 지속적으로 연결된다. 따라

서 부가가치를 창출하는 새로운 기술과 비즈니스 모델이 개발되어 기존 자원을 더욱 효율적으로 사용하고 더욱 정밀하게 제어할 수 있다.

- **유동성** : 스마트폰과 태블릿과 같은 모바일 기기는 산업 자동화 분야에서 이미 활용되기 시작했다. 자동화 시스템이 제공하는 프로세스와 서비스는 언제 어디서나 접근할 수 있다. 이를 통해 새로운 차원의 진단, 유지보수 및 운영이 가능해졌다.

- **유연성** : 인더스트리 4.0은 설계, 진단, 자동화 시스템뿐만 아니라 시스템 자체의 활용 측면에서도 높은 적응성을 제공한다. 이러한 시스템을 개발하는 동안 다양한 구성 요소, 모듈 및 서비스 공급업체 중에서 선택할 수 있으며 진단의 일부는 사용자가 직접 처리할 수 있다. 자동화 프로세스는 "빅데이터"의 가용성을 통해 지원된다. 데이터는 언제든지 검색하고 지능적으로 활용하며, 자동 진단을 위해 연결할 수 있다. 저비용 고효율의 공급업체로부터 예비 부품을 자동으로 주문하여 숙련된 인력 부족 문제를 해결할 수 있다.

- **고객 통합** : 새로운 세대의 제품은 각 고객의 독특하고 고유한 요구에 맞춰 제작될 것이다. 21세기에는 모든 연령대의 사용자가 자동화 기술의 혜택을 누릴 수 있다. 사람들이 평생 건강하고 이동 가능하며 지속가능한 삶을 살 수 있도록 자동화 기술은 모든 상황에서 도움을 줄 것이다.

- **새로운 비즈니스 모델** : 미래에는 분산되고 적응 가능한 생산이 표준으로 될 것이다. 새로운 방식, 인프라, 그리고 서비스가 등장할 것이다. 제품은 모듈화되고 구성 가능하므로 생산자는 고객의 요구에 맞춰 제품을 맞춤 제작할 수 있다. 인더스트리 4.0의 도래와 함께 수많은 새로운 문제들을 심층적으로 조사해야 할 것이다. 이러한 분산 제품의 신뢰성과 안전성을 어떻게 결정하고

승인할 수 있을지 등 아직 해결되지 않은 문제들이 많다. 데이터 프라이버시와 보안 또한 해결해야 할 중요한 문제이다. 개인의 지식과 프라이버시는 항상 보호되어야 한다. 이를 위해서는 여러 조직과 부서 간의 신뢰할 수 있는 협업을 가능하게 하는 새로운 아이디어와 기술이 필요하다. 또한 윤리적, 법적, 사회적 문제들에 대한 제고가 필요할 것이다.

3. 인더스트리 4.0의 정의

제조업 분야의 모든 산업혁명에 관련된 주요 특징은 대체 에너지원 활용, 효율성을 높이기 위해 새로운 장치 개발, 새로운 공장 시스템과 노동조직 그리고 산업계에서 과학과 기술의 적용 증가와 같이 기술적, 사회경제적, 문화적인 측면에서 나타난다. 그러나 인더스트리 4.0은 기존과는 전혀 다른 새로운 세대의 산업혁명으로 파괴적인 개념으로 보고 있다. 이러한 측면에서 다양한 학자나 기관에서 어떻게 인더스트리 4.0을 정의하는지 살펴보자.

[표1-2]의 정의를 요약하면 인더스트리 4.0 기반은 네트워크 기반 스마트 시스템을 도입하는 것으로 볼 수 있다. 이 시스템은 자체적으로 제어되고 사람, 기계, 장치, 그리고 상품은 끊임없이 소통한다. 제품은 스스로 통제·관리되며 생산계획을 최적화한다. 즉 인더스트리 4.0을 대표하는 스마트공장에서는 모든 것이 제품과 기계의 상호작용으로 작동한다. 제품과 기계는 디지털로 연결된 하나의 채널로 연결되어 있으며, 최고 품질의 장비를 사용하여 산업을 정보통신 기술, 센서 및 소프트웨어 애플리케이션을 기반으로 하는 네

[표1-2] 인더스트리 4.0의 정의

저자	인더스트리 4.0 정의
Koch et al.(2014)	인더스트리 4.0이라는 용어는 4차 산업혁명을 의미하며 제품 수명 주기의 전체 가치 사슬에 대한 새로운 수준의 조직화 및 제어로 가장 잘 이해되며 점점 더 개인화된 고객 요구 사항에 맞춰져 있다.
Hermann et al.(2015)	인더스트리 4.0의 CPS와 스마트 팩토리는 프로세스를 관찰하고, 물리적 세계의 가상 복사본을 생성하며, 실시간으로 인간과의 소통 및 협력을 통해 분산된 결정을 내린다.
McKiney Digital(2015)	인더스트리 4.0은 내장된 센서, 제조 장비, 유비쿼터스 사이버 물리 시스템, 모든 관련 데이터 분석을 갖춘 제조 부문의 디지털화로 볼 수 있다.
Pfohl et al.(2015)	인더스트리 4.0은 디지털화, 자동화, 투명성, 이동성, 모듈화, 그리고 네트워크 협업과 제품 및 프로세스의 공유화라는 트렌드를 해결하기 위해 가치사슬에서 도출되고 구현되는 모든 파괴적 혁신의 총합이다.
Ivanov, Dolgui(2016)	인더스트리 4.0은 기계와 제품이 인간의 통제 없이 서로 상호 작용하는 스마트 제조 네트워킹을 나타낸다.
Schwab, Klaus(2016)	4차 산업혁명은 디지털혁명인 3차 산업혁명에 기반을 두고 있으며, 디지털, 바이오, 물리학 등의 기존 영역의 경계가 융합하는 기술혁명이다.
독일 연방교육연구부(2016)	인더스트리 4.0은 생산 방식과 최첨단 정보 및 통신 기술을 결합한다. 이러한 발전의 원동력은 경제와 사회의 급속한 디지털화 증가이다. 기술 기반은 대부분 자체 관리 생산 프로세스를 가능하게 하는 지능적인 디지털 네트워크 시스템에 의해 제공된다.
유럽의회(2016)	제조 시스템 및 제품의 설계, 제조, 운영 및 서비스의 급격한 변화를 가져온다. 인더스트리 4.0 지점은 이것이 생산성의 비약적인 비약을 초래하고, 전 세계 사람들의 삶을 변화시킨 이전 3개의 산업혁명의 후속인 세계 4차 산업혁명임을 의미한다.
Aceto(2018)	인더스트리 4.0은 초연결 기술을 기반으로 생산 장비와 제품 간의 통신 시스템을 구축하고 전체 생산 프로세스를 통합하는 것을 목표로 하는 전략이다.
Frazzon, Hartmann (2020)	인더스트리 4.0은 생산 시설, 창고 시스템, 물류 및 사회적 요구 사항을 통합하여 글로벌 가치 창출 네트워크를 구축한다.

트워크 설정 시스템으로 전환하고 기계, 시스템 및 제품의 디지털화와 같은 새로운 기술이 지속적인 연결을 가능하게 한다. 이 설계는 센서, 사물인터넷과 같은 핵심 도구를 통합하여 공장을 더욱 스마트하게 만들고 디지털 플랫폼을 구축하는 것을 목표로 한다.

4. 인더스트리 4.0 도입시 효과

인더스트리 4.0을 통해 얻을 수 있는 뚜렷한 이점은 사람, 기계, 센서, 장치들의 연결을 통해 소통을 지원하는 것과 원활한 데이터 공유를 위한 사이버 물리 시스템을 구축하는 것이다. 인더스트리 4.0의 연결된 시스템들은 자율성을 갖추고 있어 실시간으로 간단한 의사결정을 내릴 수 있으며, 이러한 특징은 기업의 사업 확장에 큰 도움이 될 것이다. 또한 인더스트리 4.0은 주문 관리를 위한 개인화된 소비자 요구사항을 연구하고 개발하고, 진단 및 유지 관리, 자동화 시스템을 개발하는데 더 높은 유연성을 허용한다. 인더스트리 4.0을 도입함으로써 얻을 수 있는 다양한 이점은 다음과 같다.

- 자동화된 방식의 빠른 피드백
- 자원의 절약
- 더 높은 품질, 유연한 생산
- 분산화 및 디지털화된 생산
- 제품은 모듈식 구성으로 대량 맞춤화와 특정 고객 요구 사항을 촉진
- 필요한 기술을 활용한 일자리 변화
- 안전한 작업 환경 및 작업장
- 매출 증가 및 비용과 낭비 감소
- 제품 개인화
- 과잉 생산과 낭비 제거
- 운송 및 작업 부하 감소
- 고객만족도 향상

04 기반 기술

인더스트리 4.0의 수평적 통합과 수직적 통합의 기술을 나누어 고려해 볼 수 있다.

먼저 수직적 측면의 기술로는 데이터 기술, 분석 기술, 플랫폼 기술, 운영 기술로 구분할 수 있는데, 그 내용은 아래의 [표1-3]과 같다.

[표1-3] 인더스트리 4.0의 수직적 통합 기술

인더스트리 4.0의 통합 기술	설명
데이터 기술	더 많은 데이터 분석을 통해 스마트한 의사결정을 내릴 수 있게 함으로써 제조 효율성이 제공된다.
분석 기술	분석은 제조업체가 생산 프로세스를 세분화하여 데이터 패턴을 파악하고 수집된 정보를 바탕으로 처리 과정을 파악할 수 있도록 지원한다. 업데이트된 데이터가 제대로 전달되지 않으면 전체 분석 프로세스가 무용지물이 된다.
플랫폼 기술	데이터 저장, 로봇 통합, 디지털트윈 인텔리전스 지원 애플리케이션 개발에 필요한 도구를 제공하는 플랫폼이 필요하다. 현재 사용 중인 플랫폼 기술은 스탠드얼론, 포그/엣지, 클라우드 세 가지이다.
운영 기술	운영 기술은 고객 관계, 자원 계획, 공급망 거버넌스, 제품 수명 주기 관리 및 제조 실행 시스템을 추구한다. 높은 효율성과 경제적 효과는 자체 조정, 자체 최적화 및 자체 구성 특성을 통해 운영 기술의 벤치마크가 된다.

다음으로 인더스트리 4.0의 수평적 핵심 기술에는 기계 간 상호작용, 클라우드 컴퓨팅, 커뮤니티 플랫폼, 고급 로봇 공학, 데이터 분석, 모바일 컴퓨팅, 적층 제조 등이 있다.

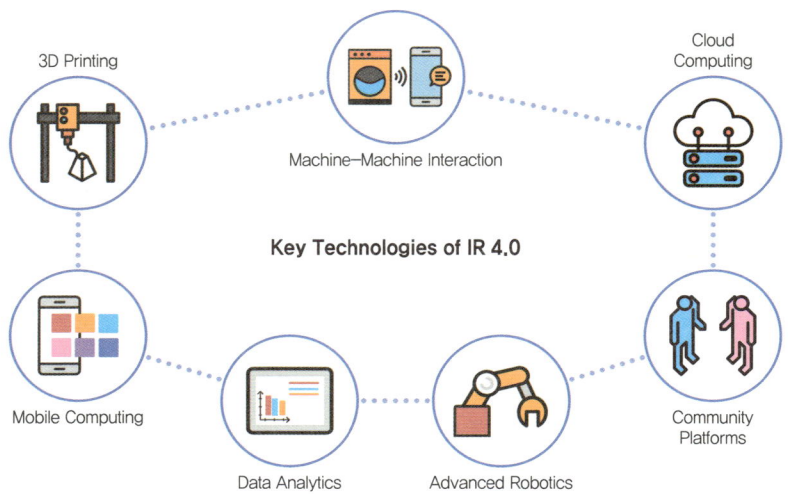

Key Technologies of IR 4.0

3D Printing

Machine–Machine Interaction

Cloud Computing

Mobile Computing

Data Analytics

Advanced Robotics

Community Platforms

[그림1-2] 인더스트리 4.0의 핵심 지원 기술

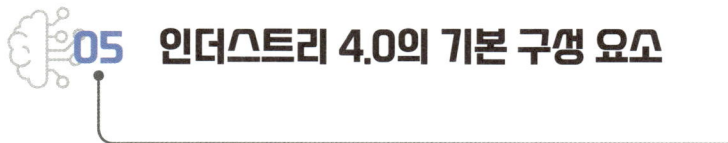

05 인더스트리 4.0의 기본 구성 요소

인더스트리 4.0은 사물인터넷IoT으로 알려진 연결된 하드웨어, 센서, 시스템의 네트워크와 인공지능AI의 추론 능력에 의해 제공되는 데이터 분석을 핵심 역량으로 삼고 있다. 제품 및 서비스 제공의 디지털화를 통해 디지털 비즈니스 모델을 업그레이드하고 다양한 기술들과 원활하고 잘 조율된 통합된 방향으로 발전하고 있다.

[그림1-3]은 인더스트리 4.0의 기본 구성 요소를 보여준다. 클라우드 컴퓨팅은 실시간 가시성을 통해 간편한 데이터 전송을 향상시키고 이를 통해 첨단 기술과의 협업을 통해 저장 공간을 확장할 수 있다. 모바일 기기는 인더스트리 4.0의 핵심 요소로, 지능형 알고리즘을 처리하여 현장 효율성을 향상시키는 스마트공장 운영도구이다. IoT 플랫폼은 다양한 산업 기업이 서로 통합하고 협업하여 고객의 개별적인 요구를 충족함으로써 생산 프로세스를 극대화할 수 있도록 분석 애플리케이션을 운영하고 관리한다. 인더스트리 4.0의 위

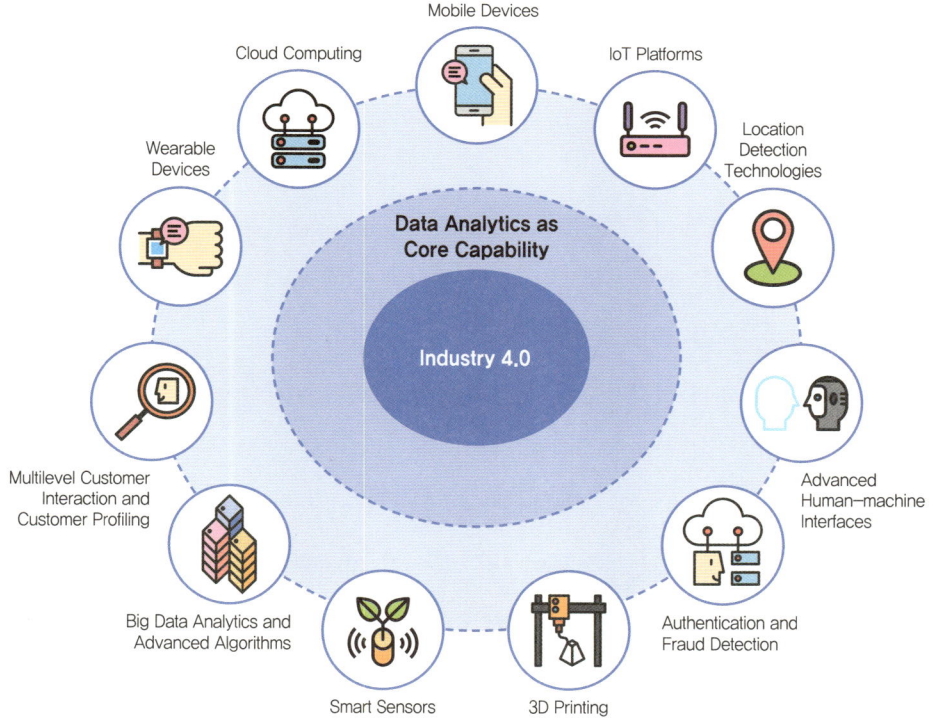

[그림1-3] 인더스트리 4.0의 구성 요소

치 감지 기술은 다양한 산업 자산을 추적하고 작업자의 안전을 지원한다. 객체 위치 지정 및 자동화를 통해 기업은 제품의 위치를 파악하고 배송 전에 결함을 감지하여 불필요한 비용을 제거할 수 있다. 인증 및 사기 감지는 모든 기업의 위험 관리에 필수적이다. 인간-기계 인터페이스는 작업자가 제어할 수 있는 제품의 제조 과정을 촉진하는데 도움이 된다.

3D 프린팅 기술은 항공우주, 로봇 공학, 교육, 제조 등 제품의 품질을 업그레이드하고 생산 공정의 효율성을 높이는 산업에서 사용된다. 스마트 센서를 장착하여 오류를 예측하고 통신을 개선하는 시스템은 인더스트리 4.0에 매우 중요하다.

1. 통합 CPS

스마트공장에서 CPS_{Cyber-Physical System, 사이버-물리 시스템} 통합은 핵심적인 요소로, 스마트공장의 실현과 효율성 향상에 있어 매우 중요하다.

CPS는 물리적인 시스템_{기계, 센서, 로봇 등}과 사이버 세계_{IT 시스템, 네트워크, 클라우드 등}를 통합하여 실시간으로 상호작용하고 제어하는 시스템으로 센서 및 IoT 장치로부터 수집된 데이터를 실시간으로 분석하여 데이터 기반의 의사결정을 내릴 수 있게 하고, 설비 상태, 작업 상황, 재고 등을 통합적으로 분석하여 생산 공정을 자동으로 조정하게 함으로써 공정 최적화를 이룰 수 있게 하며, 현실 세계의 생산설비를 디지털 세계에서 그대로 재현한 '디지털트윈'을 구현할 수 있는 기반을 제공한다.

2. 사물인터넷(IoT)

사물인터넷IoT은 인더스트리 4.0의 최전선에 있으며 가젯, 센서, 기계의 상호작용 및 통신 방식을 새롭게 정의한다. 사물인터넷은 물리적 사물을 완벽한 디지털 네트워크로 연결하여 실시간 데이터 전송 및 협업을 가능하게 한다. 스마트공장에서 IoT 연결은 실시간 데이터 수집, 통신 및 분석을 용이하게 하여 가시성 향상, 예측 유지관리 및 지능적인 의사 결정을 가능하게 한다.

이처럼 사물인터넷은 제조 공정의 운영 효율성을 높이고, 의사결정을 개선하며, 이전에는 상상할 수 없었던 수준의 실시간 대응력을 제공한다. 특히 공장 현장을 넘어 IoT 지원 장치는 공급망 전체에서 상품과 자재를 추적하고 모니터링하여 이동, 위치 및 상태에 대한 실시간 가시성을 제공함으로써 공급망 조정, 수요 예측 정확도 및 효율적인 재고 관리를 개선할 수 있다.

3. 인공 지능(AI)

AI는 인더스트리 4.0을 개념에서 현실로 가져올 인지 엔진이다. AI는 기계가 데이터를 분석하고 패턴을 통해 학습하며, 스스로 정보에 기반한 결정을 내릴 수 있도록 한다. AI와 IoT 간의 이러한 상호 이익적인 작용은 예측 분석을 강화하여 제조업체가 발생 가능한 위험을 최소화할 수 있도록 지원한다.

머신러닝/딥러닝 알고리즘은 프로세스를 최적화하고, 이상 징후를 감지하며 전략을 강화시킨다. 더 나아가 AI는 창의적인 문제 해결을 촉진하고, 인간과 로봇의 협업을 촉진하며, 전체 생산 생태계를 새로운 차원의 적응력과 효율성으로 끌어올림으로써 인간의 역량을 향상시킨다.

4. 자동화

인더스트리 4.0이 약속하는 정확성, 일관성, 민첩성의 초석은 자동화이다. 스마트공장은 자동화를 통해 인간의 개입 없이 산업 프로세스를 조율한다. AI가 탑재되고 IoT 기기의 실시간 데이터를 활용하는 로봇 시스템은 일반적인 조립부터 복잡한 맞춤 제작까지 다양한 작업을 수행한다. 자동화는 인적 오류를 줄이고, 처리량을 높이며, 일관된 제품 품질을 유지한다. 생산 속도를 높이고, 리드 타임을 단축하며, 작업자를 반복적인 업무에서 해방시켜 더 높은 가치의 작업에 집중할 수 있도록 한다.

5. 클라우드 컴퓨팅

클라우드 컴퓨팅은 인더스트리 4.0의 여러 구성 요소를 연결하는 디지털 네트워크이다. 이 기술은 IoT 기기에서 생성되는 방대한 양의 데이터를 처리하기 위한 확장 가능한 컴퓨팅 리소스, 스토리지 용량 및 강력한 분석 도구를 제공한다. 클라우드 시스템은 실시간 데이터 분석의 토대를 마련하여 지리적으로 분산된 팀 간의 정보에 기반한 의사 결정과 협업을 촉진한다. 클라우드의 유연성 덕분에 제조업체는 물리적 인프라의 제약 없이 운영을 확장하고 새로운 기술을 실험할 수 있다. 이러한 기술 요소들이 결합되면 인더스트리 4.0은 기존의 생산 패러다임을 뛰어넘을 수 있다. 로봇, 데이터, 그리고 인간이 함께 일하는 지능적이고 연결된 생태계의 틀을 구축한다. 이러한 융합은 운영 효율성을 높이고 혁신을 촉진하며 민첩성, 맞춤화, 그리고 장기적인 성장을 기반으로 제조가 정의되는 미래를 촉진한다. 기업은 이러한 기술 영역을 탐색하면서 새로운 기회와 어려움에 직면하게 된다.

6. 빅데이터 분석

제조 과정에서는 다양한 컴퓨터와 장치에 서로 다른 프로세서와 센서가 사용될 수 있다. 이러한 장치에서 생성되는 데이터는 방대하여 기존 방식으로는 분석이 불가능하다. 빅데이터 분석은 데이터를 수집하고 귀중한 정보를 빠르게 얻는데 도움이 된다. 패턴과 통찰력, 관계, 시장 역학, 고객 선호도 등의 정보를 감지하기 위해 빅데이터를 엄격하게 분석하는 프로세스로, 조직은 연결된 시스템을 통해 생산 과정과 공급망 전반에서 생성된 방대한 양의 데이터로부터 귀중한 인사이트를 추출한다. 빅데이터 분석, 머신러닝$_{ML}$, 딥러닝, AI 기술과 같은 데이터 기반 접근 방식을 활용함으로써 스마트공장은 실시간 모니터링 기능, 예측 분석 및 제조 운영 최적화를 실현할 수 있다. 또한 고급 데이터 분석과 관련된 지속적인 학습 기능은 역동적인 시장 수요, 새로운 트렌드 및 기술에 대응하여 운영을 개선할 수 있는 여지를 제공한다.

7. 가상현실

가상현실VR 기술은 높은 수준의 스마트공장의 핵심 중 하나로써 스마트공장의 인간−기계 통합을 촉진한다. VR 기술은 컴퓨터, 신호 처리, 애니메이션 기술, 지능형 추론, 예측, 시뮬레이션 및 멀티미디어 기술로 구성되어 제조 공정 및 제품을 가상화한다. 감각적, 시각적 관점에서 완전히 실제적인 느낌을 준다. 지능형 인터페이스는 지능형 제조의 특징이다. 제조 기업들은 시장 압력 증가, 수익성 증대, 그리고 위험 최소화의 필요성을 통해 더욱 스마트한 디지털 도구의 필요성을 인지하고 있다. VR은 협업, 팀워크, 그리고 생산성을 향상시킬 수 있으며 생산자는 이 방법을 사용하여 생산성을 극대화하고, 공급망과 생산량을 개선할 수 있다. VR은 제품 및 서비스 프레젠테이션을 최적화하는 다양한 방법을 제공한다. 가상현실은 동일한 프로젝트에 참여하는 여러 사람들을 연결하는 인기 있는 가상 작업 공간을 구축하는데 도움이 될 수 있으며 작업 현장의 위험 없이 실제 상황에서 근로자를 교육하고, 직원들은 기술을 향상시킬 수 있다. 여러 위치에 있는 사용자들이 동일한 가상 모델을 표시하고, 보고, 실행할 수 있다. 이를 통해 실제 회의 없이도 검증 프로세스를 위한 동료 간의 소통이 용이해진다.

8. 사이버 보안

네트워크에서 전송되는 엄청난 양의 데이터를 보호하는 것은 중요하다. 암호화는 컴퓨터 네트워크, 조직 및 데이터를 보호하기 위한 기술과 방법을 포함한다. 다른 디지털 솔루션과 마찬가지로 사물인터넷_{IoT} 솔루션은 무단 접근, 서비스 거부 공격, 데이터 변조, 데이터 유출 등 해킹 시도에 취약하다. IoT 장치, IoT 허브, 스트림 프로세서, 빅데이터 스토리지, 머신러닝 등 IIoT 구성 요소는 모두 연결되어 있으며 데이터를 포맷, 처리, 저장 또는 분석한다. 이러한 구성 요소 간의 안전한 연결과 전송, 사용 및 저장 과정 전반에 걸친 데이터 보안을 제공하는 것이 필수적이다.

9. 디지털트윈

디지털트윈은 물리적 객체, 시스템, 공정의 현실 세계에 대한 디지털 복제본이며, 이 복제본은 센서 데이터를 통해 실시간으로 연동되며, 시뮬레이션과 분석을 통해 의사결정을 지원한다. 디지털트윈은 스마트공장의 두뇌_{Brain} 역할을 하며, 공장의 모든 요소를 가상 공간에서 재현하고 통제함으로써, 정확하고 민첩한 의사결정, 문제 예방, 지속적인 개선을 가능하게 한다. 특히 디지털트윈은 제품 설계, 제조 계획, 자재 흐름, 예상치 못한 예측 불가능한 상황에 대해 프로세스 모델링할 때 매우 중요하다.

디지털트윈은 일반적으로 제품의 디지털 모델 또는 물리적 세계에 존재하는 프로세스로 가상 환경에서 실시간 데이터를 제공하는 기술이기 때문에 생산량과 자원 활용을 극대화하는 효율적인 도구라고 할 수 있다. 그래서 앞으로는 실시간 모니터링 및 문제 예측, 생산 공정 시뮬레이션 및 최적화, 운영 효율성 향상, 고객 맞춤형 생산 그리고 품질 불량의 원인을 빠르게 역추적하고, 개선 포인트 도출하고자 하는 생산 공장에서도 디지털트윈이 더욱 자주 활용될 것이다.

10. 로봇

인더스트리 4.0에서는 독립적이고 더욱 자율적이며 협력적인 자동화 로봇들이 등장하고 있다. 단순한 자동화를 넘어서 자율성, 유연성, 협업성을 갖춘 고도화된 생산 시스템의 핵심 실행자 역할을 수행하는 로봇을 지능형 로봇Intelligent Robot이라 부르며 고도화된 자율 제어 가능상황 판단, 경로 변경 기능을 가지고 있으며 AI를 탑재한 로봇 시스템이다. 반면 사람과 함께 작업을 수행하는 안전하고 유연한 로봇으로, 기존 산업용 로봇과는 달리 작업자의 바로 옆에서 조립 지원, 보조작업, 중량물 핸들링 등 협력 작업이 가능하도록 제작된 로봇을 협업로봇Collaborative Robot, Cobot이라 부른다.

지능형 로봇은 자율적인 작업, 상황 인식, 의사결정을 통해 작업 자동화, 이상 탐지, 품질 보정, 학습의 활동 범위를 가지며 복잡하거나 비정형 작업 처리에 활용된다. 반면 협업로봇은 사람과의 물리적 협업, 근접 작업 가능하면서 조립 지원, 보조작업, 중량물 핸들링 등의 활동 범위를 가지고 반복적이거나 보조적인 작업 지원을 수행한다. 스마트공장에서 두 기술은 상호 보완적으로 사용되며, 협업로봇도 점점 지능화되고 있고, 지능형 로봇도 협업 기능을 내포하는 방향으로 발전 중이다.

11. 수평적 시스템과 수직적 시스템의 통합

수직적 시스템의 통합은 기업 내부의 다양한 계층Levels의 시스템과 데이터를 통합하는 것으로 공장 수준에서 생산설비 → 운영관리 시스템MES → 전사적자원관리ERP까지 위아래로 데이터가 연계되고 통합되는 구조를 의미한다. 즉 센서에서 수집된 데이터를 MES가 분석하고, 그 결과가 ERP에 반영되어 경영 판단에 활용된다. 이를 통해 모든 계층의 시스템이 실시간 데이터 기반으로 협업하게 함으로써 빠른 의사결정과 최적화를 가능하게 한다.

수평적 시스템 통합은 공장 간, 기업 간, 파트너 간의 시스템과 정보가 수평적으로 연결되는 것으로 공급망, 유통망, 협력사와의 데이터 공유 및 협업 체계를 구축하는 것이다. 하나의 공장이 아닌, 여러 공장예 : 국내 공장과 해외 공장 또는 협력업체 간 데이터를 실시간 공유하여 전사적 생산 최적화를 가능하게 하고 제품 설계부터 물류까지 전 밸류체인을 디지털화하여 연결한다. 요약하면 수직적 통합은 공장 내 내부 레벨 간 데이터 흐름과 자동화를, 수평적 통합은 공장 외부와의 협업 네트워크를 의미한다. 이 두 가지 통합이 동시에 구현될 때 스마트공장의 진정한 경쟁력이 발휘된다.

12. 적층 제조

적층 제조는 기존의 절삭 가공이나 주조 방식과는 다른 완전히 새로운 제조 패러다임을 제공한다. 특히 대량 맞춤형 생산, 복잡한 형상 구현, 소재 절감, 디지털 통합 등의 측면에서 스마트공장의 핵심 요소와 매우 잘 맞물린다. 이 방법은 재료금속, 플라스틱, 세라믹 등를 층층이 쌓아 원하는 형상을 만드는 제조 방식, 흔히 3D 프린팅이라고도 불린다. 이 제조 방식을 활용하면 다른 접근 방식으로는 달성할 수 없는 더욱 복잡한 부품을 전통적 제조절식와 달리 재료를 덜 쓰고 직접 제조할 수 있다. CAD 도면 → STL 파일 → G코드 → 프린팅 → 후처리라는 디지털 기반의 공정 체계를 통해 소량 및 맞춤형 완제품 제조시 더 큰 다양성과 생산성을 제공한다. 적층제조는 스마트공장에서 디지털화된 유연생산의 핵심 기술로, 점점 더 많은 산업에서 시제품 → 맞춤형 대량 생산 → 운영 자율화로 확대 적용되고 있다.

13. 5G

5G를 통해 제조업체는 운영을 자동화하거나 전체 공장의 가상 기능을 구현할 수 있다. 5G는 사회 및 경제적 발전에 막대한 영향을 미쳐 근로자가 훨씬 더 안전한 환경에서 작업할 수 있도록 돕는다. 시간 기반 기계 관리, 로봇 통신 및 엣지 클라우드 분석을 통해 스마트공장은 디지털화 프로세스에 관련된 IoT 기술, 클라우드 솔루션 등을 통해 엄청난 생산성 향상을 달성할 수 있다.

"네트워킹, 컴퓨팅 및 스토리지 리소스"는 5G 기술을 통해 고유하고 수정 가능한 프레임워크로 통합된 주요 특징이며, 이 기능을 통해 유연한 사용 최적화 리소스가 분산된다. 5G는 고정 및 무선 기술을 연계하여 유연성 있는 표준화를 제공하여 99.9%의 신뢰성과 1m/s의 지연 시간, 낮은 전력 소비를 제공한다.

06 인더스트리 4.0 구현의 제약과 과제

1. 인더스트리 4.0 구현의 제약

전 세계적인 산업혁명의 소용돌이 속에서 조직 전체의 디지털 솔루션을 도입하는 데에는 부서, 조직, 그리고 기업마다 다르게 나타날 수 있는 불만과 과제가 있다는 것은 의심의 여지가 없다.

기업이 디지털 솔루션을 도입하는 것은 일반적으로 다양한 위험과 제약을 수반한다. 기업과 조직이 직면한 여러 가지 제약에 영향을 미치는 중요한 요인에는 다음이 포함된다.

- 인더스트리 4.0 구현을 위한 조직적 원동력
- 인더스트리 4.0의 적용 분야
- 인더스트리 4.0의 실질적 영향 결정
- 인더스트리 4.0 경로에서 조직 전략 재정비
- 조직 디지털 성숙도 지수

현장에서 가장 자주 제기되는 위험과 제약으로는 조직적, 기술적, 경제적, 윤리적, 법적, 사회적 사항이 있다.

- 시스템 표준화 및 작업 조직의 변화

- 데이터 보안 및 투자 비용
- 기술 인프라의 안정성과 시스템의 민감성
- 경쟁 심화
- 더 높은 투자 요구 사항
- 자격을 갖춘 기술 또는 인력 채용과 관련된 어려움
- 관련성 있고 적합한 법적 틀을 채택해야 할 필요성
- 기업 및 기업 모델의 변화

이러한 인더스트리 4.0 이니셔티브 구현에 대한 제약과 과제에 대한 관점, 기타 사항이 중요하지만 조직, 사업체 및 기업이 일반적으로 영향을 받는 방식과 방법에는 차이가 있을 가능성이 높다. 이는 전반적인 영향과 구현의 다양한 단계 또는 수준에서 모두 다르며, 특히 조직의 규모, 경제 부문 및 산업의 특성 측면에서 다르게 나타난다.

2. 인더스트리 4.0 구현의 과제

세계은행에 따르면 2025년 7월 현재, 세계 인구는 약 82억 명으로 추정된다. UN은 세계 인구가 2030년에는 86억 명, 2050년에는 98억 명, 2100년에는 112억 명으로 증가할 것으로 전망하고 있다. 따라서 에너지는 효율적이고 지속가능하여야 하며 모든 수요를 충족하는 인프라가 필요하다. 이것은 대부분의 글로벌 산업의 관심사가 되었다. 이를 해결할 수 있는 방안으로 떠오르며 인더스트리 4.0

으로 불리는 스마트공장은 전체 제조 기술과 산업에 큰 영향을 미칠 제조 혁명이다. 이 혁명에는 무선 네트워크, 데이터 분석, AI, 인간-기계 상호 작용, 3D 인쇄와 같은 다양한 기술이 포함된다. 그러나 이러한 기회와 변화 외에도 다음과 같은 과제도 있다.

(1) 데이터 통합

스마트공장에서 데이터는 여러 가지 방식으로 생성된다. 제조 환경에서는 기계 센서, 공정 데이터, 제품 데이터, 품질 데이터, 공장 데이터, 물류 데이터, 파트너 데이터, 인프라 데이터 등이 다양한 소스에서 수집되고 확보된다. 이러한 데이터는 여러 가지 문제를 야기하며, 새로운 저장, 처리 및 관리 전략 개발을 필요로 한다.

데이터를 활용하고 상당한 이점을 얻으려면 새로운 알고리즘, 모델, 도구 및 시각화 접근 방식이 필요하다. 데이터 엔지니어는 이러한 데이터를 분석하고, 데이터 스트림 간의 연결 고리를 발견하며, 이전에는 발견되지 않았던 통찰력을 도출해야 한다.

시스템이 잘 통합되면 위에서 언급한 문제들을 해결하고 하드웨어, 소프트웨어 및 운영 비용을 절감할 수 있다. 그러나 이러한 통합은 데이터 구조 변경과 다양한 소스 데이터 모델에 대한 이해가 필요하기 때문에 매우 어렵다.

(2) 프로세스 유연성

현재의 변화하는 시장은 고도로 맞춤화된 제품의 개인화를 요구한다. 이러한 개인화 및 맞춤화는 제조 단계에서 비용을 포함한 효율적인 유연성을 필요로 한다. 생산 환경은 이러한 유연성을 제공하기 위해 프로세스 단계에서 적응성이 뛰어나야 한다. 현재 작업 현장의 기술은 미흡하여 프로세스 유연성을 제공하지 못하고 있다.

생산 수준에 따른 유연성은 다른 분야에서도 필요하기 때문에 변동성 관리 메커니즘이 요구되지만 생산 수준에서의 변화 관리는 매우 어렵다. 프로세스가 부서마다 분산되어 있기 때문에 적응이나 변화 측면에서 명확한 프로세스 영역 구분도 부족하다.

특정 부서에서 필요한 수정 사항을 유지하는 것이 불가능하며 부서 간 종속성으로 인해 전체 의사결정에 영향을 미치기 때문에 변경 구조 또한 필수적이다. 변경이 발생할 경우, 적절한 조정 사항은 인쇄물이나 이메일을 통해 전달된다. 이러한 수정 사항은 특정 기준 없이 모든 부문에서 독립적으로 처리되는 경우가 많아 복잡성과 처리 비용이 더욱 증가한다. 효과적인 유연성을 확보하려면 회사 부서 간의 프로세스 표준화 및 동기화가 필요하다.

(3) 보안

보안은 현재 모든 조직의 주요 관심사이며, 앞으로도 계속 그럴 것이다. 산업계는 직원, 제품 및 제조 시설 주변 환경을 잠재적 위협으로부터 안전하게 보호하기 위해 노력한다. 생산에 스마트 기기를 사용하는 추세가 증가하고 있다. 10년 안에 약 500억 개의 IoT 기기가 있을 것으로 예상하고 있으며 이러한 가젯은 가정, 공장 및 기타 공공장소에서 사용될 것이다. 특히 기존 공장에 비해 스마트공장 보안 위험이 더 크다. 스마트공장 아키텍처의 한계와 기반 장비의 취약성으로 인해 많은 양의 중요한 보안 및 개인 데이터가 공격에 취약하다.

제조 장비의 경우 실시간 모니터링하는 것은 소프트웨어 및 하드웨어 관점에서 어려운 일이며, 종종 무시된다. 위험을 방지하거나 지리적 위치 또는 공장 내부에 분산된 이러한 장비에 설치된 구성 변경으로 인해 산업용 기계, 노트북, 태블릿 또는 스마트폰 등 모든 장비를 정기적으로 업데이트해야 하며 또한 업그레이드를 추적하고 이러한 가젯을 관리하는 데도 시간이 많이 걸린다. 이러한 점에서 스마트공장의 보안과 개인 정보 보호를 개선하는 것이 시급하다.

(4) 막대한 투자

스마트공장에는 고도로 자동화된 IT 중심의 생산 시스템이 포함되어 있다. 생산체계, 맞춤형 생산, 제품 수명주기를 수직적으로 통합하고, 기업간 가치사슬과 정보망을 수평적으로 통합해야 한다. 따라서 스마트공장에는 모듈식 공작 기계 또는 워크스테이션, 다중 숙련 인력, 재구성 가능한 고정 장치 및 도구, 표준 인프라 및 통신, 사용자 정의 및 실시간 기능, 온라인 모니터링 및 제어를 포함한 몇 가지 핵심 요소가 필요하다. 이러한 요소에는 막대한 투자가 필요하며 따라서 스마트공장을 구현하는데 드는 비용이 높다.

(5) 지능형 장비와 소프트웨어 통합

스마트공장 구현을 가속화하기 위해서는 많은 기술적 문제를 해결해야 한다. 부분적으로, 고대역폭 네트워크 및 통신은 스마트공장을 구현하기 위한 기본 요구 사항이다. 지능형 장비의 급속한 성장과 산업 네트워크의 제한된 대역폭 사이의 모순은 스마트공장에서 두드러진다. 또한 스마트공장에서 대량의 실시간 및 비정형 센서 데이터, 기계 로그 및 제조 공정 데이터가 생성된다. 이러한 데이터는 높은 치수, 가변 메트릭 및 높은 노이즈로 인해 직접 활용할 수 없다. 거대한 저장 공간, 효율적인 데이터 수집, 빠른 분석 기능 및 고대역폭 네트워크는 스마트공장에서 제품 품질 관리 및 능동적 유지 보수를 위한 기본 요구 사항이다.

스마트공장은 공급망의 데이터, 제품 데이터, 물류 데이터를 서비스 플랫폼에 통합해야 한다. 산업용 빅데이터 분석을 사용하여 스마트공장의 성능을 개선하는 것은 매우 어려운 일이다. 더욱이 전통적인 제조업체, 특히 중소 규모 제조업체는 소프트웨어 개발을 위한 리소스가 부족하다. 일부 제조업체는 인수를 통해 성장하며, 이로 인해 데이터베이스와 소프트웨어 시스템이 혼합되고 이질적이다.

07 인더스트리 4.0을 달성하기 위한 미래 방향

첨단 기술, 데이터 기반 인사이트, 그리고 협업적 접근 방식을 활용하여 민첩하고 대응력이 뛰어나며 효율적인 공급망을 구축하는데 중점을 두는 새로운 인더스트리 4.0의 방향에 대해 알아볼 때 고려되는 몇 가지 주요 주제는 다음과 같다.

1. 실시간 모니터링 및 제어

스마트공장 운영에서 실시간 모니터링 및 제어 시스템은 제조업체가 제조 프로세스를 최적화하고 더 높은 효율성과 생산성을 달성하는데 매우 중요하다. 센서와 연결된 장치의 도움으로 스마트공장은 장비 성능, 에너지 소비 및 품질 지표를 실시간으로 모니터링한다. 이러한 통찰력을 활용하여 운영자는 데이터 기반 의사 결정을 내리고 문제를 사전에 해결하며 생산 매개변수를 최적화하여 제조 프로세스의 효율성, 품질 및 생산성을 향상시킬 수 있다.

2. 예측 유지 관리 및 자산 최적화

분석 및 IoT 센서가 지원하는 AI 기반 예측 유지 관리 및 자산 최적화 기술은 장비 상태, 성능 및 유지 관리 요구 사항을 실시간으로 모니터링할 수 있도록 한다는 점에서 주요한 미래 연구 분야이다. 따라서 데이터를 분석하고 잠재적 고장을 예측하고, 유지 관리 일정을 최적화하고, 가동 중지 시간을 최소화하는 예측 유지 관리 알고리즘이 새로운 추세이다.

3. 유연성 및 맞춤화

스마트공장은 유연화 및 맞춤화 기능으로 인해 변화하는 시장 수요, 고객 선호도 및 생산 요구 사항에 신속하게 적응할 수 있는 민첩한 생산 시스템을 구현한다는 점에서 더 많은 연구가 필요하다. 상호 연결된 기계, 유연한 자동화 및 고도화된 계획 시스템은 비용 효율성을 유지하면서 효율적인 제품 맞춤화를 가능하게 한다. 따라서 스마트공장의 유연성과 맞춤화는 개별 고객 선호도에 부응하여 고객 만족과 충성도를 높이는데 기여한다.

4. 향상된 안전성 및 지속가능성

스마트공장은 고도화된 안전시스템 및 기술을 통해 작업자 안전을 우선시한다. AI 기반 안전 모니터링 및 데이터 분석 기반 안전 최적화를 통해 안전 문제를 사전에 해결하고 안전 성과를 지속적으로 개선할 수 있다는 점에서 새로운 트렌드로 부상하고 있다.

한편, 스마트공장은 에너지 소비 패턴을 모니터링하고 분석하여 에너지 낭비를 줄이고, 사용을 최적화하며 탄소 배출량을 줄일 수 있는 기회를 파악하는 에너지 관리 시스템을 사용하여 공장 운영의 지속가능성에 대한 초점을 더 광범위한 공급망으로 확장한다.

5. 지속적인 개선 및 혁신

제조 공정에서 혁신 문화를 육성하고 최대 최적화를 추진하는 것은 지속적 개선 및 혁신의 부산물이다. 가상현실VR, 증강현실AR, 디지털트윈과 같은 스마트 기술은 가상 프로토타입 제작, 프로세스 시뮬레이션 및 실시간 성능 모니터링을 용이하게 하여 지속적인 개선 및 혁신을 지원한다. 따라서 스마트공장은 첨단 기술을 수용하고 사전 예방적 개선 접근 방식을 장려함으로써 효율성, 생산성 및 경쟁력을 높일 수 있다.

6. IoT의 역할

IoT는 제조 환경 전반에 걸쳐 장치, 센서 및 기계를 연결하여 스마트공장 운영의 중추를 형성한다. IoT는 연결된 장치, 센서 및 연결된 시스템을 통해 실시간 데이터 수집, 연결성 및 가시성을 제공하는 역할을 한다. 이로써 공급망의 다양한 지점에서 지속적 모니터링 및 데이터 캡처가 가능해져 실시간 의사 결정과 민첩성이 향상된다. IoT가 스마트공장 운영을 가능하게 하는 방식은 다음과 같다.

- **데이터 수집 및 실시간 모니터링** : 스마트공장의 기계 및 장비에 내장된 IoT 센서는 온도, 압력, 습도 및 성능 측정 항목과 같은 여러 제어 매개변수에 대한 데이터를 지속적으로 수집한다. IoT 지원 실시간 데이터 수집을 통해 공장에서는 장비 상태, 에너지 소비 및 전반적인 생산 효율성을 위한 지속적이고 효과적인 모니터링 시스템을 구현할 수 있다.

- **연결성 및 통신** : IoT는 연결된 장치가 기계 간에 원활하게 통신하여 공장 전체에서 정보와 데이터를 교환할 수 있도록 해준다. 따라서 IoT가 제공하는 향상된 연결성은 생산 프로세스의 실시간 협업, 동기화 및 조정을 가능하게 하여 효율성과 대응성을 향상시킨다.

- **예측 유지 관리** : IoT 지원 센서는 장비 상태와 성능을 모니터링하여 유지 관리 요구 사항에 대한 귀중한 통찰력을 제공한다. 따라서 예측 유지 관리 알고리즘은 데이터 패턴을 효과적으로 분석하고 잠재적 고장 및 기타 유지 관리 요구 사항에 대한 경고 또는 예측을 생성할 수 있다. 이를 통해 계획되지 않은 가동 중지 시간을 최소화하고 유지 관리 일정을 최적화하며 전반적인 장비 안정성을 향상시킨다.

- **공급사슬 통합** : IoT 연결은 공장 벽을 넘어 공급업체, 고객 및 물류 제공업체와의 통합을 가능하게 하는데 핵심적이다. 실시간 데이터 공유 및 협업은 공급망 운영을 간소화하여 적시 배송을 보장하고 재고를 정확하게 관리하며 변화하는 수요에 효과적으로 대응하는데 도움이 된다.

7. 지속가능성과 순환경제

폐기물 감소, 에너지 사용 최적화, 친환경 공정 도입은 스마트공장의 새로운 트렌드이다. 공급망은 순환경제 개념을 도입하여 폐쇄루프 시스템, 재활용, 제품 수명 연장 전략을 수용한다.

공급망 계획 및 의사 결정에서 지속가능성을 고려하면 더욱 친환경적인 운영이 가능해져 변화하는 환경 규정을 충족하는 브랜드 평판이 향상된다.

8. AI/ML/DL

머신러닝ML, 딥러닝DL, 인지 컴퓨팅과 같은 고급 AI 기술과 IoT 기능을 통해 IoT 장치에서 생성되는 방대한 양의 실시간 데이터를 효과적으로 처리하고 분석할 수 있다는 점에서 미래 중요한 연구 분야이다. AI 알고리즘은 IoT 장치, 센서 및 기타 소스에서 생성된 데이터를 분석하여 패턴, 추세 및 이상을 발견하는 반면 ML/DL 모델은 수요 패턴을 예측하고 재고 수준을 최적화하며 실시간으로 의사 결정을 향상시킨다. 따라서 AI/ML은 공급망 전반에 걸쳐 예측 분석, 자율 의사 결정 및 지속적인 최적화를 가능하게 한다. AI가 스마트공장 운영을 지원하는 방식은 다음과 같다.

- **데이터 분석 및 통찰력** : AI 알고리즘은 IoT 장치에서 수집한 대용량 데이터 세트를 분석하여 패턴, 이상 및 상관관계를 읽어 생산 효율성, 품질 관리 및 의사 결정을 개선하기 위한 귀중한 통찰력을 제공하는데 도움이 된다. AI 기반 분석을 통해 고정밀 예측 및 처방 기능이 가능해져 효율적인 생산 계획, 수요 예측 및 재고 관리가 향상된다.

- **자율적 의사 결정** : AI와 통합된 스마트공장 내의 기계와 로봇은 실시간 데이터와 미리 정의된 규칙을 기반으로 자율적인 의사 결정을 내릴 수 있다. AI 기반 시스템은 최소한의 인간 개입과 최대의 효율성으로 생산 매개변수를 최적화하고, 일정을 조정하고, 변화에 동적으로 대응할 수 있다.

- **로봇공학 및 자동화** : AI 기반 로봇은 스마트공장 내 다양한 작업 자동화에 중요한 역할을 한다. AI 알고리즘이 지원하는 첨단 로봇은 복잡한 작업을 수행

하고 안전하고 효율적인 방식으로 인간 작업자와 협업할 수 있다. AI 기반 로봇은 경험(과거 데이터)을 통해 학습하고 성능을 개선하며 미래의 다양한 제조 공정을 처리할 수 있도록 한다.

- **인지 시스템 및 자연어 처리(NLP)** : AI 기반 인지 시스템은 스마트공장 내에서 인간–기계 상호작용을 개선한다. NLP 모델은 작업자가 기계 및 시스템과 직관적으로 상호작용할 수 있도록 음성 또는 텍스트 기반 통신을 지원한다. 따라서 AI 지원 기능은 운영 효율성을 높이고 교육을 간소화하여 더 나은 의사 결정을 용이하게 한다.

9. 블록체인 기술

블록체인 기술은 연구자들이 점점 더 연구하고 있는 주제이다. 블록체인은 공급망 전반에 걸쳐 안전하고 투명한 데이터 공유를 제공하여 추적성, 출처 검증 및 실시간 업데이트를 가능하게 한다. 블록체인 플랫폼의 스마트 계약은 공급망 프로세스를 자동화하고 간소화하여 이해관계자 간의 신뢰, 효율성 및 원활한 협업을 촉진한다. 따라서 블록체인은 공급망 무결성을 강화하고 사기를 줄이며 규정 준수를 개선할 수 있는 잠재력을 가지고 있다.

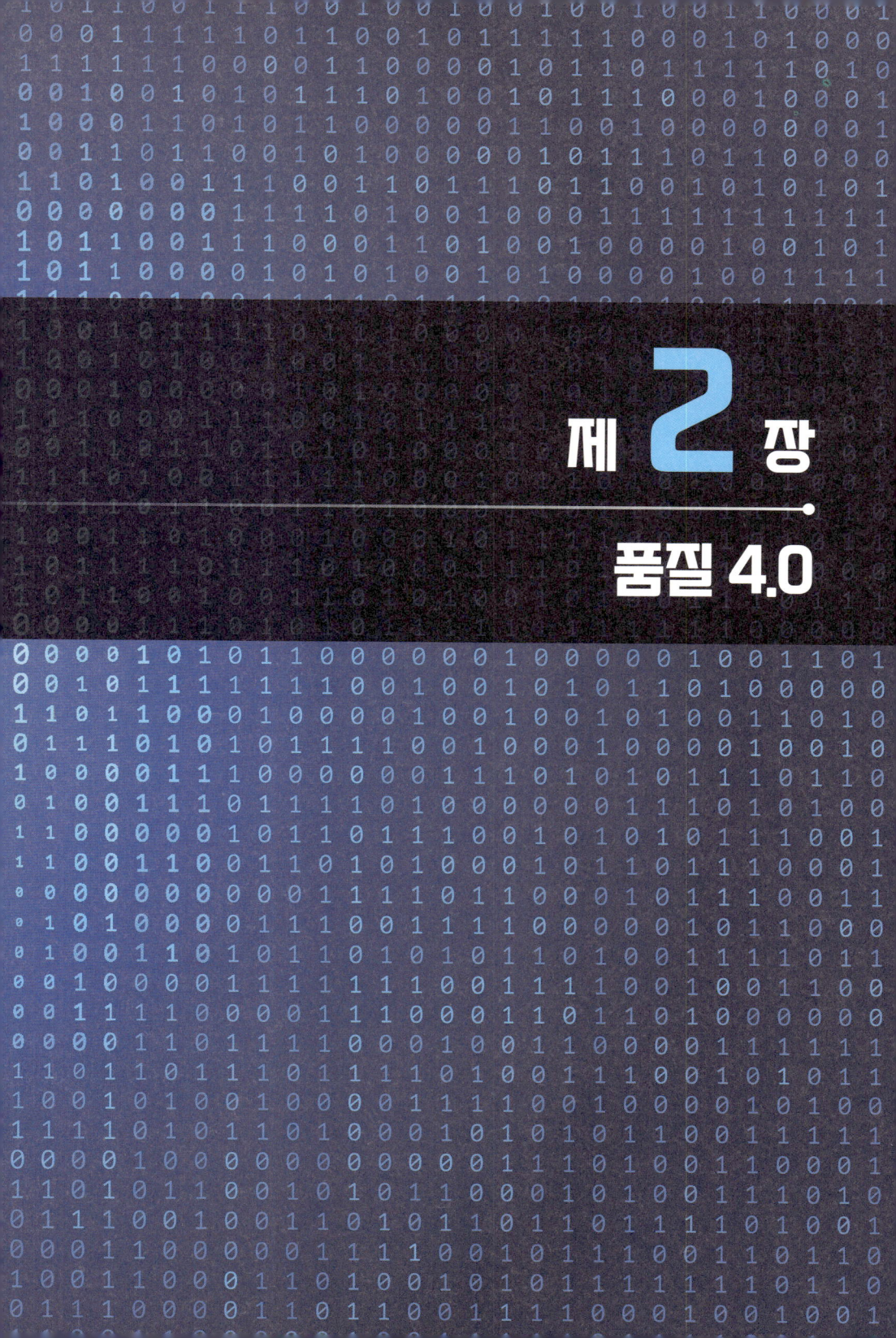

제 **2** 장

품질 4.0

01 개념

생성형 AI와 로봇 기술과 같은 전례 없는 기술과 과학의 발전으로 형성된 기술 환경은 세상과 비즈니스 영역뿐만 아니라 제조 현장을 근본적으로 변화시키고 있다. 특히 기술 혁신의 영향을 받는 다양한 분야 중에서 품질관리는 기술 발전으로 인해 중대한 변화를 겪을 분야로 꼽히고 있다. 이러한 신기술과 총체적 품질경영의 결합이 바로 품질 4.0Quality 4.0을 탄생시켰다.

품질 4.0은 IoT, 빅데이터, 머신러닝 같은 인더스트리 4.0Industry 4.0 기술 도구를 활용하여 생산 품질관리의 효율성과 효과성을 극대화하는 방법에 중점을 두고 있다. 따라서 품질 4.0은 새로운 기술과 기존 품질관리 방법을 결합하여 운영 효율성을 높이고, 성과와 혁신을 결합하는 것으로 볼 수 있다. 디지털 환경은 특정 제조 활동뿐만 아니라 품질 부문에서도 발전하고 있다.

02 품질관리

지난 수십 년 동안 기업 간의 경쟁은 처절할 정도로 치열했으며, 최근 몇 년간 전례 없는 기술 발전과 소비자들의 제품 및 서비스 품질에 대해 더욱 엄격한 기준 설정은 기업이 시장 환경에서 어떻게 살아남을 수 있는가를 나타내는 생존의 문제가 되었다. 이러한 맥락에서 품질이라는 용어는 역동적이며, 그 진화는 기업의 지속적인 개선을 만들어 냈다.

품질이라는 용어는 사용되는 환경과 목적에 따라 달라지기 때문에 복잡하고 정의하기 어렵다. 품질이라는 용어의 의미는 사람마다 다를 수 있으며, 한 사람에게 품질로 여겨지는 것이 다른 사람에게는 동일하지 않을 수 있다. 품질은 사람과 상황에 따라 다른 의미를 가질 수 있으며, 이는 제품 및 서비스의 품질에도 적용된다. 이러한 맥락에서 수년에 걸쳐 품질이라는 용어에 대한 새로운 정의가 등장해 왔다.

20세기에 들어서 품질이라는 용어는 다양한 의미로 정의되고 있는데, 크로스비는 품질을 "사양에 대한 적합성"으로 생산자 입장에서 품질을 정의하였고, 데밍은 "고객만족"으로, 주란은 "사용 적합성"으로, 파이겐바움은 "사용자가 인지하는 가치와 그에 따른 전체 비용 간의 관계"로, 이시카와는 품질을 "고객이 접근가능하고, 적절하며, 만족할 만한 고품질 제품을 개발, 설계, 생산 및 제공하는 것"으로 소비자 관점에서 품질을 정의하고 있으며, 다구찌는 "규격 일치가 아닌 사회적 손실 최소화"로 사회적 책임 관점에서 품질을 정의했다. 따라서 보편적인 정의를 내리는 것은 복잡하다. 이러한 관점에서 루니2018는 품질이라는 단어가 제품 품질, 프로세스, 서비스 등 다른 단어와 함께 사용되어야 한다는 점을 강조했다. 이는 품질을 관찰하는 관점을 용이하게 하기 위함이다.

품질 용어에 대한 과거 접근 방식과 오늘날 접근 방식의 주요 차이점 중 하나는 기업 규모와 관계없이 고객의 니즈와 욕구를 반영하고, 경영 프로세스를 더욱 효율적이고 효과적으로 만들 수 있다는 것이다. 이러한 발전은 제품 중심에서 고객 중심으로 전환되면서, 경쟁 우위 요소로서 품질에 대한 중요성이 점차 커짐에 따라 이루어졌다. 더욱이 기술의 무한한 발전으로 인해 품질관리는 사람, 프로세스, 제품을 개별적이 아닌 전체적으로 고려하는 통합적인 방향으로 점차 확대되고 있다.

제품과 서비스의 품질을 지속적으로 모니터링하고 개선하는 것이 대기업이나 중소기업 모두에게 경쟁 우위를 확보하려는 주요 전략이다. 따라서 오늘날 시장에서 품질은 경쟁 우위를 확보하는 중요한 요소이다. 고객의 니즈를 가장 잘 충족하고 관심을 끄는 기업은 장기적인 충성 고객을 확보할 수 있고 이는 연쇄 효과를 만들어내며, 만족한 고객은 동일 브랜드의 신제품을 다시 구매하게 된다.

품질은 제품, 서비스 및 프로세스의 지속적인 개선과 직접적인 관련이 있다. 개선은 관리 도구를 사용하여 부적합 사항을 파악하고 개선하고 비용과 잠재적 재작업을 자동으로 줄이는 결과를 가져와 결국 고객의 요구와 기대를 충족시키게 된다. 그러나 오늘날의 경쟁 환경에서 기업의 핵심 차별화 요소는 인더스트리 4.0 기반 아래 미래의 고객 요구를 파악하여 경쟁사보다 앞서 나갈 수 있는 환경을 만드는 것이다.

03 품질의 진화

역사를 통틀어 품질은 재화와 서비스 생산의 핵심 요소였으며 기업이 품질의 중요성을 인식하고 상호 연결된 기술 활용을 포함한 품질관리 방법을 도입하여 적용한 것은 진화적인 과정을 거쳐 이루어졌다. 이 과정은 패러다임의 전환과 문화적, 정치적, 경제적, 사회적 변화와 밀접한 관련이 있다. 이러한 요소들을 고려할 때, 품질관리의 첫 사례는 이집트 피라미드에서 찾아볼 수 있다. 역사학자들은 피라미드의 측정 도구와 방법이 매우 정밀하여 수 세기 동안 건축의 품질을 보장했음을 보여준다고 주장한다.

제품 및 서비스 품질 개선은 지속적이고 복잡한 노력이라고 볼 수 있으며 이러한 노력은 네 가지 단계로 구분할 수 있다. 각 단계는 품질에 대한 고유한 관점을 반영하고 비즈니스 관행에 중대한 변화를 가져왔다. 각 단계는 [그림2-1]과 같이 설명할 수 있다.

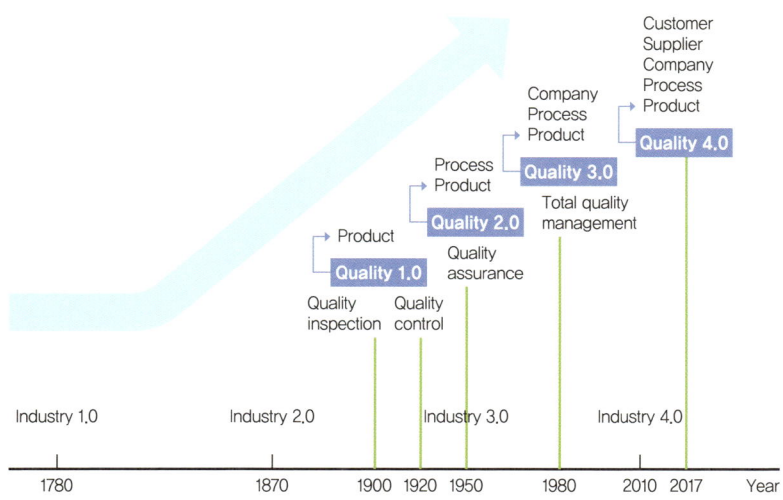

[그림2-1] 품질의 진화 단계

1. 품질 1.0 : 검사 및 품질관리

1차 산업혁명과 대량 생산의 확대로 결함을 식별하는 관행이 등장했고, 이는 수년에 걸쳐 보편화되었다. 바로 검사이다. 사실상 품질보다는 생산량과 작업자 생산성에 중점을 두고 측정 및 검사를 통해 품질을 개선해 나갔다. 이는 제품이 이전에 확립된 특정 품질 특성을 충족하는지 확인하는 것이었으며, 이러한 관행은 비용과 시간을 발생시켰다. 이 문제를 해결하는 한 가지 방법은 1920년 벨 연구소에서 근무하던 월터 슈하트가 제안한 관리도를 이용하는 것이었다. 이 관리도는 공정의 마지막 단계가 아닌 공정 중에 결함을 식별해냈다. 이후 1930년, Dodge와 Roming은 100% 전수검사를 피하기 위해 샘플링 표를 개발했다. 이러한 검사와 통계적 관리의 조합은 품질 1.0으로 설명될 수 있으며, 결함을 감지하고 그에 따라 수정하는 반응적 접근 방식을 취했다.

2. 품질 2.0 : 품질 보증

품질 진화의 다음 단계는 품질 보증이었으며, 이를 품질 2.0이라고 부른다. 최소한으로 수용할 수 있는 품질 표준, 스크랩 생성 및 재작업을 준수하여 생산성을 극대화하였다. 이는 사후 대응적 접근 방식에서 예방적 접근 방식으로 발전하여 생산 공정의 여러 단계에서 생산성을 향상시켜 결함을 방지하는데 중점을 두었다.

품질 2.0은 원칙과 기반을 무시하고 관리와 인증을 우선시하여 제품 또는 서비스의 품질을 보장하는 것을 목표로 하였다. 그러나 이러한 방법에는 단점이 있었는데 품질을 조직의 핵심 사항으로 보지 않고, 사업을 수행하는데 필수적인 요소로만 간주되어, 이해관계자의 지속적인 개선에 대한 책임을 지지 않는다는 것이었다.

3. 품질 3.0 : 총체적 품질경영

품질 진화의 다음 단계는 품질 3.0이라고 한다. 이 단계에서는 품질 개선에 전체론적 관점을 채택한 총체적 품질경영TQM 개념이 탄생했다. 지속적인 개선 프로세스를 사용하여 고객 만족을 달성하고, ISO 9000 표준 시리즈와 같은 표준에 의존하는데 중점을 두고 품질이 비즈니스 필수 요소로 인정받았다. 또한 새로운 정보통신과 인터넷 기술들이 대두되면서 근로자, 공급업체, 고객 간의 소통이 원활해졌다. 이 시대는 린 제조Lean Manufacturing와 식스 시그마Six Sigma와 같은 다양한 방법론이 등장하면서 생산성과 효율성이 크게 향상 되었다. 또한 Malcolm Baldridge와 유럽 품질관리 재단European Foundation for Quality Management을 비롯한 다양한 기관에서 제안한 총체적 품질 모델이 제안되었다.

4. 품질 4.0 : 품질관리의 디지털화

고객 선호도의 변화로 인해 기업들은 지속적이고 지능적이며 탄탄한 개선 방안을 도입해 왔다. 이를 위해 기업들은 인더스트리 4.0에서 부상하는 신기술을 수용하고 품질에 적용하여 새로운 개념인 품질 4.0을 탄생시켰다.

이는 새로운 기술을 기존의 품질관리 방법 및 도구와 결합하여 프로세스, 효율성, 그리고 기업 성과를 개선하고, 선제적인 접근 방식을 추구하는 것을 의미한다. 기업이 탁월한 성과를 추구함에 따라 품질에 대한 이야기는 계속되고 진화할 것이다.

[표2-1] 품질 진화 단계에 따른 품질의 개념

품질 단계	새로운 품질 개념	품질 관행의 강조
품질 0.0 (1300년대에서 1900년대 초반)	• 나중에 "길드"로 진화한 "장인정신"의 조합에 의해 조직된 작업	• 품질은 단지 측정 및 제품 검사의 새로운 관행일 뿐 생산량 또는 제품 수량에 더 중점을 둠 • 상품은 동일한 사람 또는 일련의 사람들에 의해 생산
품질 1.0 (1920년대에서 1940년대)	• 측정 및 검사를 통해 제품 적합성 수준을 확인하고, 샘플링으로 완제품 결함을 감지하기 위해 완제품의 품질관리 • 좋은 제품과 결함이 있는 제품을 분리 • 결함이 있는 제품이 폐기되거나 재작업	• 대량 생산의 증가와 산업 혁명의 출현 • 품질 개념의 진화, 팀워크의 등장, 제품 변동 및 품질의 공정 변동을 제어하기 위한 수단으로 인식 • 설계 및 구성 요소의 표준화. 통계적 품질관리(SQC) 및 샘플링 기술을 사용하여 제품 표준을 유지 • 공정 출력 및 최종 제품 품질에 집중
품질 2.0 (1940년대부터 1980년대 후반까지)	• 최종 제품 품질을 보장하기 위해 조직 전체의 프로세스를 포함하도록 품질관리 활동의 원칙을 확대 • 품질 보증은 고객과 시장의 요구에 따라 사용에 적합한 제품을 달성하기 위해 프로세스 출력을 최적화하도록 발전 • 품질 효율성 제고를 위한 심사 기능 도입	• 1960년대부터 QFD를 사용하여 고객의 소리(VOC) 청취 가능 • 개별 국가 또는 제품 표준이 널리 사용되는 경우 – 군사 및 응용 프로그램별 산업 표준. 품질 전문가의 적극적인 참여를 통한 품질 개념 개발 • 1987년 "품질관리 및 품질 보증 표준 – 사용 지침 및 섹션"의 일반적으로 적용 가능한 ISO 9000시리즈의 등장 • 품질 감사, 예방 및 시정 조치의 대중화, 고객 요구, 요구 사항 및 사양, 고객 또는 시장 피드백 충족
품질 3.0 (1980년대부터 2000년대 초반까지)	• 총체적 품질경영(TQM) – 제품 또는 서비스 품질 요구 사항이 달성되도록 보장하기 위해 조직 활동의 모든 수준에 걸쳐 모든 프로세스 단계에서 체계적으로 계획된 품질 보증 활동 • 2000년 품질경영을 품질경영시스템(QMS)으로 전환	• ISO 9000 제품군 개발의 선구자로서 미국 군사 표준 및 BS 5750(1979) 표준에서 힌트를 얻었음 • 조직 간 품질관리 보증(내부 및 외부)에 중점을 두어 품질 요구 사항이 충족된다는 확신을 줌 • 조직의 품질관리를 보장하기 위한 리더십의 약속은 주로 제조 시스템에 중점을 두고 문서화되지만 서비스를 수용할 수 있는 지속적인 개선 잠재력이 있음 • 효과적인 품질관리를 위한 구조, 책임 및 절차를 문서화하는 측면에서 품질 시스템을 공식화 • ISO 9000 시리즈 표준은 지속적인 개선, 고객 만족, 리더십, 프로세스 관리 및 일반적인 특성을 통한 광범위한 적용성에 중점을 두고 인증의 사용 • "ISO 9000:2000 – 품질관리 시스템"으로 재지정

품질 4.0 (2015년부터 현재)	• 리스크 기반 품질경영 활동 • 디지털 기술 향상, 인공지능(AI) 기반 품질관리시스템(QMS)을 통해 광범위한 학계 및 산업 경험이 풍부한 전문가를 위한 기회를 제공 • 제어 기능이 있는 자동화된 시스템으로 프로세스 운영자보다 프로세스 설계자에게 더 많은 관심 집중	• ISO가 인더스트리 4.0 도입과 함께 제기된 품질 문제를 해결하기 위해 글로벌 품질 혁신의 운전대를 잡으면서 ISO 9001:2015 QMS를 2015년에 도입 • 위험 관리 및 지속가능성에 중점을 두고 장기적인 비즈니스 제품/서비스 우수성과 고객 만족을 달성하기 위한 지속적인 프레임워크를 제공 • 인공지능(AI)을 사용하여 생산성 및 제품 품질에 대한 기계 자체 규제를 달성 • 사물인터넷(IoT)을 통한 높은 조직 상호 연결성

각 단계는 서로를 대체하는 것이 아니라 시간이 지남에 따라 보완해 가면서 지속적인 발전을 이루었다는 점이 중요하다. 시장은 경쟁이 기하급수적으로, 그리고 공격적으로 성장해 왔으며, 주요 브랜드들은 수년에 걸쳐 이러한 접근 방식을 채택하고 각 분야의 변화와 혁신에 적응해 왔다. 또한 [표2-1]과 같이 품질 시대의 각 단계는 생산 부문에 새로운 철학과 도구가 도입되면서 형성되었으며, 시장 수요와 고객의 기대 및 니즈 충족에 중점을 두었다. 이러한 관점에서 변화는 잘 구성된 프로세스, 직원 교육, 더 큰 리더십 참여를 통해 내부 성과를 개선하는데 기여했다.

04 품질 4.0

1. 품질 4.0의 개요

품질 4.0은 비교적 최근에 등장한 개념이므로 보편적으로 받아들여지는 정의는 없지만, 품질 4.0은 인더스트리 4.0 기술을 품질관리에 적용하는 것을 의미한다는 것이 일반적인 흐름이다. 즉 품질 4.0은 인더스트리 4.0의 기술 발전을 활용하여 데이터 분석, 협업, 확장성 및 연결성을 혁신으로 이끌고, 제품 및 서비스의 생산 및 제공에 패러다임 전환을 가져온다.

품질 4.0의 이점 중 하나는 인공지능AI, 사물인터넷IoT, 빅데이터, 데이터 분석, 머신러닝, 블록체인 기술과 같은 신기술을 활용하여 품질 보증, 통제 및 관리 프로세스를 개선하는 것을 의미하는 것과 실시간 데이터를 확보하여 의사 결정을 용이하게 한다는 것이다.

따라서 품질 4.0은 품질관리 시스템을 디지털화하여 기존 품질관리 방법과 신기술을 결합하여 탁월한 성과, 더 큰 운영 효율성, 그리고 최적의 혁신을 달성할 뿐만 아니라 인더스트리 4.0의 기술을 비즈니스 전략으로 활용하여 프로세스를 모니터링하고 실시간 데이터를 수집하여 품질 문제 및 유지보수 필요성을 예측하는 분석을 가능하게 함으로써 현재 예방적 패러다임에서 예측적 패러다임으로 전환시킨다.

품질 4.0은 여러 가지 이유로 현대 품질관리와 관련이 있다.

첫째, 조직이 품질 프로세스에서 전례 없는 수준의 효율성과 효과성을 달성할 수 있도록 지원하고 있다.

둘째, AI와 머신러닝/딥러닝을 통해 기업은 실시간으로 품질 결함을 식별하고 수정하여 비용을 절감하고 고객만족도를 향상시킬 수 있다.

셋째, 조직의 적응력과 민첩성을 향상시킨다. 빅데이터와 데이터 분석을 통해 기업은 광범위한 데이터 소스에서 얻은 통찰력을 바탕으로 양질의 의사결정을 내릴 수 있으며, 이를 통해 고객 기대치나 시장 상황의 변화에 신속하게 대응할 수 있다.

그러나 품질 4.0으로의 전환에는 어려움이 따른다. 즉 기업은 기술 인프라에 투자하고, 디지털 역량을 개발하며 데이터 보안을 확보해야 한다.

미래에도 품질 4.0은 의심할 여지없이 품질관리를 지속적으로 혁신시킬 것이다. 기술이 끊임없이 발전함에 따라 기업은 품질 4.0이 제공하는 기회를 포착하기 위해 끊임없이 적응하고 혁신해야 한다. 다시 말해, 품질 4.0은 디지털 시대 품질관리의 새로운 지평을 열 것이다. 품질 4.0은 여러 과제를 안고 있지만, 품질 프로세스의 효율성, 투명성, 그리고 적응성을 향상시킬 수 있는 잠재력은 무궁무진하다. 품질 4.0을 성공적으로 도입, 운영하는 기업은 21세기 디지털 경제에서 성공할 수 있는 유리한 위치를 선점하게 될 것이다.

2. 품질 4.0의 기본 원칙

앞에서 언급했듯이 품질 4.0에는 표준화된 정의가 없다. 그러나 시스템에 대한 여러 설명에서 나타나는 몇 가지 특징과 가치를 가지고 있다. 품질 4.0의 원동력에는 그 어느 때보다 기술을 활용하여 사람들의 업무 프로세스를 개선하는 것이 포함된다. 품질 4.0 전략을 구현할 때 다음과 같은 원칙들이 고려되어야 한다.

(1) 인간의 지능 활용

기술이 조직 내 인간의 역할을 없애지는 않겠지만, 인간의 노동력과 지능은 운영에서 새로운 위치를 차지하게 될 것이다.

품질 4.0 환경에서 인간의 업무는 상황에 대한 신중한 판단을 요구하기 때문에 더욱 중요해진다. 인간의 지능을 활용하여 계획, 변화, 그리고 적응이 필요한 영역을 파악함으로써 기업은 오류를 최소화하는 프로세스를 설계할 수 있다.

(2) 의사 결정의 질과 속도 향상

의사 결정은 자동화 프로세스의 엄청난 속도에 발맞춰야 한다. 인간과 기계 모두에게 최단 시간 내에 올바른 결정을 내리려면 광범위하고 신뢰할 수 있는 데이터가 필요하다.

품질 4.0은 전체 운영 과정에서 의사 결정을 지원하기 위해 데이터 수집에 크게 의존한다.

(3) 시스템을 보다 투명하고 감사 가능하며 추적 가능

품질 4.0 시스템은 추적성과 투명성이 향상되어 리콜이나 기타 문제 발생시 쉽게 조치할 수 있다. 생산 과정을 추적함으로써 오류의 정확한 지점을 신속하게 파악할 수 있어 문제 해결에 소요되는 시간을 단축시킬 수 있다.

(4) 새로운 아이디어나 상황에 필요한 변화와 적응 평가

품질 4.0은 품질관리의 현재이자 미래이다. 따라서 이 시스템을 사용하는 사람들은 시간과 기술의 발전에 따라 기업 상황에 맞는 품질 4.0의 정의를 더욱 명확하게 규정함으로 새로운 아이디어를 창출하고 환경에 적응해야 할 것이다. 조직은 기존의 편견이 존재하는 영역을 파악하고, 운영 방식에 필요한 변화를 도입해야 한다.

(5) 지속적인 개선

개선은 일회성 작업이 아니다. 품질은 시간이 지남에 따라 지속적으로 향상된다. 품질 4.0에 사용되는 기술로 수집된 데이터를 통해 품질관리자는 개선 영역과 기회를 더욱 쉽게 파악할 수 있다.

(6) 직원 학습을 강화하기 위한 인식 기술 개발

시간이 지남에 따라 도입되는 새로운 아이디어와 혁신을 통해 어떻게 정보를 얻을 수 있는지 더 잘 이해하기 위해서는 누구나 자기 인식이 필요하다. 이러한 자기 인식은 새로운 지식 습득에 대한 적응력을 향상시키는 직장 내 역량이 된다.

3. 품질 4.0의 정의

생존을 위하여 역동적인 시장 상황, 파괴적 기술의 발전, 그리고 변화하는 고객 선호도로 인해 기업들은 지능적이고 견고하며 역동적인 품질 개선을 지속적으로 도입해야 했다. 이는 품질의 진화로 이어졌고 다양한 정의가 등장하게 되었으며, 이러한 이유로 품질 4.0이라는 용어의 정의가 최근 문헌에 등장하게 되었다. 그러나 보편적으로 수용되는 정의는 없지만, [표2-2]에서 볼 수 있듯이 일부 연구자들은 품질 4.0에 대해 몇 가지 정의를 제시하고 있다.

[표2-2] 품질 4.0의 정의

저자	정의
Jacob(2017)	기술, 사람, 프로세스와 같은 세 가지 중요한 요소를 강조하여 더 큰 운영 효율성을 달성하고, 이를 통해 인더스트리 4.0 기술의 지원을 받는 사람들의 작업을 용이하게 한다.
Paraschivescu(2021)	기술을 적용하여 조직의 문화, 협업, 기술 개발, 리더십 등을 변형하고 개선하는 것을 말한다.
Antony et al.(2022b)	이는 우수한 성과, 더욱 뛰어난 운영적 우수성, 최적의 혁신을 달성하기 위해 새로운 기술, 도구 및 전통적인 품질관리 방법을 결합한 것이다.
Chiarini y Kumar(2022)	이해관계자와 협력하여 증거 기반의 의사 결정을 추진하기 위해 가치 사슬 전반에 걸쳐 사람, 프로세스, 기술을 통합하는 고객 중심의 디지털 기반 접근 방식이다.
Dias et al.(2022)	현대 기술을 사용하여 사람과 품질 도구 및 방법의 역량을 증강하여 우수한 품질을 제공하는 것이다.
Saderet al.(2022)	최신 기술을 전통적인 품질관리 관행에 통합하여 품질관리 범위를 확대하고 활동의 성과와 효율성을 개선하는 확장된 품질관리 접근 방식이다.
Souza et al.(2022)	이는 인더스트리 4.0에 의해 주도되는 품질관리 방식의 기술적 업데이트를 나타내는 용어로, 조직의 프로세스, 제품 및 인력의 전반적인 품질을 인식한다.
Liuet al.(2023)	이는 연결성, 지능성, 자동화를 고려하여 현대 기술을 활용한 품질관리의 디지털화를 의미하며, 가치 사슬 전반에 걸쳐 성과를 개선하는 것을 의미한다.

이를 정리하면 품질 4.0은 검사와 같은 기존 작업을 혁신하고, 점점 더 개인화되고 혁신적인 제품과 서비스를 제공하기 위해 인더스트리 4.0 기술을 적용하여 조직 문화, 협업, 기술 및 리더십을 변형

[표2-3] 품질 4.0을 구현하기 위한 요소

저자	요소
Jacob(2017)	데이터, 분석, 연결성, 협업, 애플리케이션 개발, 확장성, 시스템 관리, 규정 준수, 문화, 리더십 및 역량
Sony et al.(2020)	빅데이터 관리, 처방적 분석, 수평적, 수직적, 종단간 통합, 경쟁 우위, 리더십, 문화, 교육 및 고위 경영진 지원
Antony et al.(2022b)	최고 경영진 지원, 조직 문화, 리더십, 비전 및 전략, 지식, 고객 중심, 공급업체 관리 및 교육
Chiarini 및 Kumar(2022)	높은 수준의 관리, 프로세스 매핑, 자동 데이터 수집, MRP와의 데이터 통합, 인공지능 및 예측 소프트웨어, 기계 간 통신, 식별 및 추적을 위한 스마트 기술, 자동 문서 제어, 고품질 인력을 위한 디지털 기술
Ranjith Kumar 외(2022)	리더십, 문화, 역량, 통합, 관리 시스템, 규정 준수, 데이터, 분석, 연결성 및 확장성
Sureshchandar(2022)	전략적 리더십, 품질 문화, 고객 중심, 품질 시스템 관리, 규정 준수, 경쟁, 분석적 사고, 의사 결정을 위한 지표 및 데이터, 고급 분석, 데이터 거버넌스, 혁신, 신기술
Thekkoote(2022)	데이터, 분석, 연결성, 협업, 애플리케이션 개발, 확장성, 규정 준수, 조직 문화, 리더십, 교육
Zulqarnain et al.(2022)	규정 준수, 역량, 리더십, 연결성, 협업, 문화, 관리 시스템, 웹 기반 애플리케이션, 확장성, 분석 및 데이터
Alrabadi et al.(2023)	데이터, 연결성, 협업, 애플리케이션 개발, 확장성, 시스템 관리, 규정 준수, 문화, 리더십, 역량 및 디지털 혁신
Maganga 및 Taifa(2023a)	비전 및 전략, 협업 및 리더십, 고객 중심 및공급업체, 교육, 품질 문화, 지식, 고위 경영진 지원, 인프라, 기술 투자, 통합, 관리 시스템 및 규정 준수
Van Nguyen et al.(2023)	최고 경영진, 품질 문화, 기술, 조직 지능형, 지속가능한 개발, 자동 문서 관리, 지능형 품질관리 및 지능형 제품의 통합
Zulfiqar et al.(2023)	고위 경영진의 헌신과 지원, 리더십, 조직 문화, 직원 역량, 품질 시스템을 위한 ISO 및 구현
Mittal et al.(2024)	분석, 응용 프로그램 개발, 협업, 리더십, 역량, 규정 준수, 연결성, 데이터 관리, 관리 시스템, 품질 문화 및 확장성

하고 개선하는 것으로 볼 수 있다. 즉 인더스트리 4.0과 긴밀하게 연계되고 보완을 통해 실시간으로 결함을 감지하고, 예방 조치 도입을 용이하게 하는 데이터 가용성 덕분에 인적 개입을 줄여 의사 결정을 개선하는 것으로 생각할 수 있다. 위의 모든 것은 적시에 문제를 해결하고 프로세스 생산성을 최적화하고 동시에 비용을 절감하고 지속적인 개선을 촉진한다. 결과적으로 생산 및 납품 시간을 단축해야 한다는 끊임없는 압력이 품질 4.0을 매우 유용한 도구로 만든다는 점을 고려할 때 조직이 이를 구현하도록 장려해야 한다.

[표2−3]에서 제시한 품질 4.0 구현을 위한 핵심 요소를 고려해할 때 다음의 8가지 요소들로 정리할 수 있다.

(1) 전략적 우위를 확보하기 위한 품질 4.0

최신 인더스트리 4.0 기술을 활용함으로써 기업은 더 높은 품질의 제품과 서비스를 생산하여 경쟁사 대비 가격 대비 가치 우위를 확보할 수 있다. 품질 4.0은 이러한 제품을 고객에게 제공하는 것뿐만 아니라 제품 수명 주기 전반에 걸쳐 제품 사용 내역을 추적하여 제품 및 서비스 설계 개선에도 중요한 역할을 할 것이다.

(2) 품질 4.0을 위한 리더십

품질 4.0은 직원들이 회사의 더 나은 성과를 달성할 수 있도록 혁신적인 변화를 제안하도록 격려하고, 영감을 주고, 동기를 부여하는 리더십 스타일을 요구한다. 이를 위해서는 사람과 프로세스의 변화를 촉진하는 변혁적 리더십이 필요하다. 또한 협력자들과의 개별적인 관계를 통해 프로젝트의 성공을 도모하고, 새로운 지식 습득을 촉진하며, 긍정적인 영향력을 조성하는데 중점을 둔다.

(3) 빅데이터 관리

품질관리 프로그램의 성공은 데이터 수집, 분석 및 의사결정 프로세스에 달려 있다. 이제 인더스트리 4.0 사이버–물리 시스템에서 저렴한 센서, 향상된 데이터 수집 시스템, 그리고 신속한 통신 시스템의 지원을 통해 품질관리에 활용될 수 있는 방대한 양의 데이터를 생성하여 문제를 더욱 쉽게 파악할 수 있게 될 것이다. 예를 들어, 단일 기계는 상호 연결되어 작동 및 유지보수 상태에 대한 데이터를 생성하며, 이는 품질 4.0에서 제품 및 서비스의 설계, 적합성 및 성능 품질을 개선하는 데 활용될 수 있다.

(4) 품질 측정을 위한 처방적 분석 알고리즘 사용

품질관리 분야에서 처방적 분석 알고리즘의 최근 발전은 의사 결정 과정에서 인간의 개입을 지원할 수 있다.

예를 들어, 이러한 알고리즘은 설계 품질, 적합성 품질, 그리고 성능 품질에 대한 의사 결정에 대한 권고안을 제공한다. 동시에, 이러한 솔루션은 문제 해결을 위한 최적의 옵션을 제공하기 위해 인간의 개입을 지원하도록 할 것이다.

(5) 수직, 수평 및 엔드투엔드 통합

조직에는 여러 물리적 및 정보적 하위 시스템이 있다. 전자에는 액추에이터, 센서, 제어 시스템이 포함되며, 이들은 생산 시스템 내 다양한 수준에서 통합되어 다음과 같은 기능을 수행한다. 유연하고 재구성 가능한 제조 시스템으로, 고위 경영진과 운영 부서 간의 수직적 상호 연결을 가능하게 한다. 수평적 통합을 통해 기업은 자재와 정보를 확보할 때 중개자를 거치지 않고도 원거리에 위치하더라도 엔드-투-엔드 방식으로 통합할 수 있다.

(6) 품질 4.0을 위한 교육

품질 4.0에 필요한 역량에는 IT 설치 및 운영, RFID 태그, 빅데이터 분석과 같은 기술적 역량이 포함된다. 또한 적응력, 비판적 사고, 창의성과 같은 혁신적 역량과 팀워크 및 지식 전달과 같은 소프트 스킬도 요구된다.

(7) 품질 4.0을 위한 조직 문화

품질 4.0은 조직 내 모든 계층의 가치관, 습관, 행동의 변화를 요구하며, 이를 통해 혁신 문화를 조성한다. 새로운 기술의 도입으로 인해, 직원들이 새로운 업무 방식과 기능을 이해하도록 지원하여 새롭게 도입된 기술의 이점을 극대화하고 거부감을 갖지 않도록 해야 한다. 이를 위해서는 도입된 기술을 통해 기대되는 효과를 모든 구성원에게 알리는 원활한 소통이 필수적이다.

(8) 품질 4.0에 대한 최고 경영진의 지원

품질 4.0을 성공적으로 구현하려면 최고 경영진의 강력한 지원이 필수적이다. 조직 내 최고 경영진의 리더십은 조직을 구성하는 다양한 프로세스에서 역할과 책임을 확립하고, 따라야 할 조치와 설정된 목표 달성을 위한 자원을 정의하기 때문에 중요하다.

 **05 품질 4.0 구현의 주요 장점 및 이점**

품질 4.0을 구현하는 데에는 몇 가지 어려움이 따를 수 있지만, 기업에 여러 가지 이점과 혜택을 제공한다. 품질 4.0 시스템 구현의 6가지 주요 이점과 혜택은 다음과 같다.

❶ **더욱 향상된 효율성과 효과성** : 품질 4.0을 통해 회사는 프로세스와 제품을 최적화하고 낭비를 없앨 수 있으며, 그 결과 품질관리의 효율성과 효과성이 더욱 향상된다.

❷ **더욱 향상된 가시성과 통제력** : 품질 4.0을 통해 회사는 프로세스와 제품에 대한 가시성과 통제력이 향상되어, 더욱 정보에 입각한 의사 결정을 내리고 시장 변화에 더욱 신속하게 적응할 수 있다.

❸ **더 큰 유연성과 적응성** : 품질 4.0을 통해 회사는 시장 변화에 더 유연하고 적응력 있게 대응할 수 있으며, 실시간으로 대량의 데이터를 수집하고 처리하며 더 빠르고 효율적인 의사 결정을 내릴 수 있다.

❹ **더욱 강화된 고객 중심성** : 품질 4.0을 통해 기업은 고객의 요구 사항과 선호도에 더욱 신속하게 적응하여 고객만족도와 충성도를 향상시킬 수 있다.

❺ **비용 절감** : 품질 4.0을 통해 회사는 프로세스를 최적화하고 낭비를 없앨 수 있으며, 이를 통해 비용을 절감하고 수익성을 개선할 수 있다.

❻ **더욱 강화된 혁신과 경쟁력** : 품질 4.0을 통해 기업은 시장 변화에 보다 신속하게 적응하고 새로운 제품과 서비스를 개발하여 경쟁력과 시장 지위를 개선할 수 있다.

06 품질 4.0 전략의 필요성

품질 4.0 전략은 품질을 기업 전략에 맞게 재정비할 수 있는 훌륭한 기회이다. 많은 제조업체가 빅데이터 및 인더스트리 4.0과 관련된 전략적 목표를 가지고 있으며, 여기에는 품질 개선 활용 사례가 포함되는 경우가 많다. 현재 시장의 일부만이 품질과 기업 전략 간의 명확하고 설득력 있는 연관성을 인지하고 있기 때문에, 이는 그러한 인식을 바꾸고 품질을 재정립할 수 있는 훌륭한 기회이다.

효과적인 품질 4.0 전략은 조직이 오랫동안 겪어온 난관을 극복할 수 있도록 지원한다. 업계의 상당수는 수십 년 동안 품질 문화 부족, 데이터 기반 품질 의사결정 부족, 그리고 품질에 대한 부서 간 가시성 부족과 같은 지속적인 품질 문제에 시달려 왔다. 품질 4.0을 도입한 기업들은 향상된 데이터 투명성과 새롭고 높은 정확성을 갖춘 데이터 기반 인사이트를 통해 이러한 난관 중 적어도 일부를 극복했다.

성공을 위해서는 전략이 필수적이다. 품질 4.0 기술은 진공 상태에서 적용되어서는 안된다. 탄탄한 기존 품질 기반을 바탕으로 구축되어야 한다. 데이터 품질이 낮은 데이터 소스에서 수집된 데이터에 대한 고급 분석을 수행할 계획인가? 소셜 리스닝_{브랜드 관련 고객 의견을 얻기 위해 소셜 미디어를 트롤링하는 행위}을 통해 양질의 알림을 생성하고 싶지만, 매우 단편적인 시정 조치 프로세스를 통해 문제를 해결하고 있는가? 품질이 낮은 데이터로 부실한 프로세스를 자동화하면 잘못된 결정을 빠르게 내리는 경우가 많다. 가장 중요한 점은, 현재 품질 4.0 기술을 적용하고 있는 제조업체들이 품질, 비용, 효율성, 시장 점유율, 그리고 브랜드 인지도 향상이라는 실질적인 가치를 실현하고 있다는 것이다. 이러한 기술은 기존의 조직 및 가치 사슬 품질 과제에 대한 새로운 접근 방식과 해답을 제시한다.

그렇다면 전략이 정말 필요한 이유는 무엇일까? 오늘날 품질 4.0은 경쟁에서 차별화된 요소이지만, 내일은 필수 요소가 될 것이다.

07 품질 4.0 구현 전략

　품질 4.0을 구현하려면 조직의 현실에 기반하여 경영시스템을 완전히 재구축해야 한다. 따라서 우리가 달성하고자 하는 것과 품질 4.0이 조직의 성장에 기여하기 위해 필요한 것이 무엇인지에 대한 명확한 목표를 기반으로 해야 한다.

- **명확하고 간결한 목표 정의** : 모든 전략과 마찬가지로 품질 4.0 구현에는 명확한 목표가 있어야 한다. 품질 4.0의 디지털 전환을 통해 무엇을 달성하고 싶은지 결정하고, 중기적으로 조직과 새로운 디지털 프로세스에 어떻게 기여할 수 있을지 구체적으로 그려봐야 한다. 그리고 필요한 기술과 그 연결 관계를 파악해야 한다. 명확한 목표와 완벽한 진단을 통해 품질관리 시스템의 디지털 전환을 담당하는 담당자는 이러한 기술에 익숙한 전문가와 협력하여 각 사례에 가장 적합하고 시기적절한 기술을 적용해야 한다.

- **인력, 역량, 그리고 기술 개발** : 품질 4.0의 디지털 전환을 위해서는 기술에 정통하고 학습 능력이 뛰어난, 매우 구체적인 역량 프로필을 갖춘 전문가가 필요하다. 품질 4.0 시스템 담당팀을 구성하고, 목표 달성을 위해 필요에 따라 확장해야 한다.

- **계획 및 실행** : 디지털 혁신은 다양한 영역을 포괄하며, 각 영역은 서로 연결되어 있다. 따라서 정해진 기간 내에 성과를 달성하려면 실행 과정에서의 계

획 및 관리가 핵심이다.

- **품질 중심의 디지털 문화 촉진** : 품질 4.0은 새로운 응용 분야의 문을 열고, 성장 제한을 없애고, 훨씬 더 빠른 변화를 가능하게 한다. 이는 품질 담당자가 디지털 문화를 수용하고, 내재화하고, 실행해야 가능하다.

08 품질 4.0 구현의 장벽

품질 4.0의 디지털화는 다양한 지식 분야, 최신 디지털 기술과 도구, 그리고 여러 분야의 개인 간의 미래 관계를 포괄한다. 기업의 경우 디지털화는 주로 아래와 같은 상황으로 인해 어려움을 겪는다.

- **신기술 적용에 대한 관심 부족**
- **프레임워크 대한 지식 부족** : 최근의 문제이기 때문에 아직 보편적으로 수용되는 제안은 없음
- **기술 접근의 어려움**
- **자금 조달 및 지원의 어려움** : 운영 및 유지 관리를 위한 장비 및 인력 확보 예산 부족
- **지원 프로그램의 제한적인 보급** : 중단 없는 지원 프로그램 및 첨단 인프라 부족

- **기업 정보의 적절한 보호 부족 등** : 사이버 보안 및 데이터 보호 문제
- **관리자와 직원의 변화에 대한 저항** : 일부 운영자와 관리자에게는 문화적 변화가 다양한 프로세스를 운영하고 모니터링 하는 새로운 방식을 의미하기 때문에 불확실성이 발생
- **경영진의 지원 및 관심 부족**

09 품질 4.0의 과제와 개선 방안

1. 사용 가능한 데이터의 특성의 다양성

전통적으로 프로세스 관리는 연속형_{예 : 유량, 온도 또는 압력 측정} 또는 이산형_{예 : 설문지 응답} 등 수치 지표를 주로 사용해 왔다. 그러나 이제는 추론 센서나 종종 상호 연결된 여러 장치를 통해 수집된 정성적 데이터, 서면 의견, 시간적 또는 공간적 프로파일, 음성, 소리 및 이미지 등이 포함된 다양한 유형의 데이터를 사용하여 활용해야 한다.

따라서 품질 4.0의 맥락에서 발생하는 주요 과제는 프로세스에서 수집된 방대한 데이터를 처리하고, 다양한 정보 소스에서 얻은 값을 결합, 통합, 병합하는데 가장 적합한 기법을 파악, 개발, 그리고 실제 구현하는 것과 정확히 관련이 있다. 품질 4.0과 관련하여

발생하는 다른 문제들 중에는 서로 다른 해상도와 샘플링 빈도를 가진 변수들의 조합, 양적 데이터와 질적 데이터, 정형 데이터와 비정형 데이터의 조합을 고려해야 한다.

2. 다중 규모 데이터 및 의사 결정

품질 4.0 맥락에서 조직 운영을 최적화하고 품질 자체를 해석하기 위해 내려야 하는 의사 결정의 본질은 다중척도이며, 이는 해당 가용 데이터 세트에도 동일하게 적용된다. 프로세스 및 시스템 관리 관점에서 일반적으로 다음의 여섯 가지 수준의 제어 및 최적화가 고려되며, 이는 서로 다른 시간 척도에 해당한다.

① 측정 및 조치(초) ④ 모델 기반 예측 제어(시간)

② 경보 및 보안 관리(초) ⑤ 감독 제어 및 최적화(일)

③ 규제 제어(분) ⑥ 생산 계획 및 관리(월)

그러나 품질 4.0 맥락에서 고려해야 하는 의사 결정 및 현상의 계층은 품질관리 관점에서 고려해야 할 다양한 척도를 더욱 크고 다양하게 만든다. 극단적인 경우, 매우 국소적인 시간 및 공간 규모를 다루어야 하는데, 이는 마이크로스케일에서 발생하는 매우 빠른 물리 및 화학 현상에 대응하는 데이터의 실시간 수집 및 분석을 고려해야 하며, 이는 미시적 품질Microquality에 해당한다. 나노기술의 도입이 증가하고 초고속 화학 반응의 산업적 응용이 증가함에 따라, 나노초 및 피코초 규모에서 발생하는 일을 기반으로 하는 데이터 수집 및 의사 결정으로 나아가고 있다. 그러나 동시에, 동일한 조직 내에서 최적화, 계획 및 생산 관리에 대한 의사 결정도 내려야 하는데, 이는 일반적으로 몇 일 또는 몇 달 단위의 시간 규모와 미터 또는 수백 미터 단위의 공간 규모에서 이루어진다. 그러나 다양한 제조 장소나 다국적 기업의 단위에서 제조되는 제품에 대해서는 보다 전략적인 결정도 내려야 한다. 여기에는 조직의 제한된 범위를 벗어난 품질관리도 포함된다. 즉, 연속적인 공급망, 투자 결정 또는 환경 영향과 관련하여 수년 단위의 시간 척도와 수천 km_{지구의 경계} 단위의 공간 척도에서 품질을 살펴봐야 한다.

스케일은 어떤 종류의 전체 최적화도 보장하지 않으며, 시간/공간 영역의 다른 위치에서 제안된 다른 결정과 모순될 수도 있다. 이러한 다중 스케일 환경에서 적절한 데이터 통합 및 품질을 달성하려면, 주어진 단일 스케일의 품질 분석에 맞춰 설계된 데이터 소스와 데이터 분석 방법론을 일관되게 결합할 수 있는 지능형 데이터 수집, 융합 및 통합 툴박스를 개발하는 것이 특히 중요하다.

3. 확장된 데이터 및 시스템 범위

품질 4.0을 관리하려면 데이터 수집 및 분석의 범위와 경계에 대한 더 폭넓은 이해가 필요하다. 앞서 언급한 바와 같이, 이는 조직의 경계를 넘어 품질을 살펴보고 관리해야 함을 의미한다. 여기에는 글로벌 가치 사슬, 공급망 관리, 지역 및 글로벌 환경 또는 사회적 영향 연구, 안전 및 규제 측면, 주요 R&D 이해관계자를 포함한 파트너십 네트워크, 그리고 경우에 따라 위험 관리, 사업 연속성 및 지속가능성 등이 포함될 수 있다.

이를 효과적으로 수행하기 위해서는 데이터를 통합하고 훨씬 더 풍부하고 다양하며 광범위한 품질 환경을 체계적으로 살펴볼 수 있는 적절한 도구를 개발하는 것이 중요하다.

4. 다양한 유형의 데이터 통합 및 사용 가능한 최고의 기술 도입

다양한 품질 관점과 관련된 데이터를 통합 분석하려면 적절한 품질 방법론과 통계 기법을 결합해야 할 뿐만 아니라, 인공지능, 딥러닝, 텍스트 마이닝, 사운드 및 이미지 또는 프로필 분석, 그리고 양적 데이터와 질적 데이터를 결합하는 것 또한 점점 더 중요해지고 있다. 다양한 정보원을 다루고 다양한 데이터 분석 도구에 능숙하며, 새로운 세대의 품질 전문가들이 데이터 분석 분야에서 긍정적인 성과를 낼 수 있는 흥미로운 분야라고 생각한다.

5. 적절한 모델 사용

품질 4.0의 맥락에서, 품질은 훨씬 더 광범위한 분석 범위를 다루는 것 외에도, 품질을 위한 최적의 모델링 접근 방식을 고려해야 한다. 하지만 적절한 모델링 구축은 상당한 비용이 발생할 수 있다는 점을 절대 잊지 말아야 한다. 따라서 약 100만원의 잠재적 경제적 이익을 위해 1000만원 모델을 고안하려는 것은 큰 의미가 없다.

더 많은 데이터가 이용 가능해지고 관련 비용이 거의 발생하지 않게 되면, 사용 가능한 데이터 종류를 활용하여 적절한 품질관리 의사결정을 지원하는 가장 적합한 주요 모델로 변경할 수도 있다는 점을 이해하는 것도 중요하다. 데이터 수와 종류가 기하급수적으로 증가함에 따라, 유추에 기반한 추론은 가정, 방정식, 매개변수 또는 명시적인 함수 관계에 의존하지 않게 되었고, 인공지능 알고리즘의 지원을 받는 동일한 사례와의 비교를 통한 행동 추론에 의존하는 "모델 없는" 모델을 만드는 상황에 이르렀다. 이를 위해서는 각각의 특정 상황에 맞는 다양한 유형의 프로세스 모델과 의사 결정 지원을 생성하고 적용할 수 있는 유능한 전문가가 필요하다.

6. 적응적 품질과 조직적 민첩성

품질 4.0 환경에서는 제품, 프로세스 또는 조직에서 품질을 정의하거나 관리하는 방법에 대해 실시간으로 품질을 해석하고 진화하는 역동적인 관점을 채택해야 하며, 품질이 의미하는 바와 최적화할 수 있는 방법에 대한 지속적인 적응이 필요하다.

이는 지속적인 진화 속에서 가능하며 해당 "빅데이터" 환경에서 활용되어야 한다. 이러한 환경에서는 품질을 단순한 현실로 해석할 수 없고, 해석해서도 안된다.

민첩성은 품질의 핵심 요소이며, 이를 활용한 제품 품질 측정과 관련된 새로운 지표를 찾는 것도 필요할 수 있다. 오늘날 프로세스에서 수집된 막대한 양의 데이터와 사용 가능한 새로운 분석 도구를 통해 민첩성은 점점 더 일반적인 관행이 되고 품질 4.0의 핵심이 될 것이며, 이는 새로운 제품에 대한 점점 더 짧은 개발 주기를 요구하게 될 것이다. 대안 중 새로운 품질 테스트 및 스크리닝 방법론은 고객과의 조기 검증, 고급 시뮬레이션 도구, 신속한 프로토타입 리소스, 3D 프린팅 및 적층 제조를 포함하여 품질 4.0에 필수적이며, 이 모든 것이 민첩성에 대한 새로운 과제를 제시하며, 신제품이나 서비스의 설계 및 개발 활동에서도 필수적이다.

7. 맞춤형 품질

대량 개인화 및 맞춤화는 모든 사람에게 동일한 품질을 제공하는 것에서 각 고객 또는 사용자의 특정 요구에 맞춰진 개인화된 품질로 나아가는 또 다른 중요한 추세이다. 품질 4.0을 통해 다양한 유형의 과거 데이터를 기반으로 각 개인의 선호도를 파악하고 특성화할 수 있는 데이터를 수집하고 분석할 수 있으며, 이를 통해 품질의 세분화가 이루어지고 궁극적으로 실질적으로 개인화된 솔루션으로 이어질 수 있다. 이는 이미 점점 더 많은 활동 분야에서 구현되고 있으며, 맞춤 의료처럼 다른 분야에서도 동일한 방향으로 큰 진전을 보이고 있다. 이 모든 것은 품질 4.0 전문가들에게 흥미로운 새로운 도전 과제를 안겨준다. 고객마다 다른 품질을 기반으로 하는 새로운 패러다임은 생산 프로세스 관리에 있어 극도의 민첩성을 요구하며, 지속적인 적응 및 가상화를 통해 맞춤형 솔루션을 제공할 수 있어야 한다.

위에서 언급한 과제를 통해 설명한 것처럼, 데이터 가용성과 이를 처리하는 새로운 방식에 중점을 둔 새로운 현실은 품질 4.0이 다양한 유형의 새로운 접근 방식을 고려하여 가장 다양한 유형의 프로세스를 기반으로 품질관리를 21세기에 품질을 통한 지속 가능성과 경쟁력의 기본 기둥으로 만들어야 함을 요구한다. 데이터 흐름이 증가함에 따라, 낮은 품질의 데이터로는 결코 좋은 품질관리를 만들 수 없다는 의미에서 "GIGO Garbage In Garbage Out"라는 약어가 그 어느 때보다 중요해졌다는 것을 이해하는 것도 중요하다.

따라서 품질 4.0의 중요한 부분은 높은 수준의 신호 대 잡음비 S/N 비와 진정으로 관련성이 있는 데이터를 식별하고 처리하는 능력을 통해 프로세스를 관리하는 데 사용되는 데이터의 품질을 보장하는 것을 기반으로 한다. 이러한 유형의 프레임워크에서는 파레토 원칙을 다시 살펴보는 것이 중요할 수 있다. 중요한 요인의 20%에 집중하면 잠재적 이익의 80%를 달성한다는 고전적인 80/20 규칙 대신, 이제는 일종의 "99/1" 규칙을 다루어야 할 수도 있다. 즉, 실제로 정보로 변환할 수 있는 사용 가능한 데이터의 약 1%에 주의를 집중하면 해당 데이터에서 추출할 수 있는 관련 지식의 99%를 얻을 수 있다는 것이다.

10 품질 4.0 분야의 미래 방향

품질 4.0은 앞으로도 계속 진화하고 발전할 것으로 예상되며, 품질 4.0 분야에서 몇 가지 중요한 트렌드와 전망이 예상된다. 품질 4.0 분야에서 예상되는 미래 트렌드와 전망은 다음과 같다.

- **첨단 기술 사용 증가** : 인공지능, 사물인터넷, 빅데이터와 같은 첨단 기술의 사용은 품질 4.0 분야에서 계속 증가할 것으로 예상되며, 이를 통해 기업은 품질관리의 효율성과 효과성을 개선할 수 있다.
- **지속가능성과 사회적 책임에 대한 더욱 큰 초점** : 품질 4.0은 지속가능성과 사회적 책임에 점점 더 초점을 맞출 것으로 예상되며, 여기에는 낭비 감소와 환경 친화적인 기술의 활용에 대한 더 큰 초점이 포함될 것이다.
- **더욱 강화된 상호 연결 및 협업** : 다양한 회사와 이해관계자 간의 상호 연결 및 협업을 강화하여 품질 프로세스의 시너지와 최적화를 촉진할 것으로 예상된다.
- **더욱 향상된 맞춤화 및 적응성** : 품질 4.0은 고객의 요구와 선호도에 맞춰 제품과 서비스를 더욱 맞춤화하고 적응시킬 수 있을 것으로 예상되며, 이를 통해 고객만족도와 충성도가 높아질 것으로 기대된다.
- **증강현실과 가상현실의 사용 증가** : 품질 4.0 분야에서는 증강현실과 가상현실의 사용이 증가할 것으로 예상되며, 이를 통해 보다 폭넓은 데이터 시각화와 분석이 가능해지고 고품질 도구의 사용성이 향상될 것이다.

결론적으로, 품질 4.0은 앞으로도 지속가능성과 사회적 책임에 더욱 집중하고, 상호 연결성과 협업을 촉진하며, 더욱 향상된 맞춤화와 적응성을 가능하게 하고, 증강현실 및 가상현실과 같은 첨단 기술을 활용하면서 지속적으로 진화하고 발전할 것으로 예상된다. 이러한 미래 트렌드와 관점은 기업의 미래 품질관리 방식에 중대한 영향을 미칠 것이다.

디지털 세계로의 전환에 대해 품질 4.0의 등장은 엄청난 잠재력을 열어주지만, 동시에 위험도 안겨준다. 즉, 다양한 수준에서 품질 경험의 현실이 만들어지고, 우리 모두가 경험하고 있는 급격한 디지털 전환 속도에 너무 무기력한 사람, 조직 또는 지역이 배제될 가능성이 있다. 따라서 이 새로운 디지털화 세계로의 전환과 이에 따른 품질 4.0로의 전환을 최대한 원활하고 동질적으로 진행하기 위해서는 비대칭성을 설명하는 기술 도입 메커니즘과 현상을 제대로 이해하는 것이 중요하다.

11 품질 4.0과 인더스트리 4.0 기술과의 관계

인더스트리 4.0과 품질 4.0의 관계는 품질과 산업의 공존하는 속성을 염두에 두면 자연스럽게 이해할 수 있다.

인더스트리 4.0은 의심할 여지없이 새로운 산업 생산 패러다임을 나타내며 품질은 그 기반을 바탕으로 진화해 나갔다. 산업과 품질 간의 수세기 동안의 관계적 전통에서 품질관리QM가 생산 프로세스에서 중추적인 역할을 하며 고객, 규제 및 시장 요구사항을 충족하는 제품/서비스의 신뢰성을 보장한다는 것이 분명하다. 전통적인 품질 관리 방법과 도구의 단점 중 하나는 오류 탐지와 의사 결정 능력 개선은 가능하게 하지만 시정 조치CA 구현이 지연되는 경우가 많다는 것이다. 이러한 단점을 극복하고 시장에서 경쟁 우위를 가능하게 한 것은 인더스트리 4.0 또는 산업혁명 4.0의 기반기술이 영향을 미쳤다.

인더스트리 4.0이 등장하기 전에 제조 산업은 전자 및 제어 시스템디지털을 도입하여 더 큰 유연성과 훨씬 더 정교한 제품을 경쟁력 있는 가격으로 제공함으로 이점을 얻는 3차 혁명이 있었다. 인더스트리 4.0은 데이터, 분석, 연결성, 확장성, 산업용 사물인터넷IIoT, 블록체인, 협업기타 등의 4.0 기술과 다음과 같은 요소들의 결합을 통해 실현되고 있다.

- 정보통신산업의 발전
- 전자, 정보, 인터넷 및 제어 시스템(디지털)을 통한 3차 산업혁명의 영향과 이를 물리적, 가상 세계와 융합하는 것

품질 4.0으로 효과적으로 전환하기 위해서는 무엇보다도 관련 기관과 이해관계자들 사이에서 품질 4.0에 대한 전반적인 인식을 제고해야 한다. 인더스트리 4.0이 단순히 디지털화된 조직 운영 시스템에서 데이터를 수집하고 분석하기 위한 시스템의 상호 연결성과 통합을 의미하는 반면, 품질 4.0은 디지털화된 프로세스의 결과물이나 제품의 품질을 보장하기 위해 적절하고 적합한 품질 관리 프로세스, 도구 및 기술을 구축한다는 측면에서 인더스트리 4.0과 개념적으로 관련이 있다.

품질의 현대적인 정의는 다른 지식 체계와는 달리 20세기 초 학계가 아닌 산업현장에서 탄생했다. 이는 지금까지 품질과 개선 도구에 대한 믿음을 세계 경제 산업 제조 분야의 역동성과 매우 긴밀하게 연결해 온 중요한 요소이다. 품질과 산업 제조는 서로 연관되어 있으며 마치 샴쌍둥이가 같은 장기를 공유하는 것처럼, 쉽게 설명할 수 있는 방식으로, 그리고 그 의미에서 서로 연관되어 있다.

품질을 산업 제조에서 분리하거나, 그 반대로 분리하는 것은 두 개념 중 하나 또는 둘의 성장을 확실히 저해할 것이다. 따라서 인더스트리 4.0 또는 4차 산업혁명이 탄생한 날, 바로 그날 품질 4.0이 탄생했다고 봐도 틀린 것은 아니다. 따라서 품질 4.0은 인더스트리

4.0과 연계하여 사용되는 개념으로, 품질과 관련 프로세스를 디지털화하여 상호운용 가능한 디지털 산업 환경_{초인지 및 유연성}에 적응하고 운영할 수 있도록 하여 원하는 품질과 경쟁 우위를 달성하는 것을 의미한다.

인더스트리 4.0이 "디지털 혁신"이라는 명칭을 가지고 있기 때문에 품질 4.0 역시 품질의 디지털화를 의미하며, 디지털 도구가 기술, 프로세스, 그리고 사람 모두에게 어떤 영향을 미칠 수 있는지를 다룬다. 품질 4.0의 초점은 인더스트리 4.0과 같은 방향에 있다. 품질 4.0은 디지털화를 통해 인더스트리 4.0 기술을 품질에 적용하는 것으로 설명했지만 주로 사람과 프로세스에 영향을 미친다. 품질 4.0은 새로운 기술과 기존 품질관리 방법을 결합하여 운영 탁월성을 목표로 하며, 이러한 관계를 통해 성과와 혁신을 명확히 한다. 다시 말해 품질 4.0은 인더스트리 4.0 기술을 활용하여 확장된 조직 전략에 맞춰 품질 기능을 재정비할 수 있는 기회를 제공한다. 품질 4.0은 운영 탁월성을 극대화하기 위해 품질관리 관행과 인더스트리 4.0 리소스를 연계하고 동시에 효과적인 품질 4.0 전략을 수립함으로써 조직은 기능적 장벽, 비효율적인 의사소통, 기존 품질 시스템의 데이터 단편화 등 수년간 충분히 해결되지 않았던 문제들을 해결할 수 있게 한다.

이러한 맥락에서 로봇 및 3D 프린팅과 같은 기술의 활용은 제품 품질을 향상시켜 결함 없는 품질을 보장한다. 따라서 품질 4.0의 상당 부분은 제품 설계, 납품 시간, 데이터 및 연결성의 품질에 있으며, 이는 오늘날 경쟁이 치열하고 역동적이며 복잡한 환경에서 필수적인 고객 만족에 큰 영향을 미칠 것이다.

인더스트리 4.0 기술을 품질에 통합하여 얻을 수 있는 이점에는 실시간 데이터 수집, 품질관리 프로세스 및 접근 방식 통합, 품질 위험 조사 및 검증, 제품 및 서비스 혁신, 혁신적인 공급망 관리 실행, 원격 유지 관리 및 진단, 대량 데이터 처리 및 분석, 원격 프로세스 시각화 및 모니터링 지원이 있다. 이 모든 것을 통해 서비스 품질이 개선되고 점점 더 개인화된 제품과 서비스를 제공할 수 있게 될 것이다.

인더스트리 4.0은 첨단 4.0 기술을 사용하여 제조된 제품이나 결과물을 생산할 것으로 예상되므로 품질 4.0에는 평소와 같이 인더스트리 4.0을 지지하여 이러한 제품 또는 인더스트리 4.0의 결과물이 환경 및 기타 관련 이해관계자_{제품 최종 사용자, 규제 기관, 지역 사회 등}에 부정적인 영향을 미치지 않고 고객/시장과 기타 이해관계자의 가치를 우수하게 나타내도록 하는 적절한 품질 전략이 포함되어야 한다. 그래야 품질 4.0은 산업 제조 개발과 항상 보조를 맞추거나 일치하는 품질의 전통을 유지할 수 있다.

요약하면 품질 4.0은 기존의 품질관리 방법을 대체하기 위해 온 것이 아니라 기존 방법을 새롭게 만들고 개선하기 위해 진화되었다. 새로운 산업 시대의 기술 발전은 사람, 기계 및 데이터를 연결할 수 있으며, 품질을 위해 이러한 기술은 조직 문화, 리더십, 협업 및 규정 준수를 변화시킨다.

12 전통적인 품질 도구와 인더스트리 4.0 기술 간의 관계

품질 도구를 인더스트리 4.0 기술과 연관시키려면, 도구의 주요 목표를 다음과 같이 강조해야 한다. 즉, 프로세스 개선을 위해 파악된 문제를 식별, 정의, 측정, 평가하고 해결책을 제시하는 것이다. 결과적으로 인더스트리 4.0 기술은 운영 효율성을 높이고 새로운 비즈니스 모델, 서비스 및 제품의 생산성을 향상시키는데 기여한다.

[표2-4] 전통적인 품질 도구와 인더스트리 4.0 기술 간의 관계

품질 도구	목표	인더스트리 4.0 기술	관계
PDCA 사이클	생산 관리 및 프로세스와 제품의 지속적인 개선	빅데이터, 사물인터넷	클라우드에서 데이터에 쉽게 접근하고, 관리하고, 데이터 분석 도구를 활용하고, 생산 과정에서 수행되는 모든 작업을 추적함
파레토 다이어그램	문제의 핵심요인을 파악 분석하고 해결	빅데이터, 클라우드 컴퓨팅	운영의 투명성과 감사 가능성을 높이고 품질 목표가 달성되지 않게 만드는 주요 요인들을 찾아 개선하고 지속적으로 운영 상태를 모니터링함
특성 요인도	생산 과정에서 회사에서 발견된 문제와 관련된 원인과 결과를 파악	빅데이터, 가상현실 및 증강현실	다양한 소스(빅데이터)에서 정보를 수집하여 이를 전체적으로 저장하고 언제 어디서나 조직 및 의사 결정에 활용할 수 있는 센서 기술을 활용하면, 프로세스 및 장애에 대한 첨단 감지 및 진단 기술을 통해 프로세스 상태를 신속하게 예측할 수 있음
흐름도 (프로세스 맵핑)	프로세스의 모든 활동을 설명	빅데이터, 인공지능	분석 기술을 운영 기술과 통합하면 규정 준수 및 데이터 수집과 관련된 작업을 자동화하는데 도움이 되며, 이에 대한 분석은 체계적인 방식으로 수행되어 이전에는 눈에 띄지 않았던 잠재적 문제를 찾아 경고함
5W 2H	결정을 실행하고 개선 조치를 계획	CPS, 사물인터넷	이 툴을 사용하면 계산 프로세스와 정보 및 자재의 동적 제어, 분산형 의사 결정 간의 상호 작용을 파악하여 실시간으로 프로세스 계획을 수립할 수 있음

13 품질 4.0과 ISO 9001의 관계

　품질 4.0은 품질 향상을 위해 사용되는 시스템이지만, ISO 9001을 대체하지는 않는다. 이 표준을 준수함으로써 조직이 효과적인 서비스나 제품을 생산하기 위해 프로세스와 인력에 품질을 구현하고 있음을 고객에게 지속적으로 입증할 수 있다. ISO 9001의 기본 원칙은 품질 4.0 프레임워크 내에서 품질을 입증하는데 있어 과거와 마찬가지로 중요하다.

　ISO 9001 프레임워크는 목표 달성에 사용되는 기술과 관계없이 품질 준수의 초석으로 남을 것이다. 그러나 품질 4.0은 표준 준수에 필요한 일부 프로세스를 자동화하고 잠재적 개선 영역을 파악할 수 있다. 품질 4.0 전략을 활용하면 조직은 품질 문화와 향상된 운영을 통해 ISO 9001 준수를 더욱 쉽게 달성할 수 있다.

제 **3** 장

품질 4.0 프레임워크

01 개요

　품질 4.0Quality 4.0이라는 개념은 인더스트리 4.0Industry 4.0 기반 기술이 품질관리 시스템 개선에 미칠 수 있는 다양한 측면을 포괄한다. 품질 4.0의 전략은 연결 기술, 데이터 분석, 인공지능, 자동화와 함께 기존 품질 관리 도구를 활용하여 기업의 성과와 효율성을 개선하는 것을 목표로 한다. 이를 통해 기업이 시의적절한 의사결정을 더욱 효과적으로 내리고, 모든 내외부 이해관계자의 참여를 촉진하며, 동시에 얻은 결과에 대한 가시성과 투명성을 향상시킨다.

　인더스트리 4.0은 인공지능, 사물인터넷, 증강현실 등 첨단 기술을 활용하여 산업 공정의 효율성과 효과성을 향상시키는 4차 산업혁명을 지칭하는 개념이다. 품질 4.0은 이러한 기술을 활용하여 기업의 품질 관리를 개선한다.

　품질 4.0과 인더스트리 4.0은 자동화, 디지털화, 데이터와 시스템의 상호 연결 및 통합, 그리고 고객 중심 접근 방식 등 많은 동일한 원칙을 공유한다. 이러한 원칙은 산업 생산과 품질 관리 모두에 적용되어 기업이 프로세스와 제품의 효율성과 효과성을 높일 수 있다.

　품질 4.0은 개념적으로 TQM 기반 아래 탄생되었고 기존 시스템과 크게 다르지 않다. 주요 차이점은 인더스트리 4.0을 활용한 적용

방식, 사용 기술, 그리고 다른 시스템과의 통합이다. 관심을 가져야할 측면은 총체적 품질경영_{TQM}과 인더스트리 4.0의 핵심인 정보 기술_{IT}을 다루는 연구들에서 TQM이 성과에 상당한 영향을 미치고, IT가 TQM 구현에 긍정적인 영향을 미친다는 점이다. 그러나 IT만을 직접 적용한 결과, 성과는 크게 향상되지 않았음을 많은 사례에서 발견할 수 있다. 이러한 결과는 인더스트리 4.0이 품질 4.0으로부터 많은 이점을 얻을 수 있음을 시사한다.

인더스트리 4.0 시대에 기술 발전으로부터 포괄적이고 지속가능한 이점을 얻으려면 명확한 품질 중심과 견고한 관리 시스템이 필요하다. 이것을 위해 품질 4.0과 인더스트리 4.0은 전략적, 운영적으로 통합되어야 하며 품질 4.0은 이러한 변화와 개선을 추진하는 방법론과 도구 그리고 프레임워크를 제공해야 한다.

이 장에서는 품질의 디지털화와 디지털 도구가 기술, 프로세스, 조직 그리고 사람에게 미치는 영향을 TQM, 품질경영시스템_{ISO 관점}, EFQM 상, 말콤 볼드리지 상을 바탕으로 새로운 품질 4.0에 맞는 프레임워크를 제공하고자 한다.

02 TQM 프레임워크

1. 개요

총체적 품질경영₍TQM₎은 모든 조직 프로세스에서 지속적인 개선에 초점을 맞추고 궁극적으로 품질과 고객 만족을 최적화하는 것을 목표로 하는 포괄적인 관리 철학이다.

TQM의 본질은 리더십의 헌신에서 직원 참여 및 고객 상호작용에 이르기까지 조직의 모든 측면에 품질을 통합하려는 노력에 있다. TQM은 데이터 중심 접근 방식, 팀워크 및 프로세스를 개선하기 위한 지속적인 학습 문화를 강조한다. TQM이라는 용어는 행동 과학의 원리와 실무, 양적 및 비정량적 데이터의 분석, 경제 이론, 프로세스 분석에 대한 지식을 활용하여 모든 프로세스의 품질을 지속적으로 개선하기 위한 포괄적인 방법론이다.

2. TQM의 정의

총체적 품질경영₍TQM₎은 지속적인 피드백을 바탕으로 제품과 서비스 품질을 개선하는 것을 목표로 하는 조직 관리에 대한 포괄적이고 체계적인 접근 방식이다. 이는 프로세스 중심 시스템으로, 품질은 모든 단계에서 고객 요구사항을 충족하는 것이라는 믿음에 기반을 두고 있으며 조직의 모든 활동에서 개인의 노력을 활용하고 그 효과를 조직 전체는 물론 그 이상으로 확장함으로써 지속적인 개선을 위한 환경을 조성하는 프레임워크이자 철학이다. 국제표준화기구ISO에서는 TQM을 "모든 구성원의 참여를 바탕으로 품질을 중시하고, 고객 만족을 통한 장기적 성공과 조직의 모든 구성원과 사회에 대한 혜택을 목표로 하는 조직에 대한 경영 접근 방식이다"라고 정의하고 있다.

3. TQM의 기본 개념

- **헌신적이고 참여적인 경영진이 장기적이고 조직적인 지원을 제공** : 최고 경영진의 품질에 대한 헌신 없이 품질 여정을 시작하는 것은 무의미하다. 최고 경영진은 품질 프로그램에 참여해야 하며 또한 품질개선팀에 참여하고 다른 팀의 코치 역할도 수행해야 한다.

- **내외부 고객에 대한 확고한 집중** : 무엇보다도 조직의 구성원들이 중요하다. 관리자는 품질 향상을 위해 직원들의 제안과 권고에 귀 기울여야 한다. 고객의 목소리에 귀 기울이는 이러한 측면은 설계 품질과 결함 예방에 중점을 두는 것으로 이어진다.

- **전체 인력의 효과적인 참여와 활용** : TQM은 조직 내 모든 구성원의 책임이다. 조직 내 모든 근로자는 TQM에 참여해야 하며, 모든 직원은 TQM, 통계적 공정 관리(SPC) 및 기타 적절한 품질 개선 기술에 대한 교육을 받아야 한다.

- **사업 및 생산 과정의 지속적인 개선** : 지속적인 개선이란 소비자에게 더 나은 가치를 제공하기 위해 제품, 서비스 및 조직 시스템을 끊임없이 개선하는 것을 말한다. 정시 납품, 낭비 감소, 공급업체 관리, 고객 만족 등의 분야는 지속

적인 개선을 시작할 수 있는 우수한 품질의 프로젝트이다.

- **공급업체를 파트너로 대하는 것** : 구매자와 공급자 사이의 전통적인 관계는 본질적으로 적대적이었다. 각자는 서로에게서 최대한의 이익을 끌어내려고 노력하였으며 서로에 대한 신뢰가 부족했다. 공급업체와 좋은 관계를 유지하려면 공급업체가 자주 바뀌는 것을 피하고, 공급업체의 수가 적어야 진정한 파트너십이 이루어질 수 있다.

- **프로세스에 대한 성과 측정 기준 수립** : 성과 측정은 품질 프로세스의 필수적인 부분이다. 조직이 진행 상황을 측정할 수 없다면 품질 향상을 위한 여정을 시작하는 것은 무의미하다. 부적합률, 결근율, 고객만족도 등과 같은 성과 측정 지표는 각 기능 영역별로 결정되어야 한다.

4. 총체적 품질경영의 역사

TQM은 통계적 공정 관리SPC에서 자연스럽게 발전한 개념으로, 1950년대와 1960년대에 여러 일본 기업에서 활용되었다. TQM은 제2차 세계 대전 이후 이 원칙을 발전시킨 두 미국인 W. 에드워즈 데밍과 조셉 주란의 가르침을 바탕으로 구축되었다.

70년대와 80년대에 TQM 원칙을 도입한 일본 기업들은 엄청난 성공을 거두었고, 외국 경쟁사들보다 훨씬 앞서 나갔다. 예를 들어, 1983년 하버드 대학의 한 연구에 따르면 일본 기업의 평균 조립 라인 불량률은 미국 경쟁사보다 거의 70배나 낮았다.

1980년대의 치열한 경쟁 속에서 미국 기업들은 TQM의 잠재력을 깨닫기 시작했고, 이로 인해 서구에서도 TQM이 널리 채택되었다. TQM 비즈니스 접근 방식은 또한 성과 우수성을 보인 미국 기업을 수상하기 위해 1987년에 제정된 Malcolm Baldrige National Quality Award_MBNQA의 기본이 되었을 뿐만 아니라 유럽의 품질상인 EFQM상의 기반이 되었다.

TQM과 인더스트리 4.0의 통합은 최근 비즈니스 연구에서 상당한 관심을 불러일으켰다. 지속적인 개선과 고객 만족을 중심으로 하는 TQM과 첨단 기술을 갖춘 인더스트리 4.0은 조직 성과를 향상시키는 별개이면서도 상호 보완적인 개념이다. 이들의 통합은 특히 오늘날의 비즈니스 환경에서 경쟁 우위를 결정하는 중요한 요소인 지속가능성 성과를 달성하는데 있어 상당한 이점을 가져올 수 있는 잠재력을 가지고 있다.

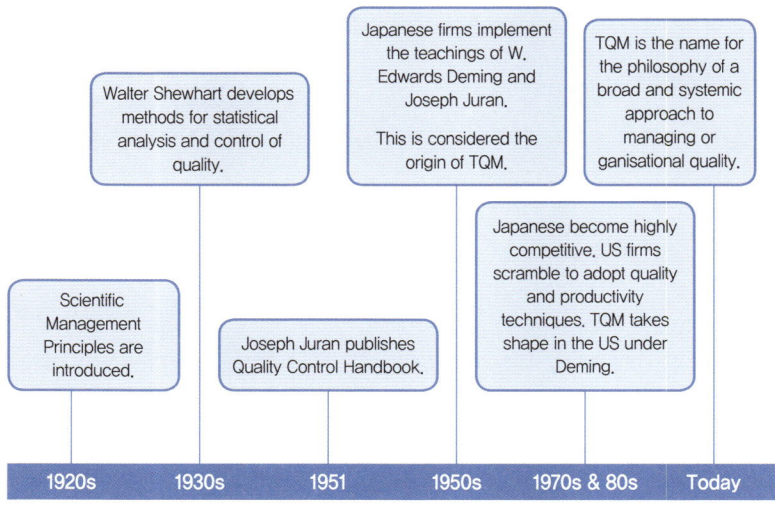

[그림3-1] Evolution of TQM(Source : ASQ Inc.com)

5. 총체적 품질경영의 핵심 개념

4P와 3C를 포함한 총체적 품질경영 모델은 TQM에 대한 포괄적이고 과학적인 접근 방식을 기반으로 한다. 조직과 운영의 모든 측면을 포괄하여 탁월한 성과를 달성하기 위한 간단한 프레임워크를 제공한다. 4P는 계획Planning, 프로세스Processes, 성능Performance 그리고 인력People인 "경영의 필수 요소"로 고객에게 고품질의 제품과 서비스를 제공하고 전반적인 성과를 개선하는 핵심이 된다.

- **계획** : 계획에는 정책과 전략의 개발 및 배포, 적절한 파트너십과 리소스 설정, 품질을 염두에 둔 설계가 포함된다.
- **프로세스** : 프로세스에는 이해, 관리, 디자인/재설계, 품질관리 시스템, 지속적인 개선이 포함된다.
- **인력** : 사람에는 인적 자원 관리, 문화 변화, 팀워크, 커뮤니케이션, 혁신 및 학습이 포함된다.
- **성능** : 성과에는 조직의 '균형 잡힌 점수표'인 성과 측정 프레임워크를 구축하고, 자체 평가, 감사, 검토 및 벤치마킹을 수행하는 것이 포함된다.

3C 문화 Culture, 의사소통 Communication, 헌신 Commitment 는 TQM 모델에 대한 "소프트한 결과"를 보여준다. "소프트한 결과"가 4P 프레임워크에 통합되면 TQM 모델이 완성되어 조직을 성공적으로 발전시킬 수 있다.

- **문화** : 전반적인 품질 문화 개발을 뒷받침하는 가치와 윤리를 창출하고, 창의

성과 학습 활동이 개발되고 실행되도록 보장한다.

- **의사소통** : 비전, 사명, 정책, 전략을 공유하고, 소통과 협력을 지속 장려한다.
- **헌신** : 조직의 품질 및 개선 활동에 개인적으로 적극적으로 참여한다.

6. 총체적 품질경영의 8가지 요소

현대의 품질관리시스템 _{QMS} 에는 TQM의 다양한 개념이 있지만, 대체로 다음과 같은 8가지 핵심 요소가 있다.

- **고객 중심** : 어떤 제품을 사용하든, 궁극적으로 제품 품질 수준을 결정하는 것은 고객이다. 따라서 기업은 현재와 미래의 고객 니즈를 경청하고 정의하며, 이러한 기대치를 뛰어넘기 위해 노력해야 한다.
- **전 직원 참여** : 모든 직원은 공동의 목표를 향해 노력해야 한다. 모든 직급의 직원은 조직의 핵심이며, 직원의 적극적인 참여는 조직의 프로세스, 제품, 서비스 및 기업 문화를 개선하여 조직의 이익을 극대화하는데 기여할 수 있다.
- **프로세스 중심** : 프로세스는 투입물을 받아 산출물로 전환하는 일련의 활동으로. 일반적으로 TQM은 프로세스 개선에 중점을 둔다. 프로세스 단계는 미리 정의된 지침에 따라 수행되며, 예상치 못한 결함을 쉽게 발견할 수 있도록 주기적으로 관리 및 모니터링 된다.
- **시스템적 사고** : TQM의 핵심은 다양한 기능을 통합 시스템으로 연결하는 것이다. 이 시스템은 비즈니스 개선 요소를 결합하여 지속적으로 개선하고 기대치를 뛰어넘는다. 프로세스의 교차점에서 많은 개선 기회를 발견할 수 있다.
- **전략적이고 체계적인 접근** : 이러한 접근 방식을 통해 조직의 비전, 사명, 그

리고 목표는 달성이 가능해진다. 전략 기획 또는 전략 관리는 품질을 핵심 요소로 통합하는 전략 계획을 수립하는 것을 포함한다.

- **지속적인 개선** : 완벽을 향한 노력은 끝이 없다. 점진적인 개선은 큰 가치를 지니며, 특히 모두가 기여할 때 더욱 그렇다. 작은 변화라도 의미 있는 결과를 가져올 수 있다.

- **사실에 기반한 의사결정** : 조직의 성과는 성과 측정 데이터를 사용하여 측정할 수 있다. 의사결정은 직감과 가정이 아닌 데이터와 관찰에 근거하여 내려진다.

- **소통** : 투명성은 신뢰를 낳고, 신뢰는 참여와 창의성을 촉진한다. 의사소통은 전략, 방법, 그리고 시의적절함에 초점을 맞출 수 있다.

7. TQM 구현의 장벽/장애물과 문제점

(1) 장벽

- 경영진의 의지가 부족하다.
- 조직문화가 변화에 무능력하다.
- 경영진의 의지가 조직에 지시와 행동으로 명확하게 전달되지 못한다.
- 조직에서 문화를 바꾸는 것이 매우 어렵다.
- 지속적인 훈련 및 교육이 부족하다.
- 비호환적인 조직구조와 연결되지 않은 개인 및 부서가 존재한다.
- 조직 내 부서와 개인 간의 조정 부족과 의견 차이는 실행에 문제를 야기한다.
- 비효율적인 측정 기술과 데이터 및 결과에 대한 접근성이 부족하다.

(2) 문제점

- 경영진을 비롯한 구성원들이 TQM을 말만 할 뿐 실제 행동에 나서지 않는다고 느낀다면, 그들 역시 TQM 원칙 구현에 필요한 헌신과 동기가 부족한 것이다.
- 기존 문화를 버리고 새로운 문화를 배워야 한다. 이러한 방식은 직원들의 변화에 대한 엄청난 저항을 초래한다.
- TQM을 계획할 때는 실행계획 수립 및 계획진행 과정에서 발생하는 수정사항에 모든 구성원이 참여해야 한다. 신속한 계획 수립은 TQM의 실패를 막는다.
- 계획은 고객, 직원, 공급업체 측면에서 모두 이루어져야 한다.
- 교육 및 훈련은 조직 구성원 모두에게 지속적인 이루어져야 한다. 직원들의 교육 요구를 파악하고, 이를 충족하기 위한 계획을 수립해야 한다.
- 고위 경영진이 TQM 원칙에 따라 교육 프로그램을 수행할 때 교육 및 훈련이 가장 효과적이다.
- 고객의 요구에 더 잘 대응할 수 있도록 조직을 재구조화해야 할 수도 있다.
- 프로세스를 개선하려면 현재 위치를 측정해야 한다. 조직 내에는 현재 위치를 측정할 수 있는 메커니즘이 마련되어 있어야 한다.
- 측정이 완료되면 해당 데이터를 필요한 관리자에게 제공하여 의사결정을 내릴 수 있어야 한다.
- 관리자에게 전달되는 데이터가 막히면 TQM 구현에 장애가 되기 때문에 이에 대한 해결책을 가지고 있어야 한다.
- 조직은 내부 및 외부 고객의 변화하는 요구와 기대를 이해해야 한다. 이러한 이해를 위해서는 의사결정에 필요한 데이터를 제공하는 효과적인 피드백 메커니즘이 필요하다.

- 개인은 생산 과정의 효율성에 영향을 미치는 결정을 내릴 수 있는 권한을 부여받고 그에 대한 책임을 져야 한다.
- 팀을 구성하고 적절한 훈련을 받아야 한다. 팀의 권고 사항은 가능한 한 채택되어야 한다.

8. 총체적 품질경영 프레임워크

TQM은 품질 분야의 다양한 전문가들의 실천과 원칙을 통해 오랜 세월에 걸쳐 발전해 왔다. TQM의 제품 실현 방식은 고객에게 최상의 품질을 제공하기 위해 점진적이고 획기적인 개선을 위한 활동과 프로세스를 지속적으로 파악하는 것이다. TQM은 다음과 같이 다양한 원칙, 실행 도구 및 기술을 결합하여 이를 달성한다. TQM 프레임워크는 [그림3-2]와 같이 표현할 수 있다.

9. TQM 프레임워크 구현의 이점

- **고객만족도 및 충성도 향상** : TQM 프레임워크는 고객 기대를 충족하고 뛰어넘는데 중점을 둔다. 고품질 제품과 서비스를 지속적으로 제공함으로써 기업은 신뢰를 구축하고 고객 충성도를 강화한다.
- **COPQ 감소를 통한 비용 절감** : TQM은 품질에 중점을 두어 재작업, 결함, 반품을 포함하는 품질 불량 비용(COPQ)을 최소화하는데 도움이 된다. 품질 기준을 준수하면 오류 발생률이 낮아져 장기적으로 상당한 비용 절감 효과를 얻을 수 있다.
- **효율성 및 생산성 향상** : 지속적인 개선과 프로세스 최적화는 TQM 프레임워

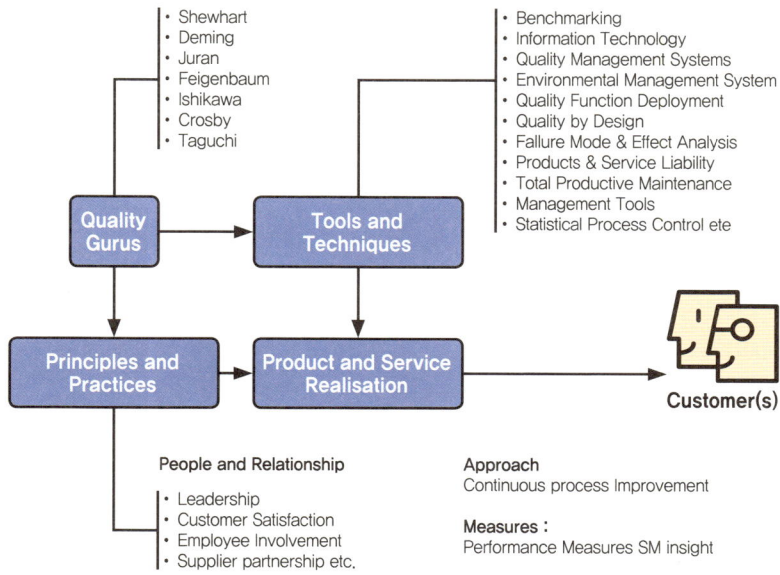

- Shewhart
- Deming
- Juran
- Feigenbaum
- Ishikawa
- Crosby
- Taguchi

- Benchmarking
- Information Technology
- Quality Management Systems
- Environmental Management System
- Quality Function Deployment
- Quality by Design
- Failure Mode & Effect Analysis
- Products & Service Liability
- Total Productive Maintenance
- Management Tools
- Statistical Process Control ete

Quality Gurus

Tools and Techniques

Principles and Practices

Product and Service Realisation

Customer(s)

People and Relationship

- Leadership
- Customer Satisfaction
- Employee Involvement
- Supplier partnership etc.

Approach
Continuous process Improvement

Measures :
Performance Measures SM insight

[그림3-2] TQM 프레임워크

크의 핵심이다. 간소화된 프로세스는 병목 현상을 줄이고 생산성을 향상시켜 팀이 더 빠르고 스마트하게 일 할 수 있도록 한다.

- **향상된 혁신** : 지속적인 개선을 강조하는 TQM은 혁신 문화를 조성한다. 직원들은 비판적으로 사고하고, 아이디어를 제시하며, 업무 수행을 위한 더 나은 방법을 모색하도록 장려된다. 이러한 적극적인 접근 방식은 창의적인 해결책과 프로세스 개선으로 이어지는 경우가 많다.

- **직원 사기 및 참여도 향상** : 직원 참여는 TQM의 핵심이며, 팀원들이 품질에 대한 자부심을 느끼고 소중함을 느낄 수 있도록 지원한다. 직원들이 품질을 중시하는 문화에 속할 때, 더욱 동기 부여되고 참여도가 높아지며, 이는 사기를 높이고 이직률을 낮추는데 도움이 된다.

03 품질경영시스템(ISO 9001)

1. 개요

ISO는 국제 표준화 기구_{International Organization for Standardization}의 약자이다. ISO 9001은 QMS_{품질경영시스템} 요구사항을 정의한 규격으로, 품질이 우수한 제품과 서비스를 생산하고 궁극적으로 고객의 요구와 기대를 충족하는 것을 목표로 한다. 조직은 이 표준을 통해 고객 및 규제 요건뿐 아니라 조직의 자체 요건까지 충족하는 제품과 서비스를 지속적으로 제공할 수 있는 역량을 입증한다. 2015년 개정된 ISO 9001 표준은 상위 수준 구조를 기반으로 하며 IATF 16949, ISO 14001, ISO 45001 표준과 같은 다른 경영시스템과 통합된다.

2. ISO 9001의 역사

- **태동(1950년대 후반~1970년대)** : 제2차 세계 대전 이후 미국 국방성이 군수품 품질 관리를 위해 MIL-Q-9858A 규격을 제정했다. 이는 ISO 9000 시리즈의 기반이 되었다. 이후 우주 산업, 원자력 산업 등에서도 품질경영시스템 심사가 도입되었다. 영국 표준협회(BSI)는 1979년에 BS 5750 표준을 개발했다.

- **ISO 9000 시리즈 발표(1987년)** : ISO는 BS 5750을 기반으로 ISO 9000 시리즈를 발표했다. 이는 품질경영시스템에 대한 국제적인 표준을 제시했다. ISO 9000 시리즈는 품질경영시스템 구축 및 평가에 대한 지침을 제공하며,

ISO 9001, ISO 9002, ISO 9003 등의 규격으로 구성되었다.

- **개정 및 발전** : ISO 9000 시리즈는 지속적으로 개정 및 발전해 왔으며 1994년, 2000년, 2008년, 2015년 등 여러 차례 개정을 통해 품질경영시스템의 요구사항 및 원칙을 개선하고 현대화했다. 최신 버전인 ISO 9001:2015는 리스크 기반 사고와 프로세스 접근 방식을 강조하며, 조직의 품질경영시스템 수립 및 운영에 대한 유연성을 제공한다.

3. ISO 9001:2015 접근 방식

개정된 ISO 9001:2015 표준은 다음 세 가지 접근 방식을 기반으로 한다.

- 프로세스 접근 방식   • PDCA 접근법   • 위험 기반 사고

이전 ISO 9001:2008 표준은 프로세스 접근 방식과 PDCA 접근 방식에만 기반을 두었다. 위험 기반 사고방식은 프로세스와 품질 관리 시스템이 계획된 결과와 달라질 수 있는 위험 기회를 해결하기 위해 개정된 ISO 9001:2015 표준에 추가된 새로운 접근 방식이다. 위험은 기대/바람직한 결과에 대한 불확실성의 영향이다.

4. ISO 9001의 정의와 품질경영 원칙

ISO 9001은 국제표준화기구ISO에서 제정한 품질경영시스템QMS에 관한 국제표준으로 제품 및 서비스의 전체 생산 과정에 대한 품질

보증시스템이다. 조직이 고객 만족과 지속적인 개선을 실현하기 위한 품질 관리 체계를 구축하고 운영하고 있음을 인증하는 제도로 완성된 유/무형의 재화는 물론, 생산과 공급 전 과정을 평가받았다는 인증체계이다. ISO 인증 획득은 소비자에게 안전하고 깨끗하며 가치 있게 탄생한 재화를 공급하고 있다는 객관적인 알림표가 되며 또한 시스템 정비를 통해 불필요한 비용 낭비를 줄이고, 생산성을 향상하며 조직 구성원들에게 체계적이고 동일한 업무교육을 할 수 있어 기업에게도 이득이 되고 있다. ISO 9001:2015에는 7가지 원칙이 있는데 이는 기존 ISO 9000:2005 8원칙을 개정한 것으로, ISO 9000 표준화를 위한 기본 개념으로 쓰인다. 7가지 품질 관리 원칙 ISO 9001:2015 신규 버전에 따름은 다음과 같다.

(1) 고객 중심

조직은 고객 기대치를 충족하고 뛰어넘는 것을 최우선으로 여겨야 한다. 이 원칙은 고객의 니즈를 이해하고, 요구사항을 충족하며, 고객 기대치를 뛰어넘기 위해 노력하는 것을 강조한다. 고객 피드백을 지속적으로 수집하고 활용하는 것은 제품과 서비스를 적극적으로 개선하고 향상시키는데 필수적이다.

(2) 리더십

최고 경영진은 강력한 리더십과 확고한 의지를 통해 품질 향상에 결정적 역할을 한다.

리더는 품질 목표 달성을 최우선으로 하는 직장 문화를 조성하기 위해 통일된 비전과 명확한 방향을 제시해야 한다. 품질 정책은 조직 전체에 전달되고, 이해되고, 적용되어야 한다.

(3) 사람들의 참여

모든 직원은 품질 목표 달성에 참여해야 한다. 참여도가 높은 직원은 조직의 성공에 기여할 수 있는 동기 부여, 역량 강화, 그리고 자율성을 갖는다. 조직은 신뢰와 협력의 환경을 조성하고, 기술과 역량 향상을 위한 교육 및 개발 기회를 제공해야 한다.

(4) 프로세스 접근 방식

조직은 프로세스를 상호 연관된 시스템으로 이해하고 관리해야 한다. 이러한 접근 방식은 효율성과 효과성을 향상시켜 일관되고 예측 가능한 결과를 가져온다. 프로세스를 계획하고, 투입물과 산출물을 파악하고, 성과를 모니터링함으로써 조직은 운영을 최적화하고 낭비를 줄일 수 있다.

(5) 개선

조직은 지속적으로 성과를 개선해야 한다. 여기에는 품질 관리 시스템을 개선하기 위한 개선 기회를 파악하고 실행하는 것이 포함된다. 이 원칙은 프로세스의 효율성을 높이고, 오류를 줄이며, 고객 만족도를 높이는 방법을 모색하는 적극적인 자세를 장려한다.

(6) 증거 기반 의사결정

ISO 9001 품질 경영 시스템 표준 요건에 따르면, 의사결정은 데이터 분석 및 평가를 기반으로 해야 한다. 모니터링 및 측정을 통해 확보된 신뢰할 수 있는 데이터는 조직이 정보에 기반한 의사결정을 내리고 더 나은 성과를 달성하는데 도움이 된다. 모든 핵심 성과 지표에 대한 데이터를 수집하고 분석함으로써 조직은 추세를 파악하고, 위험을 평가하고, 개선을 위한 전략적 의사결정을 내릴 수 있다.

(7) 관계 관리

성과 최적화를 위해서는 이해관계자와의 관계를 관리해야 한다. 공급업체 및 파트너와의 효과적인 관계 관리는 성과를 향상시키고 가치를 창출한다. 조직은 주요 이해관계자와 상호 이익이 되는 관계를 구축하여 명확한 소통, 협력, 그리고 공동의 목표를 보장해야 한다.

- **품질경영 7원칙과 위험 기반 사고방식**

위험 관리는 모든 프로세스에 통합되어야 한다. 이러한 선제적 접근 방식은 잠재적인 문제가 발생하기 전에 이를 파악하고 완화하여 목표 달성에 필요한 회복탄력성과 역량을 확보하는데 도움이 된다. 조직은 위험과 기회를 평가함으로써 예방 조치를 실행하고, 자원을 효과적으로 배분하며, 지속적인 개선을 유지할 수 있다.

5. ISO 9001:2015 주요 요구사항

- **범위** : 이 규격의 적용 범위를 정의한다.

- **인용표준** : 관련 표준을 명시한다.

- **용어 및 정의** : 규격에서 사용되는 용어의 의미를 설명한다.

- **조직 상황** : 조직의 내부 및 외부 이슈, 이해관계자 요구사항 등을 파악하고 분석한다.

- **리더십** : 조직의 최고 경영진은 품질 방침을 수립하고, 품질 목표를 설정하며, 품질경영시스템 운영에 대한 책임을 가져야 한다.

- **기획** : 품질 목표 달성을 위한 위험 및 기회 관리, 변경 관리 등을 계획해야 한다.

- **지원** : 자원 관리, 역량/적격성 확보, 인식 제고, 의사소통, 문서화된 정보 관리 등 품질경영시스템 운영에 필요한 지원 활동을 수행해야 한다.

- **운영** : 제품/서비스의 기획, 설계, 개발, 생산, 인도, 사후 관리 등 전반적인 운영 프로세스를 관리해야 한다.

- **성과 평가** : 모니터링, 측정, 분석, 평가 등을 통해 품질경영시스템의 성과를 평가해야 한다.

- **개선** : 부적합 사항에 대한 시정 조치, 지속적인 개선 활동 등을 통해 품질경영시스템의 효과성을 높여야 한다.

요약하면, ISO 9001:2015는 조직의 품질경영시스템 구축 및 운영에 필요한 전반적인 요구사항을 규정하며, 고객 만족과 품질 개선을 위한 체계적인 접근 방식을 제시한다.

이 모든 조항은 PDCA 사이클에 따라 정리하여 표현하면 [그림

3-3]과 같은 프레임워크를 구현할 수 있다. ISO 9001의 필수 7개 조항은 조항 4부터 조항 10까지이다.

- **계획(Plan)** : 시스템과 프로세스의 계획. 정책과 목표를 결정하고 활동 계획을 결정하고 그 결과를 인도하기 위하여, 그리고 리스크와 기회를 식별하고 다루기 위하여 필요한 자원의 수립
- **실행(Do)** : 계획된 내용을 파악하고 수립된 것을 실행
- **검토(Check)** : 실행 계획의 결과를 요약하고, 방침, 목표, 요구사항 및 계획된 활동에 대비하여, 프로세스와 그 결과로 나타나는 제품 및 서비스에 대한 모니터링과 측정, 그 효과에 주목하고, 문제점을 파악한 후 그 결과 보고
- **조치(Act)** : 필요에 따라 성과를 개선하기 위한 활동, 성공적인 경우 홍보 및 표준화를 하고 실패한 경우 재발 방지를 위해 요약되고, 해결되지 않은 문제는 다음 PDCA 주기에 배치

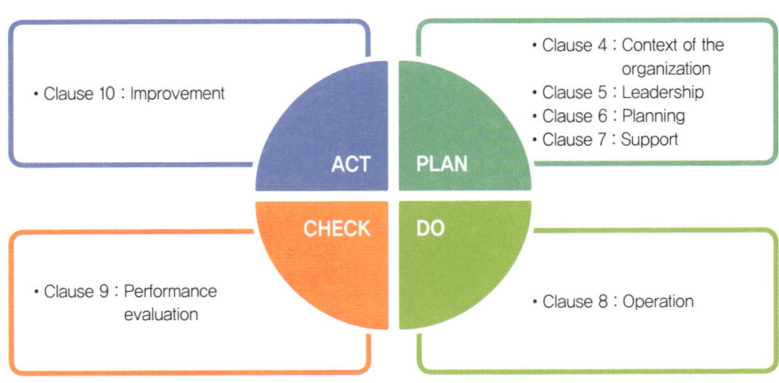

[그림3-3] PDCA에 따라 구현된 ISO 9001:2015 요구사항의 프레임워크

6. ISO 9001의 이점

ISO 9001은 기업이 고객에게 고품질 제품과 서비스를 지속적으로 제공하도록 지원하며, 이는 결과적으로 많은 이점을 가져다준다. ISO 9001은 효과적인 QMS에 대한 요건을 명시하고 있으므로, 이 표준을 활용하면 다음과 같은 이점을 얻을 수 있다.

- 모든 법적 준수 사항과 고객 요구 사항을 충족하는 제품과 서비스를 지속적으로 제공
- 품질, 생산성, 업무 효율성
- 사업 기회 증가
- 더 나은 위험 관리 – 위험과 기회를 해결하고, 이를 완화하기 위한 효과적인 행동 계획을 수립
- 조직의 목표와 목적을 달성하기 위한 올바른 방향을 제공
- 전 세계적인 인지도와 신뢰성
- 더 나은 공급업체 관계
- 규제 요구 사항 준수
- 직원 만족 및 참여
- 제품, 프로세스, 서비스의 지속적인 개선

04 말콤 볼드리지 우수성 프레임워크

1. 개요

조직의 목표 달성을 위한 전략을 수립하는 것은 쉽지만, 실제로 그 목표에 도달하는 것은 어려울 수 있다. 볼드리지 프레임워크_{BEF}는 매년 MBNQA_{경영품질평가} 수상자를 선정하는 과정을 지원하기 위해 지난 30년 동안 모든 산업 분야의 기업들에게 효과적이고 효율적으로 사명을 달성하고 비전을 달성할 방법을 모색하기 위해 개발하고 지속적으로 개선해 왔다.

볼드리지는 조직이 역동적인 환경에 대처하고, 전략 중심의 성과에 집중하면서, 고객 및 직원 참여를 달성하고, 거버넌스와 윤리, 사회적 책임, 경쟁력, 그리고 장기적인 조직의 지속가능성을 개선할 수 있도록 지원한다.

볼드리지는 모든 영역의 성과, 조직 및 개인의 학습, 그리고 지식 공유에 중점을 둔 포괄적인 경영 접근 방식을 제공한다. 이는 고객 및 이해관계자에게 증가하는 가치를 제공하고 조직의 지속가능성에 기여, 전반적인 조직 효율성 및 역량 향상 그리고 조직적 학습과 개인적 학습과 같은 결과를 가져온다. 다른 많은 모델과 마찬가지로, 이 프레임워크는 TQM_{총체적 품질경영}에서 많은 부분을 차용했지만, 그 원칙들을 실행 가능하게 만들었다.

2. 말콤 볼드리지 기준

말콤 볼드리지 기준은 [그림3-4]에서 볼 수 있듯이 경영진은 고객요구 사항을 충족하고 기업 성과 개선을 위해 품질 우수성 추구를 안내하고 유지하기 위해 가치, 기대치, 목표 및 시스템을 만드는 원동력을 제공한다. 프로세스 품질관리, 인적 자원 개발 및 관리, 전략적 품질 계획, 정보 및 분석은 고객 만족 및 기업 성과 요구 사항을 충족하기 위해 잘 정의되고 잘 설계된 프로세스를 개발하는 시스템을 제공한다. 반면에 품질 및 운영 결과 범주는 향상된 고객 가치와 회사 성과를 제공하기 위해 진행 상황과 도전 조치 측정을 위한 사실 기반 프레임워크를 나타낸다. 이는 핵심 성과 및 운영 요건을 결과 지향적 프레임워크에 통합하는 토대가 되며, 이를 통해 실행, 피드백, 지속적인 성공의 기반을 마련한다.

(1) 7가지 범주

볼드리지 프레임워크_{BEF}는 문화, 전략, 실행, 결과 간의 연관성을 강조하며 [그림3-4]와 같이 조직이 7개의 상호 연결된 범주를 비판적으로 검토할 수 있도록 수백 개의 자가 학습 질문을 제공한다.

❶ **리더십** : 조직의 리더는 조직에 대한 비전을 설정하고, 고객 중심의 사고방식을 만들고, 거버넌스와 소통을 위한 프로토콜을 개발하며, 성공을 위한 환경을 조성할 뿐만 아니라 명확하고 가시적인 조직적 가치와 윤리를 보여주고, 직원들에게 높은 기대치를 제공해 주어야 한다.

❷ **전략** : 볼드리지 프레임워크(BEF)는 조직 전반에 걸쳐 전략을 개발, 구축 및 실행하기 위한 기준 질문을 제공한다. 이 프로세스는 관련 핵심 역량 개발, 실행 계획 수립 및 실행, 그리고 자원 가용성에 맞춘 일정 수립을 통해 뒷받침되어야 한다.

❸ **고객 중심** : 고객은 회사의 성과와 제품 및 서비스의 품질을 최종적으로 판단하는 사람이기 때문에 고객이 무엇을 원하는지 파악하는 것은 데이터 기반의 통합적이고 지속적인 프로세스여야 한다. 따라서 회사는 모든 제품 및 서비스의 특징과 기능, 모든 고객 접근 및 지원 방식, 그리고 고객에게 가치를 제공하는 모든 조직의 가치와 행동을 고려해야 한다.

❹ **데이터 및 지식 관리** : 데이터를 활용하여 성과를 측정하고 개선하는 것 또한

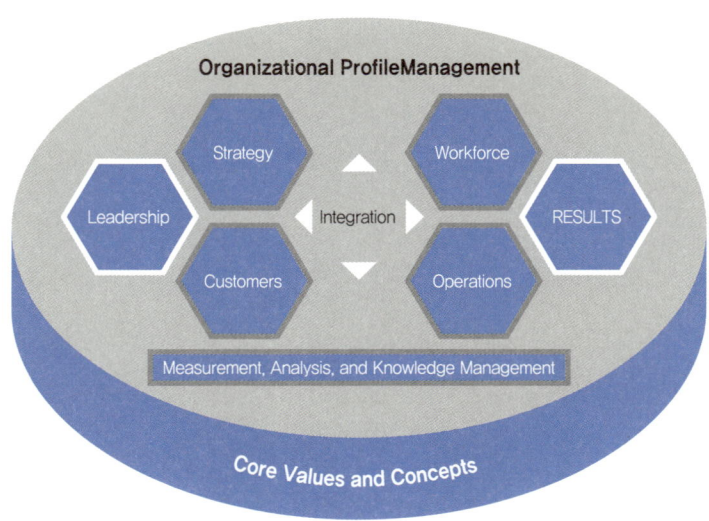

[그림3-4] Malcolm Baldrige상 프레임워크

중요하다. BEF 기준 질문은 조직의 투명성을 높이고, 데이터 사일로를 방지하며, 정확하고 완전한 정보에 기반한 의사 결정을 촉진하는데 도움이 된다.

❺ 인력 관리 : 전략적 목표는 유능하고 참여적이며 동기 부여된 직원(관리 가능한 업무량 보유) 없이는 실현될 수 없으므로, 탄탄한 인력 관리 계획은 역량 강화 및 유지하는 것은 중요하다. 효과적인 인력 관리는 조직 전체가 변화하는 니즈와 시장의 요구에 적응하는데 도움을 줄 것이다.

❻ 운영 : 자신이 하는 일과 조직 내 다른 부서의 업무를 이해하는 것은 소통과 협업의 기반이다. 표준 업무에 대한 문서화된 절차는 성장과 혁신의 기반을 제공하며, 더 넓은 공급망의 프로세스와 연계하는데 활용될 수 있다.

❼ 결과 : 볼드리지 프레임워크(BEF)의 마지막 카테고리는 여섯 가지 프로세스 카테고리를 결과에 초점을 맞춘 일곱 번째 카테고리의 전체 성과와 연결된다. 결과는 제품 및 프로세스 결과, 고객 중심 결과, 인력 중심 결과, 리더십 및 거버넌스 결과, 재무 및 시장 결과로 표현된다.

[그림3-5]는 핵심 가치와 역할을 크게 3개로 나누어 볼 수 있다. 볼드리지 기준은 체계적인 프로세스에 내재된 시스템 관점에서 비전적 리더십, 고객중심의 우수성, 사람을 소중히 여기기, 민첩성 및 회복탄력성, 조직 학습, 성공과 혁신에 집중, 사실에 의한 관리, 사회 공헌, 윤리와 투명성, 가치와 결과 제공 등 10가지 핵심 가치와 개념을 기반으로 리더십, 전략, 고객중심, 데이터 및 지식관리, 인력 관리 그리고 운영 등 7가지 범주 중 1-6에 해당되는 사항들의 구현을 통해 마지막 범주인 성능 결과를 도출한다.

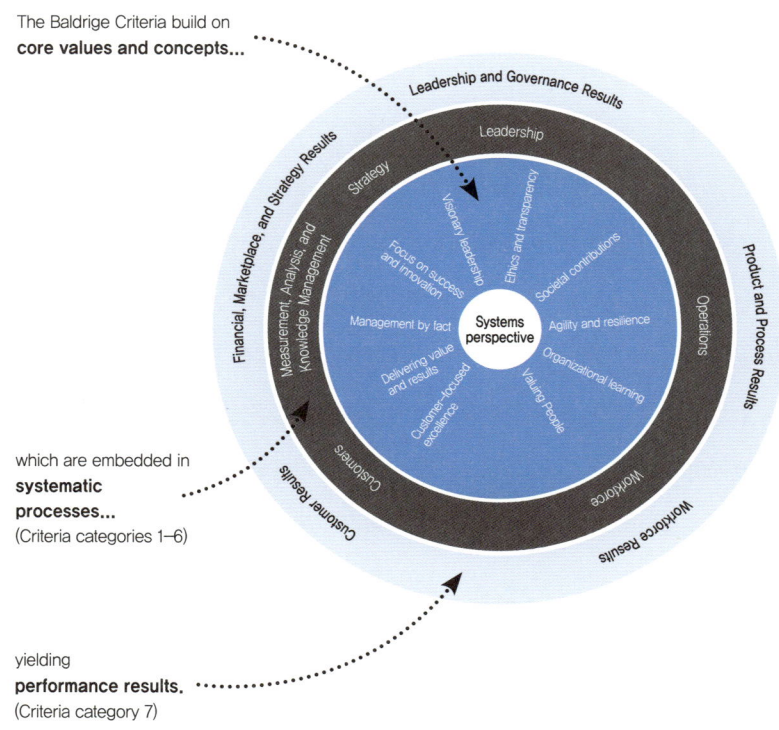

The Baldrige Criteria build on
core values and concepts...

which are embedded in
**systematic
processes...**
(Criteria categories 1–6)

yielding
performance results.
(Criteria category 7)

[그림3–5] The Role of Core Values and Concepts

BEF를 도입하는 많은 조직은 ISO 9001:2015, ISO 14001:2015, ISO 45001:2018 관리 시스템도 구축하고 있다. 이러한 다른 시스템들이 구축되어 있더라도, BEF는 조직이 전체론적으로 사고하도록 장려하고 전략 실행에 영향을 미칠 수 있는 간극을 파악하는데 도움을 준다. BEF는 사람, 프로세스, 데이터, 기술 간의 연결을 강조함으로써 성과 향상과 함께 사일로를 제거하는데 도움을 줄 수 있다. 연결성을 강조하고 사이버 보안과 같은 핵심 역량을 통합하기 위한 최근 노력을 기울이고 있는 BEF는 조직의 디지털 혁신 노력에서 성공을 달성하는데 특히 적합하다.

3. 볼드리지상의 구현 프레임워크

[그림3-6]은 Baldrige 구현 프로세스를 설명한다. 조직의 경영진리더십 LDR은 적절한 총체적 품질계획 SQP과 함께 품질 이니셔티브부터 시작해야 한다. 설계 품질, 속도 및 예방 DQSP, 사람 참여 및 파트너십 PP&P 및 사실 기반 관리 FBM는 시스템으로서 결함 없이 잘 정의되고 잘 설계된 프로세스와 새로운 제품 또는 서비스 계획을 표준으로 다루어야 한다. 또한 고객 중심 CF과 만족도를 만족시키기 위해 직원 및 공급업체의 참여 및 참여, 훈련 및 교육, 보상 및 인정, 직장 생활환경의 질, 신뢰할 수 있는 정보를 기반으로 한 성과 평가 및 진행 상황 추적, 데이터 및 분석, 벤치마킹 및 경쟁 분석에 주의를 기울여야 한다. 이 7가지 핵심 개념을 기반으로 한 프레임워크의 성공적인 구현은 고객만족도와 주기 시간, 결근, 최고 점유율 등을 포함한 회사 운영 및 재무성과 결과와 같은 인상적인 핵심 가치를 이끌어내야 한다. 즉, [그림3-6]에 설명된 것처럼 프레임워크는 결과 지향 프로세스여야 한다.

2023~2024 Baldridge Excellence Framework에서는 혁신 트렌드

변화에 맞추어 조직의 민첩성, 혁신과 변혁, 위험관리 및 공급망 회복력, 사회적 기여와 환경 지속가능성, 변화하는 업의 본질과 인력 요구사항을 중점적으로 다루고 있다.

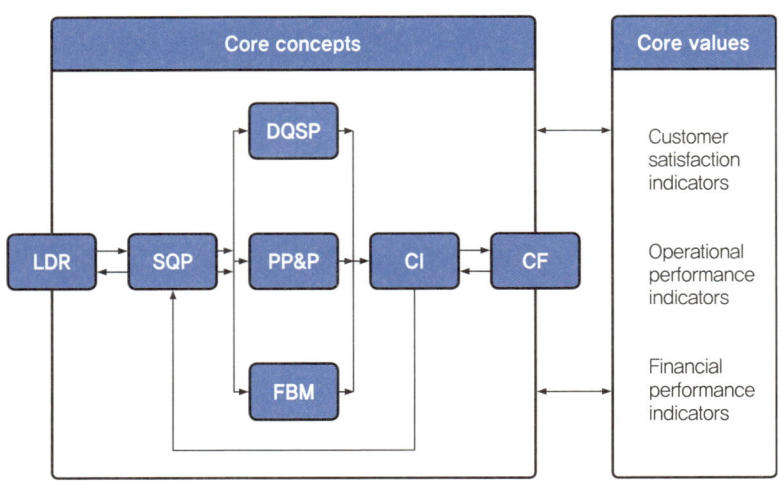

[그림3-6] 볼드리지상의 구현 프레임워크

05 유럽 품질상

1. 개요

EFQM_{European Foundation for Quality Management}은 1992년에 처음으로 EQA-European Quality Award를 제정했는데, 주로 글로벌 경쟁 우위를 위한 전략으로 품질 수용을 가속화하고, 품질 개선 활동의 개발을 촉진 및 평가하고, 지속적인 개선을 위한 기본 프로세스로서 품질 관리의 우수성을 입증한 유럽 기업을 인정하기 위한 것이다.

EFQM 2025 모델은 2020 버전보다 더 논리적이고 비즈니스 지향적인 구조를 채택하고 있다. 이 모델은 조직이 인더스트리 4.0을 성공적으로 도입하고, 디지털 성숙도를 높이고, 지속가능한 성과 개선에 중점을 두면서 우수성을 향한 길을 받아들이도록 지원할 수 있는 변혁과 미래 초점을 강조한다. 23개 기준 부분과 1개 결과 기준, 112개 지침 포인트 및 RADAR 평가 도구를 갖춘 EFQM 2025 모델은 해당 세부적인 구조가 부족한 다른 일반적인 전략적 프레임워크보다 더 자세한 논리와 프레임워크를 제공한다.

2. EFQM 모델 이해

유럽품질경영재단_{EFQM}에서 개발한 EFQM 우수성 모델은 조직의 성과 평가 및 개선을 지원하기 위해 설계된 포괄적인 프레임워크이다. 처음에는 품질관리 도구로 개발되었지만, 오늘날의 역동적인 비즈니스 환경에서 변화를 탐색하고 혼란을 관리하는 전략적 접근 방식으로 발전했다. 이 모델은 조직이 자신의 행동, 사고 패턴, 문화적 역학을 이해하고 분석할 수 있는 체계적인 방법을 제공하며, 궁극적으로 모든 수준에서 운영 성과를 향상시키는 것을 목표로 한다.

EFQM 2025 모델은 이전 버전을 기반으로 조직 우수성에 대한 접근 방식을 더욱 정교하게 다듬어 졌다. 이 모델의 발전에서 핵심은 지속가능한 성과 개선에 중점을 두는 것이며, 이것은 프레임워크의 핵심이다. 이러한 집중을 통해 조직은 환경적, 사회적 지속가능성을 전략에 통합하는 동시에 장기적인 경제적 성공을 달성할 수 있다. 이 모델은 또한 기술 리더십의 중요성이 커지고 있음을 강조하고 있으며, 특히 AI와 같은 기술을 사용하여 조직 경계 안팎에서 혁신, 지속가능성, 가치 창출을 추진하는데 중점을 두고 있다. 조직이 이러한 목표를 달성하기 위해 노력하려면 모델의 핵심인 세 가지 필수 질문에 답해야 한다.

- 우리는 왜 존재하는가?
- 우리는 어떻게 가치를 전달하나?
- 우리는 무엇을 성취해야 하는가?

이러한 질문은 조직이 EFQM 2025 모델의 세 가지 중요한 부분, 즉 방향, 실행, 결과를 탐색하는데 도움이 된다.

3. EFQM의 7가지 중요 항목

(1) 방향(200점)

방향 Direction 부분은 지속가능한 성과는 영감을 주는 목적, 포부 있는 비전, 그리고 조직이 탁월한 성과를 달성할 수 있는 길을 제시하는 전략을 정의함으로써 달성될 수 있다. 조직이 미래 성공을 위한 명확한 기반을 구축하도록 지원할 뿐만 아니라 기업의 장기적인 목표를 달성하는데 있어 리더십과 조직 문화의 중요성을 강조한다.

❶ **목적, 비전 및 전략(100점)** : 이 기준은 조직이 존재 이유를 정의하고 명확하고 실행 가능한 전략을 수립하는데 도움을 준다. 조직의 장기적인 목표를 달성하는데 필요한 설득력 있는 목적을 개발하고, 그 목적을 명확하게 정의된 비전과 연결하는 것을 포함한다. 탄탄한 전략은 조직이 올바른 방향으로 나아가고 지속가능한 방식으로 목표를 달성할 수 있도록 보장한다.

❷ **조직 문화 및 리더십(100점)** : 조직 문화와 리더십은 성공적인 전략 실행, 주요 이해관계자 참여, 성과 및 변혁 추진을 위한 토대를 마련하면서 모든 직급에서 공유 가치와 효과적인 리더십을 함양하는 조직 문화를 구축하는데 중점을 둔다. 리더의 행동은 다른 사람들에게 영감을 주고 조직을 단결시키며, 강력한 의사 결정 능력을 발휘하고, 조직의 미래 방향을 제시하기 때문에, 구성원 간의 협력과 지속적인 개선을 장려하는 환경을 조성하는 것은 매우 중요하다.

(2) 실행(400점)

실행 Execution 부문은 조직이 전략을 실행으로 옮기는 단계이다. 이 부문은 조직의 미래 방향을 준비하는 과정이며, 조직은 전략을 효과적이고 효율적으로 실행하여 주요 이해관계자와 적극적으로 소통하고 지속가능하고 합의된 방식으로 주요 이해관계자를 위한 가치 창출하면서 현재의 성공에 필요한 성과를 달성하는 동시에 미래의 성공을 위해 필요한 개선, 변화 및 변혁을 추진하는 과정이다. 이 부문은 조직이 목표를 달성하고 지속적인 성공을 거둘 수 있도록 전략을 조정하는데 도움을 준다.

❸ **이해관계자 참여(100점)** : 이 기준은 주요 이해관계자, 고객, 직원, 파트너 등의 요구를 이해하고 대응하는 것의 중요성을 강조한다. 이해관계자의 효과적인 참여를 통해 이해관계자의 요구와 기대치를 이해하여 지속적인 참여를 확보함으로 운영상의 요구와 기대치를 파악할 수 있을 뿐만 아니라 조직은 투명성, 책임성, 윤리적 행동 및 신뢰를 기반으로 전략적 목표를 실행하고 상호 성공을 보장하는 강력한 관계를 구축할 수 있다. 이해관계자 참여는 경쟁 우위를 유지하고 혁신을 추진하는데 필수적이다.

❹ **지속가능한 가치 창출(200점)** : 지속가능한 가치는 조직의 장기적인 생존 가능성과 성과를 보장할 뿐만 아니라 지속가능성을 조직의 방향, 실행 및 결과의 핵심으로 삼는 것을 의미한다. 이 기준은 조직이 사업뿐만 아니라 사회와 환경에도 도움이 되는 지속가능한 가치를 창출하도록 보장한다. 이는 경제적 성공과 사회적·환경적 책임의 균형을 이루는 의사 결정을 통해 조직의 장기적인 생존 가능성을 보장하는 것을 포함한다.

❺ **성과 및 혁신 추진(100점)** : 이 기준에서 조직은 미래의 변화에 대비하는 동

시에 탁월함을 유지해야 한다. 여기에는 현재 운영을 최적화하여 오늘날 높은 성과를 달성하고, 미래 경쟁력을 유지하기 위해 프로세스, 구조 및 기술을 혁신할 수 있는 민첩성을 확보하는 것이 포함된다. 이를 가능하게 하는 주요 요소는 혁신과 기술, 끊임없이 증가하는 데이터, 정보 및 지식의 중요성, 그리고 중요 자산 및 자원의 집중적인 활용이다. 끊임없는 개선은 조직이 변화하는 시장 상황과 새로운 트렌드에 발맞춰 발전하는데 필수적이며 자산 및 자원이 환경과 직원에게 미치는 부정적인 영향을 방지한다.

(3) 결과

결과_{Results} 부문은 조직 활동의 성공 여부를 측정하는데 중점을 둔다. 조직의 전략적 및 운영적 성과를 평가하여 이해관계자의 인식과 조직 전략의 전반적인 효과에 대한 통찰력을 제공한다. 이 부문은 조직 활동의 결과를 이해하고 추가 개선이 필요한 영역을 파악하는데 매우 중요하다.

❻ **이해관계자 인식(200점)** : 이 기준은 이해관계자, 고객, 직원, 그리고 파트너가 조직의 성과를 어떻게 인식하는지 평가한다. 과거 및 현재 성과 분석을 통해 미래 성과를 예측하고 이해관계자 인식에서 얻은 통찰력을 활용하여 강점을 활용하고 개선 및 혁신 요구사항을 파악한다. 이는 조직이 상호 작용하는 사람들의 관점에서 조직의 평판과 전략의 효과를 이해하는데 도움이 될 뿐만 아니라 인식 결과를 통해 얻어진 최신 정보는 현재 방향과 미래 전략 수립에 영향을 미친다.

⑦ 전략 및 운영 성과(200점) : 이 기준은 조직이 전략을 얼마나 잘 실행하고 운영 목표를 달성하고 있는지 평가한다. 즉 전략적 성과는 목적, 비전 및 전략과 직접적으로 연결된다. 전략적 성과는 전략적 이니셔티브와 계획을 실행하여 달성한 결과를 의미하며 핵심 성과 지표(KPI)를 통해 성과를 측정하여 조직이 약속을 얼마나 효과적으로 이행하고 있는지 파악한다. 운영 성과는 조직의 일상적인 활동 및 프로세스를 통해 달성한 결과를 의미하며, 조직에 즉각적인 영향을 미친다. 전략 및 운영 성과에 대한 지속적인 모니터링은 조직이 장기적인 목표를 달성하는데 도움이 된다.

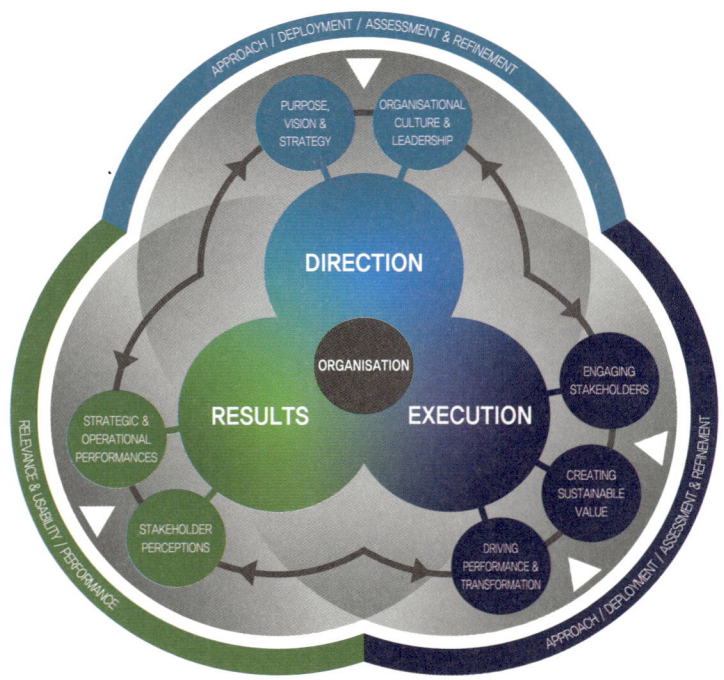

[그림3-7] EFQM의 Framework

이러한 7가지 기준은 각각 세부 기준으로 세분화할 수 있으며, 이를 통해 실제 구현을 위한 구체적인 시작점을 제공하고 기업이 운영을 체계적으로 평가하고 개선할 수 있다.

4. EFQM 내의 RADAR 로직

EFQM 우수성 모델에서 조직은 RADAR 논리를 사용하여 성과와 개선 이니셔티브를 평가한다. RADAR 논리는 현재 운영을 개선하고 성장분야를 식별하도록 설계된 진단도구이다. RADAR는 다음을 나타내는 약어이다.

- **결과(Results)** : 조직의 전략에 맞춰 원하는 성과를 확립한다.
- **접근 방식(Approach)** : 이러한 성과를 효과적으로 달성하기 위한 방법을 개발한다.
- **전개(Deploy)** : 조직 전반에 걸쳐 접근 방식을 체계적으로 구현한다.
- **평가 및 개선(Assess & Refine)** : 지속적인 개선을 촉진하기 위해 접근 방식을 정기적으로 평가하고 개선한다.

이 도구는 모든 조직이 현재의 업무방식을 더 잘 관리하고 현재의 강점과 개선 기회를 진단하게 함으로 목표를 달성할 수 있도록 지원한다. 제시한 RADAR의 가장 중요한 논리는 조직이 다음과 같은 목표를 달성해야 한다는 것이다.

- 전략의 일환으로 달성하고자 하는 결과를 결정한다.

- 현재와 미래에 필요한 결과를 제공할 접근 방식을 수립한다.

- 이 접근 방식을 적절하게 배포한다.

- 배포된 접근 방식을 평가하고 개선하여 학습하고 개선한다.

일반적으로 평가는 각 부문과 그 기준을 나열한 표와 함께, 이러한 기준의 충족 정도를 나타내는 속성을 포함한다. 그런 다음 특정 평가 시스템을 적용하여 종합적인 평가를 제공한다.

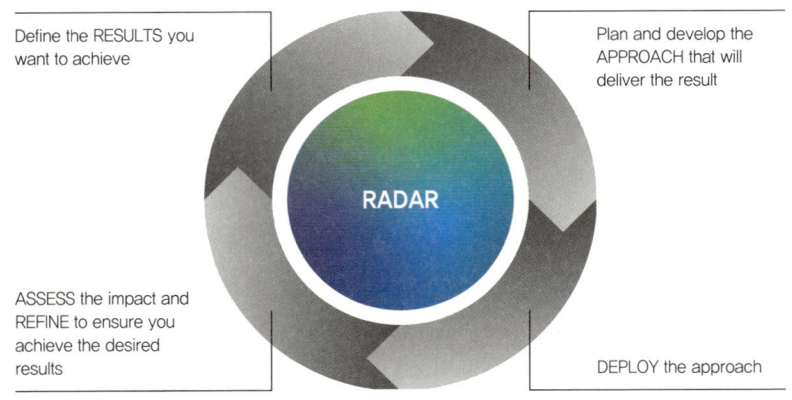

Define the RESULTS you
want to achieve

Plan and develop the
APPROACH that will
deliver the result

RADAR

ASSESS the impact and
REFINE to ensure you
achieve the desired
results

DEPLOY the approach

[그림3-8] EFQM 내의 RADAR 로직

5. EFQM 모델 구현의 이점

이 프레임워크를 채택함으로써 조직은 운영 효율성과 장기적인 성공을 모두 촉진하는 상당한 이점을 얻을 수 있다. EFQM 모델을 적용하면 얻을 수 있는 주요 이점은 다음과 같다.

- **조직 성과 및 효율성 향상** : EFQM 모델의 핵심 이점 중 하나는 조직 성과와 효율성을 개선하는 능력이다. 이러한 통찰력을 통해 더 나은 자원 배분 및 프로세스 최적화가 가능하다. EFQM 모델은 개선 영역을 파악하고 우수성 추구에 집중함으로써 조직의 생산성 향상, 운영 간소화, 그리고 궁극적으로 비용 절감을 지원한다.

- **고객만족도 향상** : 고객 만족은 EFQM 모델의 핵심 요소이다. EFQM 모델은 제품과 서비스를 고객의 니즈와 기대에 맞춰 조정하는 것을 강조한다. 고객 중심 경영을 통해 기업은 더욱 민첩하고 고객 중심적인 조직을 구축할 수 있다. 이는 고객만족도 향상뿐만 아니라 고객 충성도 강화로 이어진다. 충성도 높은 고객 기반은 기업의 경쟁력 강화와 시장에서의 장기적인 성장에 직접적으로 기여한다.

- **직원 동기 부여 및 참여 증진** : EFQM 모델은 직원이 조직 성공의 핵심임을 인식한다. 이 모델은 직원에게 권한을 부여하고 그들의 기여를 가치 있게 평가함으로써 참여 문화를 장려한다. 직원들에게 발언권을 부여하고 그들의 역량을 인정함으로써 기업은 사기와 동기를 고취할 수 있다.

- **전략 기획** : 지원전략 기획은 지속적인 성장과 성공을 목표로 하는 모든 조직에 필수적이다. 전략 기획은 리더들이 명확한 조직 목표를 정의하고, 필요한

자원과 기술을 파악하며, 목표 달성을 위한 실행 가능한 계획을 수립하는데 도움을 준다. 또한, 이 모델은 장기적인 관점을 장려하여 조직이 현재의 어려움에 대비할 뿐만 아니라 미래의 기회와 위험을 예측할 수 있도록 한다.

- **변화 관리 촉진** : EFQM 모델은 조직의 효과적인 변화 관리에 탁월한 역량을 제공한다. 지속적인 개선에 중점을 두어, 변화를 적극적으로 추진하고 수용하는 환경을 조성한다. EFQM 모델은 기업이 혁신을 통해 원활하게 전환하고 변화에 대한 저항을 줄일 수 있도록 체계적인 방법론을 제공한다. 특히 기준 수준과 지침 지점에서 품질과 우수성을 인더스트리 4.0과 결합하여 성공적인 디지털 변혁을 지원할 수 있다.

- **애자일 관행 장려** : EFQM 모델의 또 다른 장점은 애자일 관행을 지원할 수 있다는 것이다. EFQM 모델은 프로세스를 지속적으로 분석하고 최적화함으로써 기업이 시장, 기술 및 고객 기대의 변화에 신속하게 적응할 수 있도록 지원한다.

- **맞춤형 접근 방식을 위한 '도구 상자'** : EFQM 모델은 개방형으로 기업에 다양한 접근 방식을 담은 "도구 상자"를 제공한다. 획일적인 솔루션을 제시하는 대신, 기업이 고유한 과제와 목표에 가장 적합한 전략을 선택할 수 있도록 지원한다.

- **집중적인 피드백 통합** : 피드백은 EFQM 모델의 핵심요소이다. 직원, 고객, 파트너 등 모든 주요 이해관계자의 의견을 반영하는 것의 중요성을 강조한다. 이러한 피드백 루프는 조직이 전략, 프로세스 및 성과를 지속적으로 개선하고 더욱 높은 성과 수준을 달성할 수 있도록 지원한다.

06 품질 4.0의 프레임워크

1. 개요

　미국품질학회_{ASQ}는 품질 4.0에 대한 정의와 품질 4.0이 인더스트리 4.0의 파괴적 기술의 잠재력을 활용한다는 점을 강조하고 있다. ASQ에 따르면, 품질 4.0은 인더스트리 4.0의 첨단 디지털 기술과 품질 우수성을 결합하여 상당한 성과와 효과 개선을 촉진한다고 제시하고 있다. 즉 품질 4.0은 품질 개선 및 유지를 위한 역동적인 데이터 분석 및 의사결정을 통해 학습, 탈학습, 그리고 재학습을 촉진하는 역동적인 생태계에 의존하고 있으며 이를 통해 인공지능, 사물인터넷_{IoT}, 빅데이터, 블록체인, 딥러닝, 머신러닝, 데이터 과학과 같은 기술을 통해 결함 없는 프로세스, 스마트하고 신속한 의사결정을 달성할 수 있다. 그러나 기술은 품질 혁신의 한 구성 요소일 뿐이며 이러한 기술로 강화된 전통적인 품질의 진화가 새로운 패러다임이 될 것이다. 품질 4.0은 아직 초기 단계이고 발전 중이기 때문에 품질 4.0을 성공적으로 구현했다는 증거가 거의 없으며 그 원인 중 하나로 일부 학자는 디지털 스킬 부족으로 인해 품질 4.0 구현이 늦어지고 있다고 강조하고 있다.

　성공적인 품질 4.0의 정착을 위해 인더스트리 4.0 아래 품질 4.0을 잘 나타내는 프레임워크의 개발이 필요하다. 현재 가장 많이 활용되는 품질 4.0의 프레임워크로 LNS Research에서 제시한 품질 4.0 구현을 위한 포괄적인 프레임워크가 있는데 여기에서는 품질 4.0의 우수성을 달성하는데 필요한 11개 축과 도구 및 기술을 [그림 3-9]와 같이 나타내고 있다. 이 장의 핵심 목표는 기존 품질 보증 시스템에서 진보된 품질 시스템으로의 전환을 가능하게 하는 품질 4.0 프레임워크를 개발하는 것이다. 이 프레임워크는 LNS Research가 제시한 품질 4.0의 11가지 차원을 기반으로 한다.

❶ 준수　　❷ 역량　　❸ 리더십　　❹ 연결성　　❺ 협업　　❻ 문화
❼ 관리 시스템　　❽ 웹 기반 애플리케이션　　❾ 확장성　　❿ 데이터　　⓫ 분석

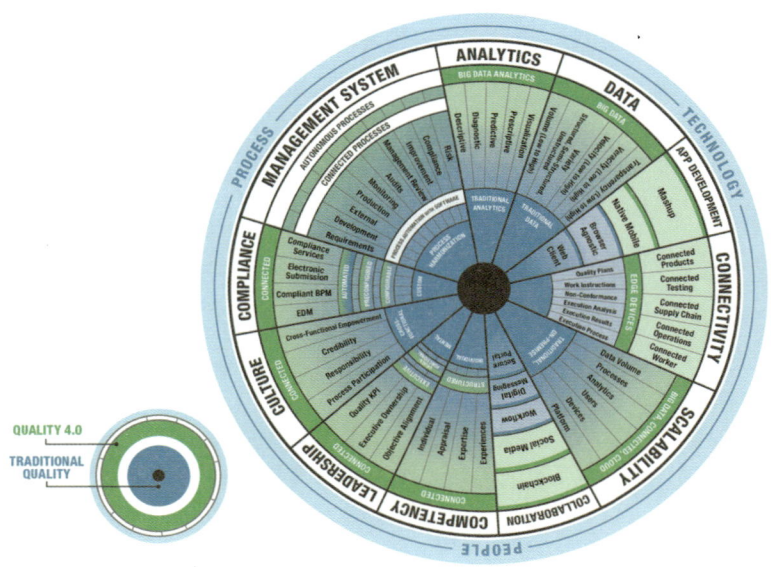

[그림3-9] 품질 4.0의 11가지 축

품질 4.0은 지난 40~50년 동안의 모든 품질 접근 방식과 방법론에서 발전해 왔으며 사람, 조직, 프로세스, 그리고 기술의 융합으로 표현할 수 있다고 판단되어 [그림3-10]과 같이 4가지 부문과 9가지 항목으로 나누어 표현했다.

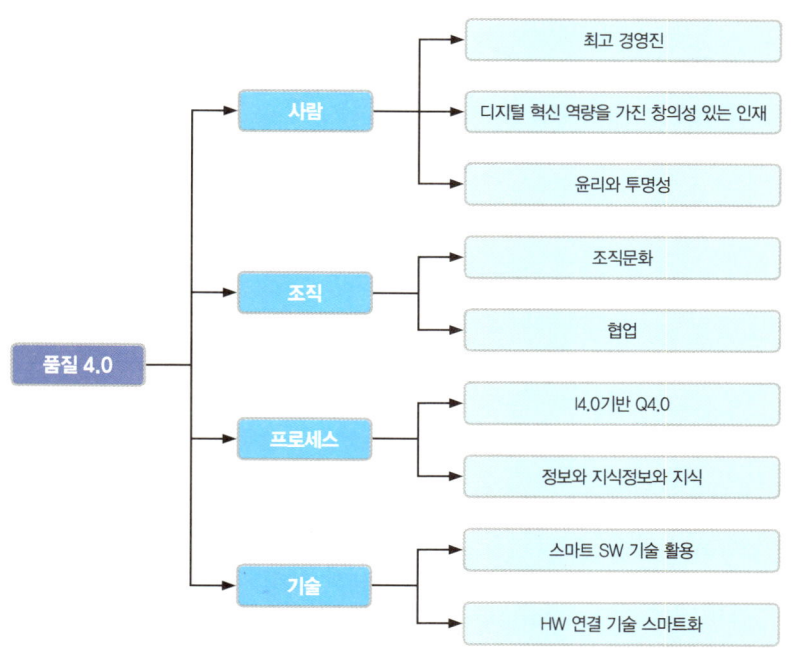

[그림3-10] 품질 4.0의 프레임워크

2. 품질 4.0의 구현요소

(1) 사람

품질 4.0에 대한 우리의 정의에서 첫 번째 범주는 '사람'이다. 이 범주에는 다음 세 가지 주제가 있다.

- **주제 1** : 리더십
- **주제 2** : 디지털 혁신 역량을 가진 창의성 있는 인재양성
- **주제 3** : 윤리와 투명성

인더스트리 4.0과 품질 4.0 구현 및 통합의 중심에는 여전히 사람이 있을 것이라는 점에는 의심의 여지가 없다

1) 리더십(비전, 영감, 정직성을 바탕으로 리더십을 발휘함)

훌륭한 조직에는 미래를 설계하고 실현하는 리더들이 있으며, 조직의 가치와 윤리에 대한 롤모델 역할을 한다. 비전을 가진 리더는 조직의 비전을 수립하고 조직 전체가 비전 실현에 전념하도록 독려한다. 리더는 다른 사람들이 따를 수 있는 롤모델이 되고, 비전을 현실로 만들기 위해 필요한 조치를 취한다. 이해관계자들과 함께 미래를 창조하고 탁월함을 달성하기 위한 방향을 설정하고 리더는 조직, 조직의 제품, 서비스, 프로세스를 더 큰 전체의 일부로 인식하고 사회, 환경, 경제 개선을 위해 적극적으로 노력한다. 리더는 조직과 구성원들의 집단적 역량과 다양성을 활용하고 발전시킨다.

2) 디지털 혁신 역량을 가진 창의성 있는 인재

품질 4.0 전문가는 창의적 사고, 리더십, 소통 능력, 팀워크와 같은 역량을 갖춰야 한다. 또한, 사이버-물리적 생산 시스템과 같은 신기술에 대한 지식을 갖추고, 이를 빅데이터를 기반으로 의사결정을 내릴 수 있는 최고의 품질 관리 기법과 결합해야 한다.

다시 말해 품질관리자는 필요한 데이터 유형, ERP/MES/SCA-DA/CRM/PLM 소프트웨어에서 데이터 수집을 자동화하는 방법, AI 및 머신러닝/딥러닝 지식을 사용하여 데이터 분석을 수행하고 미래에 치명적인 실패로 이어질 수 있는 이상 신호를 식별하는 방법을 이해해야 한다. 품질 4.0 시대에 필요한 모든 품질전문가의 주요 역량 중 하나는 창의성될 것이다. 그들은 변화와 도전에 적응할 수 있는 능력을 갖춰야 하며 또한, 새로운 기술에 대한 지식을 습득해야 한다. 따라서 최고 경영진은 품질전문가들이 데이터 분석을 기반으로 올바른 의사결정을 내릴 수 있는 탁월한 전문가로 성장할 수 있는 환경을 조직 내에 제공해야 한다. 다시 말해 이러한 변화가 일어나도록 하려면 최고 경영진의 역할이 신뢰, 공감 및 감성 지능에 기반한 문화를 조성하여 직원들이 인더스트리 4.0 기술을 받아들이도록 장려하는 문화 구축이 매우 중요하다.

3) 윤리와 투명성

조직은 모든 이해관계자와의 거래 및 상호작용에서 모든 구성원의 윤리적 행동을 강조해야 하며 고위 경영진은 윤리적 행동의 롤모델이 되어야 한다. 이를 컴플라이언스_{Compliance}라고 한다.

이는 기업이 직원과 프로세스가 다양한 법적 규정을 준수하도록 보장해야 한다는 확고한 필요성을 의미한다. 이 정의는 종종 기업의 자체 운영 및 윤리 기준을 포함하도록 확장된다. 최신 기술은 특정 작업을 적절하게 자동화하고, 특정 작업의 선택지를 제한하며, 이러한 외부 및 내부 기준을 준수하지 않을 시 발생하는 위험을 줄임으로써 컴플라이언스 관리를 지원할 수 있다. 이러한 윤리강령은 조직 문화와 가치의 근간이며, 조직을 올바른 방향으로 이끄는 토대이다. 투명성은 다양한 활동의 토대가 되어 구성원의 헌신으로 이어지고, 고객 및 다양한 이해관계자와의 관계 형성의 근간이 된다. 조직은 성별, 연령, 인종, 신념 또는 장애를 포함한 모든 형태의 차별 금지 원칙과 관행을 엄격히 준수해야 한다.

(2) 조직

품질 4.0에 대한 우리의 정의에서 두 번째 범주는 '조직'이다. 이 범주에는 다음 두 가지 주제가 있다.

- **주제 4** : 조직 문화
- **주제 5** : 협업

1) 조직 문화

전사적 품질 달성을 향한 여정을 계속하려면 기업은 품질문화를 장려해야 하며, 모든 직원과 모든 활동 영역에서 이를 실천해야 한다. 이를 위해 데이터, 프로세스, 분석, 애플리케이션을 통합 시스템으로 연결하고 지원하고, 정보를 공유하며, 협업을 활성화하는 것은 품질문화의 정착과 유지를 촉진시킨다. 특히 직원들의 권한 부여와 셀프 리더십을 장려하고, 정상적인 프로세스를 기다리지 않고 적극적으로 문제를 해결한다. 일반적인 TQM과 마찬가지로 품질 4.0은 구성원과 리더십의 참여를 요구한다.

2) 협업

품질 4.0에서는 사람과 사람, 사람과 기계, 그리고 부서 간의 협업이 필수적이다. 또한 ERP 등으로 연결된 전사적 정보체계는 제품 엔지니어링, 제조, 물류, 유지보수 및 영업 부서 간의 협업을 기반으로 하는 동시공학Concurrent Engineering의 바탕이 된다. 또한 공급업체, 유통업체 및 고객과의 민첩하고 효과적인 협업을 위해서도 중요하다. 비즈니스 프로세스 관리BPM, 문서 관리 플랫폼은 이 분야에서 상당한 개선을 제공한다. 협업은 조직이 일관성 있게 실행하고 변화에 민첩하게 대응할 수 있게 하려면 이를 위해 변화를 관리할 수 있는 운영 유연성과 보상 및 위험 평가 능력이 필요하다. 끊임없이 변화하는 오늘날의 글로벌 경쟁 환경에서 성공하려면 협력을 바탕으로 한 민첩성, 즉 빠른 변화와 유연성을 갖춘 역량이 필수적이다.

(3) 프로세스

품질 4.0에 대한 우리의 정의에서 세 번째 범주는 '프로세스'이다. 이 범주에는 다음 두 가지 주제가 있다.

- **주제 6** : 인더스트리 4.0 기반 품질 4.0
- **주제 7** : 정보와 지식

1) 인더스트리 4.0 기반 품질 4.0

품질 4.0은 데이터 기반 의사 결정을 위해 실시간 빅데이터와 클라우드 기술을 활용함으로써 조직 내 수직 통합과 외부 공급망 내 수평/종단 간 통합을 촉진하는데 적극적인 역할을 수행한다. 인더스트리 4.0 기술을 기업의 운영 프로세스에 적용하면 설계, 생산, 유지보수, 물류 및 서비스 부문의 개선으로 이어진다.

예를 들어, 디지털트윈을 통해 설계 및 서비스 품질을 개선하고, 빅데이터를 활용하여 고객 니즈를 더욱 정확하게 파악하고 만족도를 높일 수 있으며, 가상현실을 활용하여 생산 시스템 유지보수의 효율성을 높일 수 있다. 또한, 인더스트리 4.0 기술기계, 직원, 조직 단위, 공급업체와 고객을 포함한 공급망의 외부 이해관계자 도입은 디지털 혁신에 참여하는 다양한 주체 간의 연결과 상호작용이 목표가 아니라 효율적이고 효과적인 품질 개선을 위한 수단이 된다.

엣지컴퓨팅과 IIoT 네트워크는 더 많은 양의 데이터를 더 안정적이고 빠르게 제공하는데 도움이 되며, 데이터 분석을 통해 머신러닝과 인공지능AI을 적용하여 기존의 기술적 및 진단적 지표에 더욱 정교한 예측적 및 처방적 지표를 추가할 수 있다. 새로운 ICT 기술과 관련 표준5G,OPC-UA등은 기기, 제품, 사람, 애플리케이션 등 다양한 분야에서 연결성을 크게 향상시키고 있어 이러한 기술 적용하면 운영 및 품질 관리 등의 통합을 촉진할 수 있다.

2) 정보와 지식

스마트 데이터 수준에서 데이터 분석을 활용한 해석을 통해 다양한 상황 정보를 사용하기 위해 고유 지식을 추출할 수 있다. 품질 관리의 의미 내에서 이 지식은 스마트 전문가 수준에서 제품 및 프로세스의 품질을 실시간으로 진단진단 품질하고, 이를 예측예측 품질하여 궁극적으로 선제적으로 제어하는 데 사용할 수 있다규정 품질. 이를 통해 데이터의 종단 간 사용을 통해 다양한 품질 관리 영역에서 인간에 대한 지식 기반 의사 결정 지원이 가능하다.

일반적으로 기업들은 여러 부서의 관리를 지원하는 ERP, MES, LIMS, SCM과 같은 소프트웨어를 활용하는데 이를 수직적 어플리케이션 관리시스템으로 간주한다. 완벽한 수직 통합을 통해 품질 관련 데이터는 자동으로 수집 및 집계되어 실시간 지표, 불량품 비용, 공급업체 성과 및 기타 보고서를 생성하는데 특히 제품 수명 주기 전반에 걸쳐 수집되어야 하는 고객 품질 관련 데이터가 강조된다. 이러한 활동을 통해 품질관리자는 규정 준수와 프로세스 중심에서 고객 중심 및 디지털 중심으로 초점을 전환할 수 있다.

수평적 애플리케이션에는 PLM이나 BPM 소프트웨어가 있는데 정보를 최신 수평적 애플리케이션과 통합하는 것은 연결 기술과 표준을 통해 해결할 수 있으며 이러한 기술과 표준을 비즈니스 인텔리전스 솔루션과 함께 활용하면 품질관리 시스템을 개선하는데 도움이 될 수 있다.

(4) 기술

품질 4.0에 대한 정의에서 마지막 범주는 '기술'로, 다음 두 가지 주제를 포괄한다.

- **주제 8** : 스마트 SW 기술 활용
- **주제 9** : HW 연결 기술 스마트화

1) 스마트 SW 기술 활용

기업에서는 시간이 지남에 따라 데이터 양, 사용자 수, 관리 시스템의 다양한 애플리케이션에 포함된 모듈 수, 그리고 정보 시스템 유지 관리와 관련된 기타 요소들이 변화한다.

이러한 변화는 저장 용량, 컴퓨팅 성능, 접근성, 보안 등에 대한 요구, 즉 확장성 요구의 변화로 이어진다. 이러한 정보 시스템에 로컬온프레미스과 클라우드에서 리소스를 모두 사용할 수 있는 하이브리드 아키텍처를 사용하면 민첩하고 안정적인 방식으로 확장성을 확보할 수 있으며, 일반적으로 비용 변동폭이 더 크다.

140

그리고 산업용 사물 인터넷(IIoT), 머신러닝, 인공지능(AI)와 같은 인더스트리 4.0 기술을 사용하면 데이터 기반 의사 결정을 위한 데이터의 패턴을 시각화할 수 있고, AI를 활용해 예측 유지 관리 및 관련 문제를 개선할 수 있다. AI, 머신러닝, 딥러닝 그리고 생성형 AI 등을 활용한 고급 감지 기술과 고급 예측 분석 기능은 제품 및 공정 품질을 사전에 측정하고 예측할 수 있도록 함으로써, 예후적 역량을 확보하고 품질 기능의 역할을 예방적 품질 관리에서 예측적 품질 관리로 전환시킬 수 있다. 인더스트리 4.0 기술의 확대로 품질이 공급망 전체 계층에서 제품 또는 서비스 제공의 필수 요건이 되었기 때문에, 스마트 SW 기술은 공급망 전반에 걸쳐 제품 품질의 추적성과 실시간 모니터링을 개선할 수 있는 기회를 제공한다.

2) HW 연결 기술 스마트화

품질 4.0은 사이버 물리 시스템(CPS), 인공지능(AI), 로봇공학, 빅데이터, 머신러닝(ML), 사물인터넷(IoT), 클라우드 컴퓨팅(CC), 증강현실 및 가상현실(AR/VR) 장비 및 소프트웨어를 스마트화 하거나 통합 활용하여 정교한 스마트 품질 관리 및 품질 보증 시스템을 제공한다. 즉 통합 생산 시스템에서 스마트 센서, 스마트 머신, 스마트 팩토리가 지원하는 지능형 품질 관리라고 할 수 있다. 스마트공장의 제조는 센서, 액터, 자율 시스템을 완벽하게 갖추게 된다. 스마트 센서는 원자재, 재공품, 완제품과 관련된 모든 유형의 데이터를 식별, 모니터링, 수집할 수 있으며 결과적으로 기업은 분석을 적용하여 품질 문제 및 유지보수 요구 사항을 예측할 수 있다. 스마트 머신은 자체 학습 및 연결되어 협업 커뮤니티를 형성하고, 데이터를 수집 및 분석하며, 자체 최적화 및 자율적인 의사 결정을 내리고, 객관적이고 데이터 중심적인 방식으로 생산성을 관리한다. 새로운 방법론을 통해 기계 상태 신호를 사전에 감지하여 가동 중단 시간을 줄이고 적시에 수리할 수 있다.

품질 4.0의 품질관리 절차는 자동화되어 센서가 생산 전, 생산 중, 생산 후 모든 인력을 자동으로 검사하고 결함 제품을 제거하고 또한, 품질 보증은 고급 모니터링 및 컴퓨팅 시스템을 활용하여 실시간으로 신속하게 프로세스 모니터링을 수행한다.

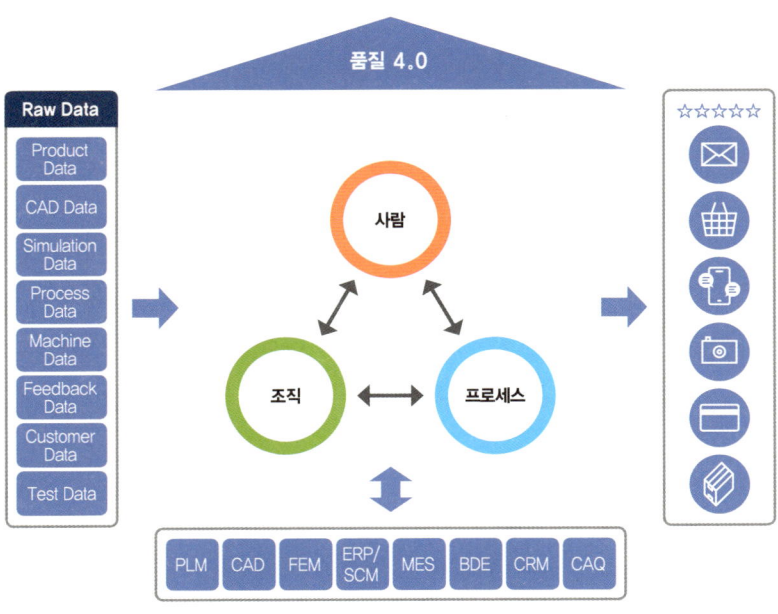

[그림3-11] 품질 4.0 프레임워크

3. 결론

산업에서는 기업 전체 자원 계획에 포함시키기 위해 디지털화와 실시간 데이터 관리 시스템을 도입해야 하는 절실한 필요성이 있다. 보스턴 컨설팅 그룹BCG은 품질 4.0의 맥락에서 현재 상황과 글로벌 산업의 SWOT 분석을 포괄하는 포괄적인 보고서를 제시했으며 해당 보고서를 기반으로 구성 요소, 도구 및 기술을 설명한 연구자, 전문가 및 기타 이해관계자가 품질 4.0 프레임워크를 개발했다. JM Juran의 블로그는 품질 4.0 구현을 위한 포괄적인 프레임워크를 제시하고 품질 4.0에서 우수성을 달성하는데 필요한 11개 축과 도구 및 기술을 정의했다.

프레임워크는 품질 관리에 대한 전체적인 관점을 제시한다. 이 장에서는 인더스트리 4.0의 지속가능성과 품질 4.0 구현을 위해 지식 집약적 비즈니스 프로세스에 대한 프레임워크를 제시했지만 구현에 필요한 작업을 설명하지는 않았다. 그 작업은 추후 진행될 예정이다.

07 요약

모든 조직은 사람, 프로세스, 그리고 기술이 복잡하게 얽혀 있는 곳이다. 훌륭한 프레임워크는 조직 경계를 넘나드는 소통, 조율, 그리고 개선의 기반으로 활용되며, 직원들은 무엇이 필요한지에 대한 공통된 인식을 공유하게 된다. 또한, 리더들은 성과에 부정적인 영향을 미칠 수 있는 프로세스상의 격차나 조직 설계상의 문제점을 더욱 효과적으로 파악할 수 있다.

어떤 프레임워크가 가장 적합한지는 항상 상황에 따라 달라진다. 조직의 선택은 회사 규모, 라이프사이클 단계_{예: 창업, 성장, 확장, 성숙}, 핵심 가치와 문화, 당면 과제, 그리고 구성원의 배경과 역량에 따라 결정되어야 한다. 여기서 제안한 프레임워크는 사업 분야와 관계없이 조직이 품질 4.0으로 전환하기 위해 고려해야 할 품질 4.0 프레임워크를 제시했다. 이 프레임워크는 TQM, 린 식스 시그마, ISO 9001:2015, MB상, EFQM과 같이 잘 알려진 품질이론과 원칙을 기반으로 만들어졌다. 이 프레임워크는 반복적인 단계로 구성되며, TQM 이론이나 ISO 9001:2015 표준을 기반으로 품질 시스템을 구축한 기업은 이를 적용할 수 있다. 같은 이유로, 제조 및 서비스 조직 모두에서 활용될 수 있을 것으로 생각된다. 특히 이 프레임워크는 조직 내 변화가 향후 품질관리에 어떤 영향을 미칠지 고려하면서 전략에 인더스트리 4.0을 포함하려는 기업에 유용할 것이다.

프레임워크는 일반적인 내용이므로 고품질 작업을 위한 특정 디지털 도구 세트를 제시하지 않았다. 각 조직은 품질 4.0을 활용하기 위한 관리에 어떤 도구를 사용하는 것이 더 적합한지 스스로 결정해야 한다. 마지막으로, 이 프레임워크는 실제 환경에서 테스트되어야 하지만, 시간 제약으로 인해 테스트가 불가능했다.

본 장을 진행하면서 제시된 프레임워크들은 널리 인정받고 조직의 우수성을 알리는데 있어 이점이 있음에도 불구하고, 몇 가지 과제가 있음을 발견했다. 기업이 고려해야 할 몇 가지 주요 비판 사항은 다음과 같다.

- **복잡성과 필요한 노력** : 기술된 프레임워크들에 대한 흔한 비판 중 하나는 복잡성이다. 소규모 조직이나 자원이 부족한 조직에서는 이 모델을 완벽하게 구현하기 어려울 수 있다. 이 과정에는 교육, 컨설팅, 시스템 개선 등 상당한 노력이 필요하며, 예산이 부족한 기업은 이런 노력을 감당하기 어려울 수 있다.
- **구체적인 해결책 부족** : 설명된 프레임워크들은 개선 영역을 파악하는데 효과적이지만, 항상 명확하고 실행가능한 해결책을 제시하는 것은 아니다. 조직은 정확한 해결 방법을 모른 채 문제를 정확히 파악하는 경우가 많아, 경우에 따라 개선을 저해할 수 있다.
- **자체 평가와 주관성** : 기술된 프레임워크들은 자체 평가에 크게 의존하기 때문에 주관성 문제가 발생할 위험이 있다. 내부 편견이나 평가 과정의 객관성 부족으로 인해 결과가 왜곡될 수 있으며, 이는 부정확한 평가로 이어질 수 있다.

- **문화적 변화와 직원의 참여** : 지속적인 개선 문화를 구축하는 것은 프레임워크를 구현하는데 있어 가장 큰 과제 중 하나이다. 최고 경영진뿐만 아니라 조직 내 모든 계층의 참여가 필요하다. 기존 품질 관리 시스템이 없는 기업의 경우, 이러한 문화적 변화를 달성하고 유지하는 것이 특히 어려울 수 있다.
- **데이터 수집 및 분석** : 이 프레임워크들은 성과 데이터의 체계적인 수집 및 분석을 요구한다. 이는 시간이 많이 소요되고 전문 지식이 필요하기 때문에 많은 조직에서 이를 유지하는데 어려움을 겪을 수 있다. 적절한 리소스가 없으면 데이터 분석이 개선 프로세스의 병목 현상이 될 수 있다.

위에서 제시한 방법론의 핵심 가치와 특징은 [표3-1]과 [표3-2]와 같이 요약할 수 있다.

[표3-1] 접근방식에 따른 핵심가치

접근 방식	핵심 가치
ISO 9001:2015	고객 중심, 리더십, 직원 참여, 프로세스 접근 방식, 개선, 증거 기반 의사 결정, 관계 관리
총체적 품질경영(TQM)	고객 중심, 전체 직원 참여, 프로세스 중심, 통합 시스템, 전략적 및 체계적인 접근 방식, 지속적인 개선, 사실 기반 의사 결정, 효과적인 커뮤니케이션
린 관리	장기적 사고, 가치, 흐름, 끌어당김, 지속적인 개선, 팀워크, 고객 중심, 사람에 대한 존중, 정보 공유, 사실에 의한 관리, 관리적 헌신, 정직, 책임감
6시그마 / 린-6시그마	변동 감소, 데이터 기반 의사 결정, 지속적인 개선, 획기적인 개선, 통계 도구 활용, 최고 경영진의 헌신, 이해 관계자 참여, 고객 중심
유럽품질경영재단(EFQM)	고객에게 가치를 더하고, 지속가능한 미래를 창조하고, 조직 역량을 개발하고, 창의성과 혁신을 활용하고, 비전을 가지고 선도, 민첩하게 관리하고, 사람들의 재능을 통해 성공하고, 뛰어난 결과를 유지
볼드리지 우수성 프레임워크(BEF)	시스템 관점, 비전적 리더십, 고객 중심의 우수성, 사람 중시, 조직 학습 및 민첩성, 성공에 대한 집중, 혁신을 위한 관리, 사실에 의한 관리, 사회적 기여, 윤리 및 투명성, 가치와 결과 제공
품질 4.0	리더십, 디지털 혁신 역량을 가진 창의성 있는 인재양성, 윤리와 투명성, 조직 문화, 협업, 4.0 기반 품질 4.0, 정보와 지식, 스마트 SW 기술 활용, HW 연결 기술 스마트화

[표3-2] 접근방식의 특징

구분	TQM (총체적 품질경영)	MB상 (Malcolm Baldrige)	EFQM(European Foundation for Quality Management)	Quality 4.0
탄생 배경	일본식 품질운동 → 미국으로 확산(1980s)	미국 경쟁력 향상 위한 국가 품질 프레임(1987)	유럽 기업 경쟁력 제고 목적(1991)	4차 산업혁명 기반 품질 혁신(2015~)
핵심 철학	전사적 품질문화 / 고객 중심 / 지속개선	성과 중심 / 시스템적 품질관리 / 리더십	지속가능성과 탁월성 / 생태계적 가치	디지털 기반 품질혁신 / 실시간, 예측 중심
초점 영역	조직 전체 품질 참여 / 인간 중심	경영성과, 전략, 리더십, 고객, 측정	전략, 리더십, 지속가능성, 혁신 역량	데이터 중심 품질예측 / 스마트공정 연계
품질 정의	"모든 구성원이 참여하는 품질 중심 경영"	"탁월한 성과를 위한 품질 경영 체계"	"가치 중심의 지속적 변화와 혁신"	"디지털 기술 기반의 지능형 품질 혁신"
측정 방식	품질 비용, 고객만족, 내부개선	7개 평가 기준 + 결과지표 (1,000점 만점)	Enabler(조건) + Result(결과) 프레임	KPI 실시간 추적, AI 기반 품질지표
기술 적용	매우 제한적 / 수작업 중심	일부 IT 도구 활용 / 정량·정성 균형	지속가능성 기술 / ESG·생태계 연계	AI, IoT, 빅데이터, 디지털 트윈 등
인간 중심성	높음(교육, 동기부여, 참여 중시)	리더십·조직문화 중요시	조직 학습과 직원 참여 강조	인간-기계 협업 (Human-in-the-loop)
대표 기업 적용	Toyota, Motorola 등	Ritz-Cariton, Boeing 등	Bosch, BMW, Siemens 등	GE, Bosch, Siemens, 현대차 등

품질 4.0 수준 확인

품질 4.0은 데이터의 획득, 분석, 활용을 통해 상품기획부터 설계, 양산, 출하, 시장 품질에 이르기까지 전 Value Chain을 통합·연결하여, 품질경영의 고도화를 지향하는 혁신적 경영 패러다임이다. 하지만 그동안 품질 4.0은 선언적 개념에 머무르거나 현장 도입이 쉽지 않았던 한계가 있었다.

품질 4.0 보급·확산을 위해 국내 기업의 품질 경쟁력 제고에 매진해온 한국표준협회에서는 2024년, 품질 4.0의 구체적 실천과 현장 적용을 위해 '품질 4.0 수준확인 진단모델'을 개발하였다. 본 진단모델은 품질 4.0의 명확한 개념 정의와 구체적인 도입 방향 수립에 참고할 수 있는 객관적인 평가 기준을 제시하고 있다. 총 4개 대항목과 14개 중항목, 1,000점 만점의 체계로 구성되어 있으며, 진단 결과에 따라 Lv0에서 Lv5까지 6개 수준 Lv0~Lv5 으로 평가된다.

최고 수준인 Lv5는 품질 4.0 체계와 실질 운영 수준이 탁월하여 업계의 모범이 될 만한 기업에 부여된다. 기업의 활동성격으로 구분되는 전략, 실행, 수용도를 보면 다음과 같다.

- **전략 부문의 Lv5** : '품질 4.0의 비전·가치와 리스크 관리에 따라 전략 체계가 명확히 정렬되어 있고, 디지털 전환 핵심 인재 양성 및 개방적 조직문화 정

착, 성과 중심의 혁신적 개선활동을 지속함으로써 탁월한 혁신 사례를 다수 보유한 수준'을 의미

- **실행 부문의 Lv5** : 'ICT 및 정보시스템을 활용한 Value Chain 내 자율적 의사 결정을 위한 실시간 최적화 프로세스가 구축된 수준'을 의미

- **수용도 부문의 Lv5** : 'ICT 및 정보시스템으로부터 수집된 데이터를 기반으로 탁월한 성과를 창출하고, 이를 지속적으로 개선 · 관리하는 프로세스가 정립된 수준'을 의미

품질 4.0 수준진단은 단순한 현 상황 확인에 그치지 않고, 진단 결과를 기반으로 실행 가능한 추진 방향 설정과 구체적인 과제 도출까지 아우르는 활동이다. 관련하여 정부에서는 2024년에 '국가품질상 Q 4.0 부문'과 '품질분임조 빅데이터·AI 부문'을 신설하여, 품질 4.0의 제도적·표준화 기반을 확대하였으며, 추가로 한국표준협회에서는 품질 4.0 전문가 양성과 역량 강화를 위한 교육과정을 운영 중에 있다.

교육 체계를 세부적으로 살펴보면 품질경영의 디지털화와 Q 4.0 으로의 진화, 품질 4.0 프레임워크와 응용사례를 포함한 '디지털 혁신과 품질 4.0 구현'을 기본과정으로 하여 품질 4.0에서의 설비유지관리 패러다임 변화와 유지관리 유형분석 및 추진전략을 제시하는 'Quality 4.0의 설비유지관리', 품질 4.0 전략−실행−수용도−성과평가에 대한 추진역량 진단과 실행 방향을 제시하는 '품질 4.0 추진역량 수준평가', 품질 4.0의 핵심 자원인 데이터를 활용하여 QCDS

고도화 전략을 다루는 '품질 4.0 데이터 활용전략', 설계개발·제조공정·구매협력사·고객품질의 품질 4.0 추진사례를 총망라한 '밸류체인별 품질 4.0 적용실무'와 같이 총 5개 과정으로 혁신적 시각과 역량을 갖춘 품질경영 핵심인재를 육성하고 있다.

▶ Quality 4.0은 AI, 빅데이터, IoT, 클라우드 등 첨단 기술을 품질관리 전반에 적용하여, 데이터 기반의 실시간 분석과 예측을 통한 사전 예방적 품질관리를 실현합니다. 이를 통해 불량률 감소, 생산성 향상, 비용 절감, 고객만족도 증대 등 실질적인 성과를 창출할 수 있습니다.

구분	과정명	주요내용
기본	디지털 혁신과 Quality 4.0 구현	품질경영의 디지털화와 Q4.0으로의 진화, 품질 4.0 프레임워크와 응용사례
실행 #1	Quality 4.0의 설비유지관리	Q4.0에서의 설비유지관리 패러다임 변화, 유지관리 유형분석 및 추진전략 제시
실행 #2	Quality 4.0 추진역량 수준평가	Q4.0 전략 – 실행 – 수용도 – 성과평가에 대한 수준확인 및 추진방향 설정
실행 #3	Quality 4.0 데이터 활용전략	Q4.0의 핵심 자원이 데이터를 활용한 QCDS 고도화 전략
실행 #4	Value Chain별 Quality 4.0 적용실무	설계개발/제조공정/구매협력사/고객품질의 Q 4.0 추진사례 분석

영역(4개)	범주(12개)	배점		비고
[1] 전략	[1.1] 리더십 및 조직문화	60	200	Plan
	[1.2] 추진전략	60		
	[1.3] 디지털 역량	80		
[2] 실행	[2.1] 상품기획	50	300	Do
	[2.2] R&D	50		
	[2.3] 공급망 관리	30		
	[2.4] 제조관리	50		
	[2.5] 품질관리	50		
	[2.6] 물류관리	50		
	[2.7] 고객관리	20		
[3] 수용도	[3.1] 디지털 인프라 구축	150	300	
	[3.2] 디지털 인프라 운영	150		
[4] 성과	[4.1] 프로세스 개선 성과	120	200	See
	[4.2] 경영성과	80		
합계		1,000	1,000	

품질 4.0 수준진단 4개 대항목 전략, 실행, 수용도, 성과 을 구체적으로 보면 다음과 같다. 전략의 경우 경영진이 품질경영의 디지털화를 위한 방향제시 조직의 비전, 가치, 전략 등, 임직원 공감대 형성을 위한 커뮤니케이션, 전략 수립 및 실행계획, 수행을 위한 역량 확보방안, 디지털 기반 품질경영 성과관리 활동 수준과 디지털 전환 시대에 적합한 품질경영 중장기 전략이 어떻게 수립되며 실질적인 실행계획으로 이어지고 있는지를 평가한다.

진단항목(Q 4.0 전략)	배점	상세 항목
[1.1] 리더십 및 조직문화	60	1) Q 4.0 비전 및 추진 의지(30) 2) 조직문화 및 변화관리(30)
[1.2] 추진전략	60	1) 미래 이슈 및 리스크 관리(30) 2) Q 4.0 추진전략 및 성과관리(30)
[1.3] 디지털 역량	80	1) 디지털 교육/훈련 체계(40) – 교육/훈련 과목 체계화(20) – 교육/훈련 과목의 세분화(20) 2) 디지털 전문인력 양성 및 관리(40) – 디지털 전문인력 양성 계획(20) – 디지털 전문인력 관리 현황(20)

실행의 경우 자동화 제조환경에서 이루어지는 TQM 활동과 차별화된 DX 환경의 품질경영을 살펴본다. 정보시스템 연계 품질경영과 자동화·연결화·지능화 프로세스 적용 수준을 평가한다.

진단항목(Q 4.0 실행)	배점	상세 항목
[2.1] 상품기획	50	1) 고객경험 데이터 분석 및 활용(25) 2) 트렌드 및 핵심이슈 대응(25)
[2.2] R&D	50	1) 디지털기술 기반 R&D 추진체계(20) 2) R&D 관리체계(30)
[2.3] 공급망 관리	30	1) 공급망 네트워크 관리(30)
[2.4] 제조관리	50	1) 데이터 기반 생산성 관리(20) 2) 데이터 기반 설비 자산 관리(30)
[2.5] 품질관리	50	1) 데이터 기반 공정운영 체계(30) 2) 검사자동화 및 검사 데이터 관리 체계(20)
[2.6] 물류관리	50	1) 디지털 창고관리(자재, 재공, 제품 등)(30) 2) 디지털 출하 및 배송관리(20)
[2.7] 고객관리	20	1) 디지털 고객불만 대응 체계(20)

수용도의 경우 스마트 제조환경 내에서 품질관리·혁신 활동을 점검하며, 데이터 수집체계, 인프라 연결성, 보안 및 대시보드 관리체계 등 디지털 인프라 구축·운영과정에서 데이터 획득·분석·개선의 성숙단계를 평가한다.

진단항목(Q 4.0 수용도)	배점	상세 항목
[3.1] 디지털 인프라 구축	150	1) 공정 데이터 수집 체계(60) - 공정 데이터 수집 기준(30), 공정 데이터 관리 및 활용 체계(30) 2) 디지털 인프라 연결성과 통합(수평/수직)(30) 3) 데이터 보안 체계(30) 4) 대시보드 관리 체계(30)
[3.2] 디지털 인프라 운영	150	1) 데이터 운영(60) - 데이터 유형 정의(30), 데이터 관리 계획 및 실적(30) 2) 데이터 획득방법 및 주기(30) 3) 데이터 수집 및 처리 시스템(30) 4) 데이터 분석 및 활용(30)

성과의 경우 품질 4.0 실행성과를 대표하는 지표로, 경쟁사 또는 산업계 평균과 비교하여 조직의 상대적 수준과 개선 경향성을 평가한다.

진단항목(Q 4.0 성과)	배점	상세 항목
[4.1] 프로세스 개선 성과	120	1) 상품기획 및 개발설계 개선성과(20) 2) 공급망 관리 개선성과(20) 3) 제조 공정관리 개선성과(20) 4) 품질관리 개선성과(20) 5) 물류관리 개선성과(20) 6) 고객관리 개선성과(20)
[4.2] 경영성과	80	1) 수익성(24) 2) 활동성(24) 3) 성장성(16) 4) 안정성(16)

이와 같이 품질 4.0 수준진단은 실질적 추진력과 성과창출 역량을 점검·확인하며, 대한민국 품질경영의 디지털화를 뒷받침하는 핵심 참고자료로 활용될 수 있을 것이다.

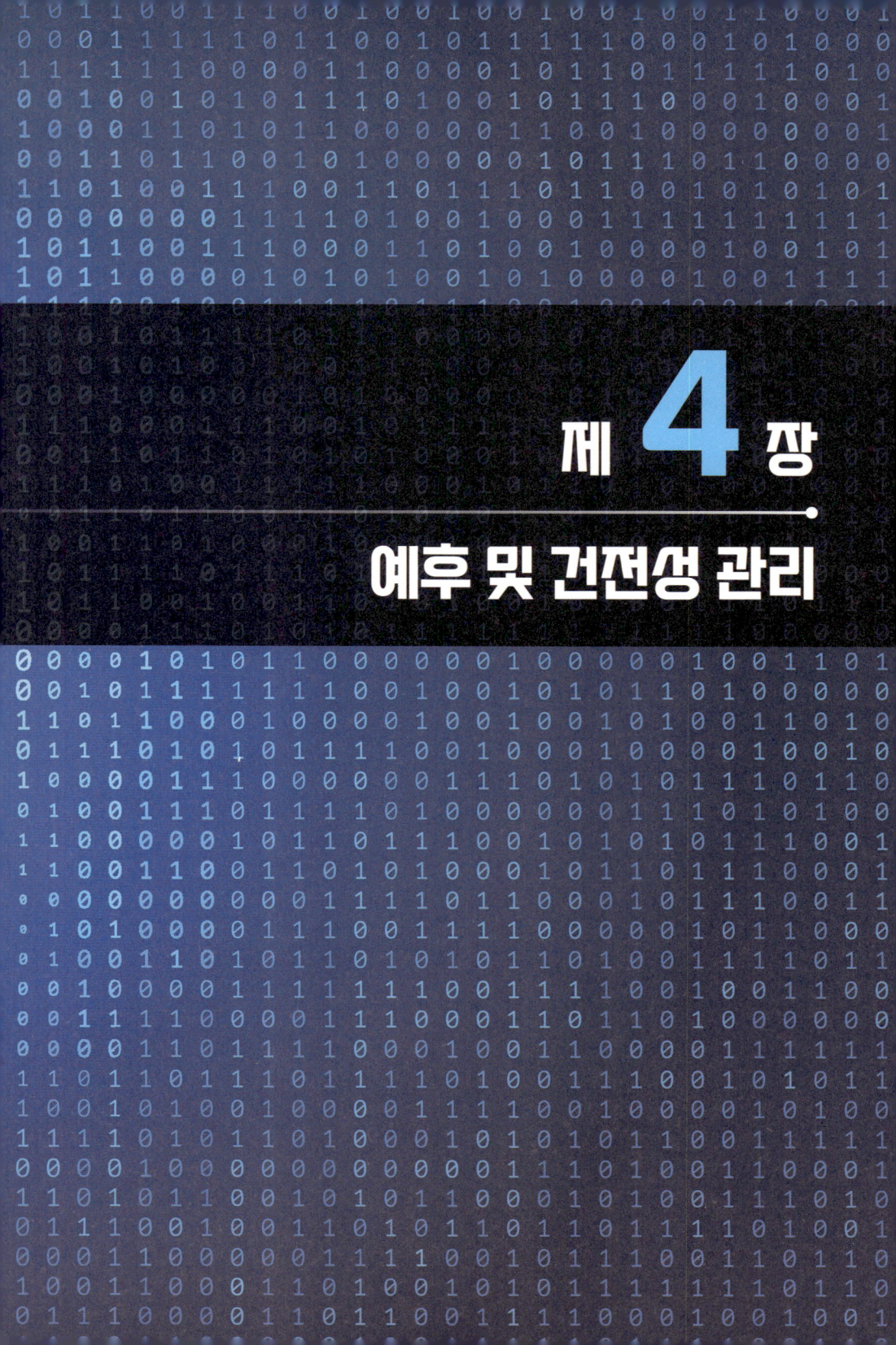

제 **4** 장

예후 및 건전성 관리

01 소개

현대 기술, 특히 정보 기술의 급속한 발전에 따라 수많은 시스템의 복잡성, 통합 및 인텔리전스가 지속적으로 증가하고 있으며, 연구, 생산, 특히 유지보수 및 보호 비용이 증가하고 있다. 동시에 환경, 작동 및 사용 조건에 영향을 미치는 다양한 요인의 증가로 인해 성능 저하 및 고장 확률이 점차 증가하고 있다. 따라서 복잡한 시스템의 고장검출, 고장진단 및 고장예후에 대한 유지보수에 관한 항목 등은 점차 기업들의 관심 대상이 되고 있다.

PHM_{Prognostics and Health Management}은 작동 중 시스템의 실제 잔존 수명을 예측할 수 있기 때문에 실제 손상이 예상된 부품만 수리·교체할 수 있는 유지관리 전략인 CBM/PdM_{Predictive Maintenance}/RxM_{Prescriptive Maintenance}을 가능하게 하여 총 수명 주기 비용을 절감할 수 있다. CBM/PdM/RxM은 매일 시스템 작동을 중단하지 않고 장비 성능 및 성능 저하를 ML과 딥러닝 기법을 사용하여 모니터링, 감지, 격리 및 예측하는 자동화된 하드웨어 및 소프트웨어 시스템으로 구성된다.

CBM/PdM/RxM에서 시스템 및 부품의 유지보수는 고장 또는 예정된 유지보수와 달리 ML과 딥러닝을 활용하여 장비의 실제 상태를 바탕으로 관리한다. 유지보수를 적시에 결정하기 위해서는 예

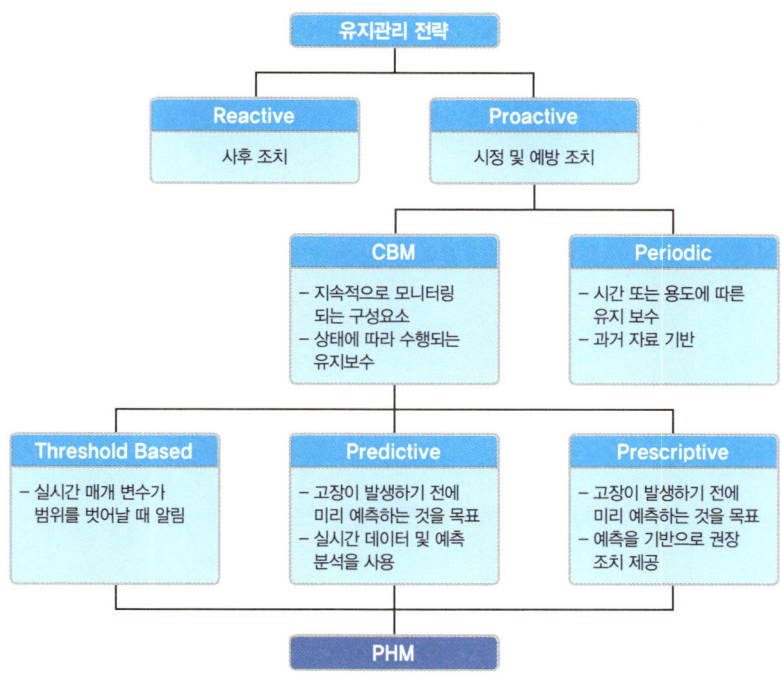

[그림4-1] PHM 측면에서의 유지관리 전략

후가 CBM/PdM/RxM의 핵심 실행 기술이다.

　　PHM의 개념은 1970년대에 형성된 상태 기반 유지 관리CBM 시스템에서 유래했으며, 우주선, 항공기, 원자로와 같은 복잡한 시스템과 장비에 응용되었다. PHM 기술이 지속적으로 발전함에 따라 PHM은 전자, 자동차, 선박, 엔지니어링 구조물 및 기타 응용 분야의 많은 산업 분야에서 점차 확산되고 있다.

　　PHM은 복잡한 시스템에 사용되는 BITBuilt-In Test 및 상태 모니터링 기능을 추가로 확장한 것으로, 상태 모니터링에서 상태 관리로

전환하여 고장 발생을 파악하고 관리하며 유지보수 및 공급 보증을
계획한다. 주요 목적은 유지보수 비용을 절감하고, 장비 시스템 보
안 및 작업의 성공을 개선하며, 조건 기반 유지보수_{CBM}/PdM/RxM
을 달성하고, 적은 유지보수 투입으로 자율적 보호를 실현하는 것이
다. 먼저 PHM의 핵심인 예후에 대해 알아보도록 하자.

02 예후(Prognostics)의 정의

예후에 대한 정의는 [표4-1]에서처럼 여러 기관과 학자들에 의해
다양하게 정의되고 있다.

이러한 정의를 종합적으로 살펴보면 예후는 다음에서 제시된 내
용들을 명시하거나 암시한다고 볼 수 있다.

❶ 예후 예측은 구성 요소 또는 하위 구성 요소 수준에서 수행되어야 한다.

❷ 예후 예측에는 특정 고장 모드의 초기 단계에서 부품 고장 시점까지의 시간
   진행을 예측하는 것이 포함된다.

❸ 향후 구성 요소 운영에 대한 감사가 필요하다.

❹ 예후는 진단과 관련이 있지만 동일하지는 않다.

[표4-1] 예후에 대한 다양한 정의

기관/저자	정의
Baruah	예후 진단은 진단 평가를 기반으로 하며 구성 요소 고장에 대한 이 고장 상태의 진행을 예측하고 남은 유효 수명을 추정하는 기능
Brotherton	고정 기간에 대한 부품의 현재 상태를 평가하거나 고장 시간을 예측하는 기능
Engel	구성 요소의 전구체 또는 초기 고장 상태를 조기에 감지하고 이 고장 상태가 구성 요소 고장으로 진행되는 것을 관리하고 예측할 수 있는 기술과 수단을 갖춘 기능
Hess	구성 요소의 적절한 작동의 잔여 수명 또는 시간 범위를 결정하는 것을 포함하는 예측 진단
Heng et al.	자산의 잔여 운영 수명, 미래 상태 또는 완료 위험에 대한 예측
IEEE Standard	대상이 되는 시스템의 성능 저하 정도, 부하이력, 예상되는 향후 운영 및 환경 조건 등을 고려해 결함의 진행을 예측
ISO13381-1	하나 이상의 기존 및 미래 고장 모드에 대한 고장까지 시간 및 위험 추정
Katipamul	자동화된 방법을 사용하여 물리적 시스템 성능 저하를 감지 및 진단하고, 미래의 장애를 예측하며, 장애가 발생하거나 허용할 수 없는 성능 저하가 발생하기 전에 허용 가능한 작동 상태로 물리적 시스템의 잔여 수명을 예측
Lewis	고장이 발생할 수 있는 시기에 대한 예측, 자산의 잔여 내용연수를 계산하는 방법
Luo	고장 예후에는 관찰된 시스템 상태를 기반으로 시스템 성능 저하를 예측하는 것이 포함
Smith	구성 요소 또는 하위 요소 고장 상태에 대한 전구체 또는 초기 고장 상태의 조기 감지 및 격리를 제공하고, 이 고장 상태가 구성 요소 고장으로 진행되는 것을 관리하고 예측하는 기술 및 수단을 보유할 수 있는 기능
Wikipedia	시스템이나 구성 요소가 더 이상 의도한 기능을 수행하지 않는 시간을 예측하는데 초점을 맞춘 엔지니어링 분야
Wu	장비 또는 프로세스의 현재 상태 평가, 과거 동향 및 예상 사용 부하에 기초한 미래 상태 및 고장 모드 예측

ISO13381-1은 예후 및 예후 모델링에 대한 가장 포괄적인 설명을 제시하고 있다. ISO13381-1은 예후를 '하나 이상의 기존 및 미래의 고장 모드에 대한 고장까지의 시간 및 위험의 추정'으로 정의한다. 이는 예후의 분야가 알려진 고장 모드가 자산 수명에 미치는 영향을 예측하는 것뿐만 아니라 이러한 모드가 다른 고장 모드를 어떻게 시작할 수 있는 지에도 관심이 있음을 의미한다. 특히, 이 표준은 예후에 대해 다음 사항을 고려해야 한다고 제안한다.

❶ 기존 고장 모드 및 열화율

❷ 향후 고장 모드에 대한 시작 기준

❸ 고장 모드와 성능 저하율 사이의 상호 관계

❹ 고장 모드의 열화율에 대한 모니터링 및 분석 기법의 민감도

❺ 고장 열화에 대한 유지보수의 영향

❻ 예후의 기초가 되는 조건과 가정

따라서 더 많은 범위의 모델 유형이 '예후 모델'이라는 용어로 포함된다. 그러나 현실적으로 대부분의 현장에서는 이러한 정교한 접근 방식에 대한 준비가 되어 있지 않다. 따라서 유용하게 사용하려면 이 표준에서 제시하는 예측 모델링을 모델링 복잡성이 증가하는 수준으로 분리하여 각각에 대한 모델링 옵션을 독립적으로 고려할 수 있어야 한다.

1. 진단과 예후와의 관계

예후 예측이 진단과 관련이 있고 이에 크게 의존한다는 것은 거의 이견이 없다. 물론 예측 예후의 역할을 이해하려면 진단과 예후 사이의 관계를 이해해야 한다. 그러나 널리 논의되고 있지만 두 영역 사이의 정확한 구분은 잘 정의되어 있지 않다. 진단은 발생한 손상을 식별하고 정량화하는 것을 포함하는 반면, 예후 예측은 아직 발생하지 않은 손상을 예측하는 것과 관련이 있다. 진단 자체로 유용한 비즈니스 결과를 제공할 수 있지만 예후 예측은 진단 결과_{예 : 고}

장지표, 열화율 등에 의존하므로 단독으로 수행할 수 없다.

이러한 관계를 탐색하는 한 가지 방법은 초기 결함에서 실패 진행 타임라인을 구상하는 것이다. [그림4-2]는 이러한 고장 진행 타임라인을 나타낸다. 이 타임라인은 적절한 작동 순서로 새 구성 요소로 시작하여 초기 고장이 발생하는 시간을 나타내며, 계속 사용할 경우 구성 요소가 시스템 고장 상태에 도달하고, 추가 작동시 최종적으로 2차 시스템 손상 및 완전한 치명적 고장 상태에 도달하는 과정을 보여준다.

진단 기능은 전통적으로 시스템, 구성 요소 또는 하위 구성 요소

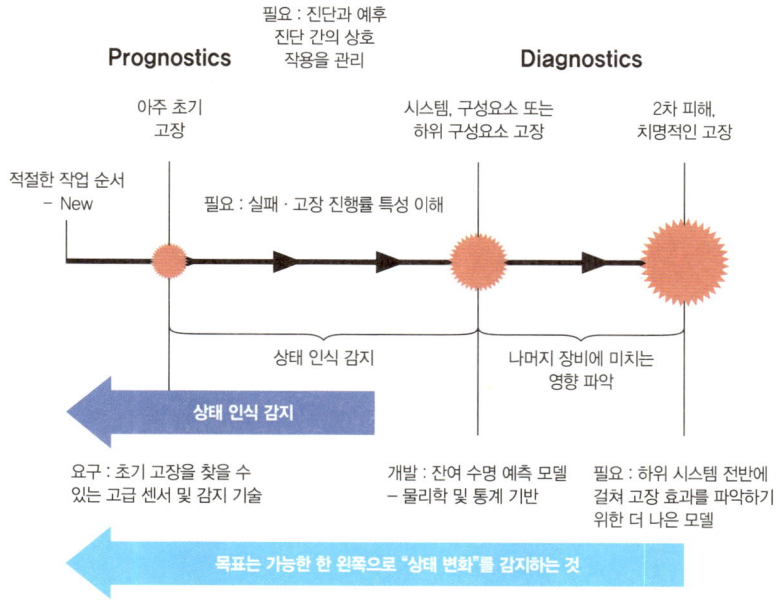

[그림4-2] 진단과 예후의 이해

고장의 초기 감지와 시스템의 치명적 고장 사이에 적용되었다. 그러나 최근의 진단 기술은 고장이 발생하기 전 초기 단계에서 조기 감지가 가능하도록 한다. 시스템 또는 하위 시스템 구성 요소의 지속적인 작동 수명의 이점을 극대화하기 위해 실제 고장이 발생하진 않았지만 초기 고장이 더 심각한 상태로 진행될 때까지 유지관리가 지연되는 경우가 많다. 초기 고장의 극 초기 감지와 실제 시스템 또는 구성 요소 고장 상태로 진행되는 사이의 영역이 예후 기술의 영역이다.

작업자가 알려진 초기 결함이 발견된 시스템 또는 구성 요소를 계속 작동할 의지가 있는 경우, 이 작업을 안전하게 수행할 수 있는지 확인하고 이 특정 고장 진행 일정에 따라 수명이 얼마나 남아 있는지 알고 싶어 할 것이다. 이것은 실제 예측 예후의 특정 영역으로, 특정 시스템 또는 구성 요소에 대한 특정 고장 진행 일정을 따라 남은 유효 수명을 정확하게 예측할 수 있다.

이러한 정확한 유효 수명 예측 기능을 실제로 수행하려면 예후 측정을 위해 많은 도구가 필요하다. 때로는 현재 진단에 사용되는 센서가 적절한 예후 상태 인식 입력을 제공할 수 있거나 고급 센서 또는 추가 초기 결함 감지 기술이 필요하다. 이를 통해 초기 결함을 얼마나 일찍 감지하고 싶다거나 작은 장비 상태 변화를 "보고 싶거나" 또는 "알아보거나" 필요한지에 대한 질문이 제기된다. 예후에 필요한 도구에는 특정 결함에서 고장 진행률에 대한 이해를 나타내는 모델 또는 모델 세트, 통계 또는 확률 기반 모델, 상호 연결된 하위 시스템 전반에 걸쳐 고장 효과를 나타내는 모델 및 향후 운영 임무 사용을 설명하고 해결할 모델이 포함된다.

요약하면, 지능형 기계 및 시스템 고장 진단 및 예후에 대한 필요성과 이점은 분명하다. 이러한 진단 및 예후 기능이 운영 및 지원_{O&S} 비용 및 총 소유 비용_{TOC}을 줄이는데 미치는 긍정적인 영향은 매우 크다. 진단 및 예후 기능은 오늘날 구현되고 있는 새롭고 혁신적인 유지보수 개념의 핵심 요소이다. 정확하고 실제적인 지능형 기계 및 복잡한 시스템 진단 및 예후 및 건강관리라는 비전을 가능하게 하기 위해 모든 기술 요소와 툴킷 기능을 사용할 수 있으며 함께 제공된다. 또한 모든 진단 및 예후 기술 요소, 기술 및 기능을 현명하게 적용하고 구현하여 최대의 이점 효과를 얻을 수 있어야 한다.

2. 예후 방법의 특성

실제 적용을 위한 예측 방법의 몇 가지 바람직한 특성이 다음에 나열되어 있다. 이러한 방법의 만족도는 장비의 유형과 PHM의 목적에 따라 달라진다.

(1) 빠른 예측

예후의 적용에서, 장비 상태의 추정과 장비 수명의 시간 척도 및 교정 조치_{검사, 수리, 오버홀}의 시간 상수와 호환되는 시간 내에 장비 상태의 추정과 향후 진화의 예측을 수행해야 한다.

고장 예측이 '너무 이른' 경우에는 발생하는 고장을 검증하고 관련 변수를 모니터링하며 예방적 보정을 수행하는데 필요한 리드 타임보다 더 많은 시간이 사용되며, 반대로 고장 예측이 너무 늦게 이루어질 경우에는 상황을 평가하고, 이에 따라 조치할 수 있는 시간이 적어진다. 고장이 이미 발생한 후에 고장 예측 시점이 도달하면 더욱 심각한 상황이 발생한다. 이런 의미에서 양의 시간 방향_{조기예측}이 음의 시간 방향_{후기예측}보다 바람직하며, 예측의 최대 허용 가능한 나중 시간과 이른 시간에 경계를 설정해야 하지만, 예측의 타이밍은 정확한 결과를 제공하기에 충분한 대표적인 정보와 데이터 수집의 필요성과 균형을 이루어야 한다.

(2) 강건성

예측 방법의 성능은 소음, 불확실성 및 상황의 신규성이 존재하는 상황에서 급격하게 저하되지 않는 것이 바람직하며, 후자의 경우 새로운 오작동을 신속하게 인식하고 이를 처리하는 방법에 적응하는 것이 중요하다.

(3) 신뢰도 추정

상태 추정 및 예측은 프로세스에서 사용할 수 있는 불완전하고 부정확한 정보를 설명하는 관련 오류의 측정을 수반해야 한다. 이 측정은 RUL의 예측에 대한 신뢰도와 장비의 기능을 효과적이고 안정적으로 제어하기 위해 장비에 대한 조치에 대한 관련 결정을 예측하는데 기본적이다. RUL 예측과 관련된 불확실성을 해결할 수 있는 최적의 방법은 관련된 완전한 분포를 아는 것이다. 이는 일반적으로 RUL 예측을 위한 분석 모델을 사용할 수 있을 때 얻을 수 있으며, 이는 열화에 대한 이해를 향상시키기도 한다. 그러나 실제로는 항상 그런 것은 아니다.

(4) 적응성

예측 방법은 외부 환경의 변화, 구조적 변화, 입력의 변화, 개조 등으로 인한 장비의 기능과 마찬가지로 일반적으로 시간의 변화에 따른 프로세스 등 이러한 변화를 수용할 수 있어야 하며 서로 다른 작업 조건에서 동일하게 잘 수행되어야 한다.

(5) 해석의 명확성

일반적으로 PHM 방법은 운영자를 위한 보완적 보조를 수단으로 사용하는 것으로 간주된다. 이런 관점에서 제공된 예후 표시는 운영자가 상황과 의사결정에 대한 신뢰를 충분히 의식해 그에 따라 행동할 수 있도록 명확하게 해석할 수 있어야 한다. 분석 결과와 관련 불확실성을 나타내는 그래픽 도구는 부가가치를 제공할 수 있다.

(6) 모델링 및 계산 부담

시기적절한 예측과 명확한 해석을 위해 필요한 모델링의 양과 관련된 스토리지 및 계산 부담을 애플리케이션으로 적절하게 측정해야 한다.

(7) 다중 고장 처리

장비 상태를 추정하고 장비의 진화를 예측하는 것은 실제적인 관심사를 위해 솔루션을 제공해야 하는 추가적인 과제이다. 특정 과제는 다중 고장을 동시에 진단할 수 있는 가능성과 관련이 있다. 코드북 접근 방식은 가능한 수많은 결함 조합과 그 증상의 열거로 이어질 것이다. 또한 다중 고장 증상의 조합은 개별 메커니즘의 효과보다 훨씬 높을 수 있는 단일 고장 증상과 혼동될 수 있다.

03 PHM의 기본 개요

　　PHM은 장애 예후와 건전성 관리 두 가지 측면을 포함한다. 건전성은 예상되는 정상적인 성능 상태와 비교하여 성능의 저하 또는 편차를 의미한다. 장애 예후는 시스템의 현재 또는 과거 성능 상태를 기반으로 예측하고 시스템의 남은 수명 또는 작동 예상 시간을 결정하는 것을 포함하여 시스템의 기능을 진단한다. 건전성 관리는 진단, 예측 정보, 가용 자원 및 유지관리 요구사항을 기반으로 적절한 결정을 내릴 수 있는 기능이다. PHM은 기존의 센서 기반 진단에서 지능형 시스템 기반 예측으로 전환하여 적시에 정확한 기술 지원을 제공할 수 있도록 하는 유지보수 전략 및 개념의 변화를 나타낸다. PHM 기술은 또한 유지보수 시간 이후의 유지보수 또는 정기적인 유지보수 전략이 유지보수의 상황으로 대체되도록 한다. 이러한 변화는 실제 장비 보호에 다음과 같은 개선을 가져올 수 있다.

- 시스템 오류에 대한 사전 경보를 제공한다.
- 상태 기반 유지관리 기능을 제공한다.
- 유지보수 주기 연장을 통해 시스템의 가용성을 개선한다.
- 검사 비용 및 고장 시간을 줄임으로써 전체 수명 주기의 비용을 줄인다.
- 간헐적으로 고장이 발견되지 않는 경우(NFF) 발생을 줄인다.

04 PHM의 정의

예후 및 건전성 관리PHM 연구는 산업 제조업체가 제조 공정과 관련된 가동 중지 시간 및 유지관리 비용을 최소화할 수 있는 기회를 제공한다. 최근 몇 년 동안 빠르게 발전하여 결함 진단, 예측 유지 보수 및 유지 보수 일정을 위한 새로운 방법이 정기적으로 도입되고 있다. PHM 연구자들은 또한 PHM 연구의 개념과 방법을 구현하기 위해 PHM을 다양하게 정의하고 있으며 이를 바탕으로 PHM 솔루션을 개발하고 구현하기 위한 일반적인 방법론을 제안하기 시작했다. 일반적으로 학자들에 의해 정의되는 PHM은 [표4-2]와 같다. 정리하면 시스템 기능에서 PHM은 상태 모니터링, 고장 감지, 고장 예측, 주요 구성 요소 또는 시스템의 남은 수명 예측, 다중 프론티어Frontier 및 학제간Intercedical의 조합으로 정의될 수 있다. 기술의 진화에서 전통적인 장비 상태 모니터링 및 고장 진단의 개선으로, 초기 신호 실패 전 장비 고장 발견, 장비의 남은 유효 수명을 평가하면서 장비 증상의 발전을 추적하여 궁극적으로 장비의 유지에 대한 결정을 제공한다.

장비의 건전성 악화 과정은 장비의 건전성 상태가 정상에서 퇴행으로 기능이 실패할 때까지 변화하는 과정이며, [그림4-3]과 같은 장비의 건전성 악화 과정을 표현할 수 있다.

[표4-2] PHM의 정의

기관/학자	정의
DAU	PHM(예측 및 상태 관리)은 유지 관리 비용을 최소화하는 동시에 중요 시스템의 운영 가용성과 활용도를 극대화하는 고급 접근 방식
Douglas Goodman et al.	시스템 상태 모니터링 및 관리에 조건 기반 데이터(CBD)를 사용하여 시스템 신뢰성을 향상시키기 위한 실질적인 접근 방식
Frontiers	데이터에서 추출된 정보를 활용하여 산업 구성 요소의 상태를 평가하고 이에 따라 유지 관리 작업을 진행
Ieeexplore	오류를 감지 및 격리하고 중요한 구성 요소의 남은 유효 수명을 예측하기 위한 포괄적인 방법
RISE	시스템 동작과 기능을 유지하고 임무 성공, 안전 및 효율성을 보장하는 것을 목표로 하는 엔지니어링 분야
Sandia Lab	이상 현상을 감지하고, 이상 현상을 일으키는 문제를 진단하고, 고장 발생 시간의 확률 분포를 계산하기 위한 센서 하드웨어 및 알고리즘을 개발
U.conn의 REIL	엔지니어링 시스템에서 획득한 감각 신호를 활용하여 건강 상태를 모니터링하고 시스템 수명 동안 시스템의 남은 수명을 예측하는 데 중점을 두는 방식
이수학, 윤병동	센서를 이용하여 장비나 기계 시스템의 상태를 모니터링하고 고장의 징후를 포착하는 진단 기술(Diagnostics)과 잔여유효수명(RUL : Remaining Useful Life)의 예측(Prognostics) 및 효과적인 건전성관리 기술(Health Management)
한국 PHM 학회	기계, 설비, 항공, 발전소 등의 상태 정보를 수집하여 시스템의 이상상황을 감지하고 분석 및 예지진단을 통해 고장시점을 사전에 예측함으로써 설비관리를 최적화하는 기술

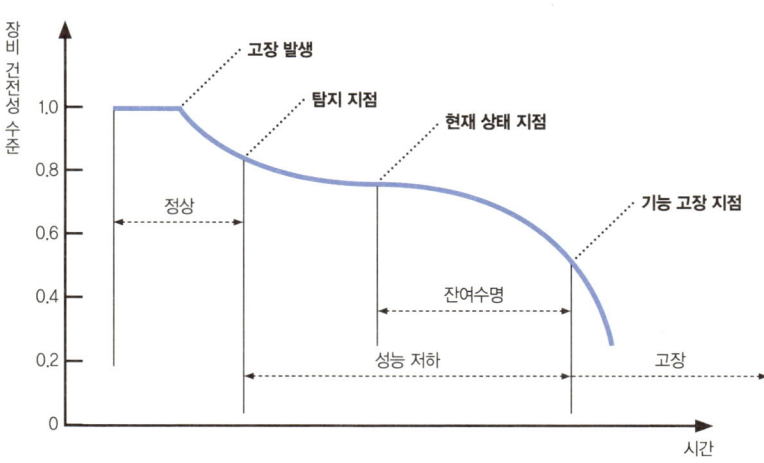

[그림4-3] 장비 상태 저하 프로세스

이러한 일반적인 장비 상태 저하 프로세스를 고려할 때, 고장 시스템은 조기 고장 감지 기능을 갖추고 그 성능 저하 프로세스를 모니터링 해야 한다. 고장 예측 연구는 다음과 같은 측면을 포함한다.

- 현재 디바이스가 상태 저하 프로세스에 있는 상황(정상 상태, 성능 저하 상태 또는 기능 장애 상태)을 평가한다.
- 장비의 성능이 저하된 상태일 때, 장비의 상태 수준이 저하되는 고장 모드를 판단하고 정상 상태에서 현재 상태의 상태를 평가한다.
- 장비의 미래 건전성 상태를 예측하는 두 가지 형태가 있다.
    ① 장비가 미래에 일정 기간 내에 정상적으로 기능 요구 사항을 완료할 수 있는지 연구
    ② 장비의 남은 수명 연구

05 유지보수 전략의 진화

[그림4-4]는 PHM 관점에서 유지보수 전략의 진화를 보여준다. 교정 유지보수_{고장이 이미 발생한 경우에만 작동} 및 예정된 예방 유지보수_{시스템의 상태에 관계없이 주기적으로 작동}와 같은 기존 계획은 효율성과 신뢰성이 중요시 되고 있는 산업 수요를 충족시키기에 부적절하다. 그 결과, 설비 상태 모니터링 및 지능형 유지보수는 스마트공장이 구축된 에너지, 제조,

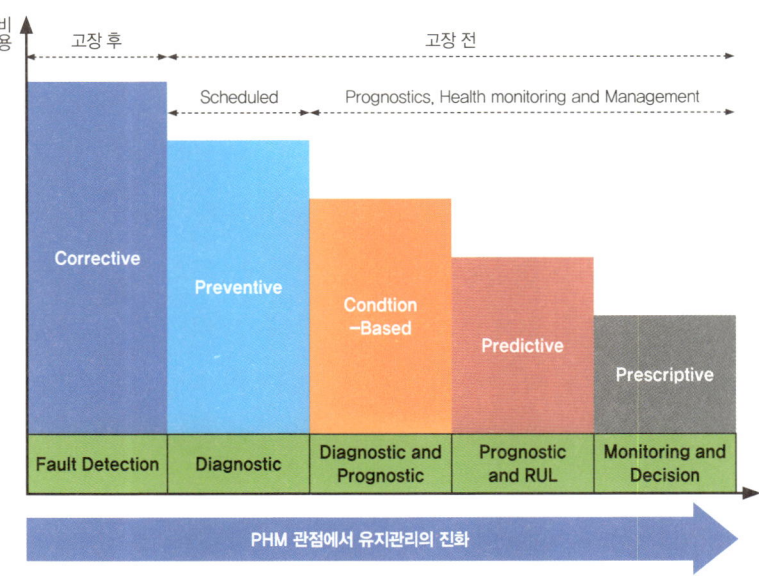

[그림4-4] 유지보수 전략의 진화

항공 우주 및 중공업을 포함한 많은 산업 부문에서 중요한 부분이 되고 있다.

상태기반, 예측, 처방적 유지관리를 포함하고 있는 예후 및 건전성관리PHM는 시스템 신뢰성과 안전성을 개선하고 비용이 많이 드는 예정되지 않거나 과도하게 예정된 유지보수를 줄이고 기능을 극대화하여 많은 산업 분야에 적용할 수 있는 유망한 기술이다.

PHM 관점에서 CBM과 PM의 차이점은 결함이 있는 시스템 상태가 감지될 때 서로 다른 반응을 보인다는데 있다. 이 경우 CBM 접근 방식은 탐지 시간 직후 시스템에 개입한다. 이 방법을 사용하면 장비의 다른 부품에 영향을 주지 않고 오랫동안 정상 작동을 계속할 수 있더라도 장비 구성 요소를 교체하거나 수리할 수 있다. 만약 결함이 감지된 후 즉시 개입하면 생산 효율성의 관점에서 불편한 단계에서 기계의 작업 사이클이 중단될 수도 있다.

반대로 PM은 미래에 유지관리가 수행되어야 하는 시점을 나타내기 위해 특정 시간 단계에서 구성 요소의 유효 수명을 예측한다. 이 접근 방식은 안전성과 효율성을 희생하지 않고 각 구성 요소를 완전히 활용할 수 있기 때문에 필연적으로 CBM에 비해 유지관리 비용이 낮아진다. 최근 제시되고 있는 PHM의 처방적 유지관리 기법은 최신 정보를 활용하여 기계학습과 딥러닝 등의 기술을 활용하여 미래 상태 예측과 함께 실시간 시스템 상태 평가하고 의사결정을 가능하게 한다.

PHM은 진단과 예후를 포함한 상태 기반의 유지관리부터 예후와 잔여 수명에 관심을 둔 PdM을 포함하여 최근에 제시되고 있는 처방적 유지관리 등을 포함한다. 비용적인 관점에서 살펴볼 때 제일 비용이 많이 드는 유지관리는 공장이 발생한 후 설비를 고치는 사후 유지관리 비용이며 그 다음이 고장 확률을 줄이기 위해 정규적으로 장비의 유지관리를 수행하는 예정기반의 유지관리, 그 다음 상태기반, 예측, 처방적 유지관리 순으로 비용이 든다.

06 PHM의 주요 단계

PHM의 주요 단계는 [그림4-5]와 같이 데이터 획득, 진단, 예후 및 건전성관리를 포함한다.

첫 번째 단계는 데이터 수집으로, 센서에서 측정 데이터를 수집

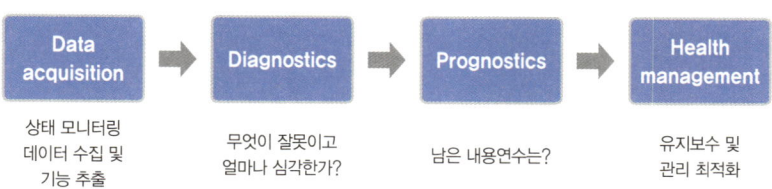

[그림4-5] PHM 주요 단계

하고 이를 처리하여 진단에 유용한 기능을 추출하는 것이다. 두 번째 단계는 진단으로 이상 징후에 대해 고장을 감지하여 어떤 구성요소가 고장인지 확인하고 고장 임계값과 관련하여 얼마나 심각한지 확인한다. 세 번째 단계는 현재 작동 상태에서 고장이 발생할 때까지 걸리는 시간을 예측하는 예후이다. 마지막 단계는 유지관리 일정 및 최적의 상태를 관리하는 건전성 관리이며, 그 중 예후Prognostics는 시스템의 실제 수명 주기 조건에서 시스템의 신뢰성을 평가할 수 있는 핵심 요소이다.

즉, 시스템 또는 구성요소가 더 이상 의도된 기능을 수행하지 않는 시간을 예측하여 사용자에게 시스템 수준의 위험을 완화하는 동시에 수명을 연장할 수 있는 기회를 제공한다. 이것을 플로우 차트로 표현하면 [그림4-6]과 같이 표현할 수 있다.

건전성 평가단계에서는 상태지표를 이용하여 장비의 상태가 얼마나 나쁜지를 정량적으로 판단하고, 예후 층에 의해 남은 내용 연수를 포함하여 향후 진행 상황을 추정하며, 의사결정층은 이전 계층의 데이터를 기반으로 적절한 교체 방안 및 유지관리 활동을 수행한다.

계층을 보여주는 개념적 CBM 시스템 기능 아키텍처는 ISO 13374-2, Condition Monitoring and Diagnostics of Machines에 나와 있다. 이 아키텍처는 순차적 또는 분산으로 간주될 수 있는 7개의 기능 수준으로 구성된다.

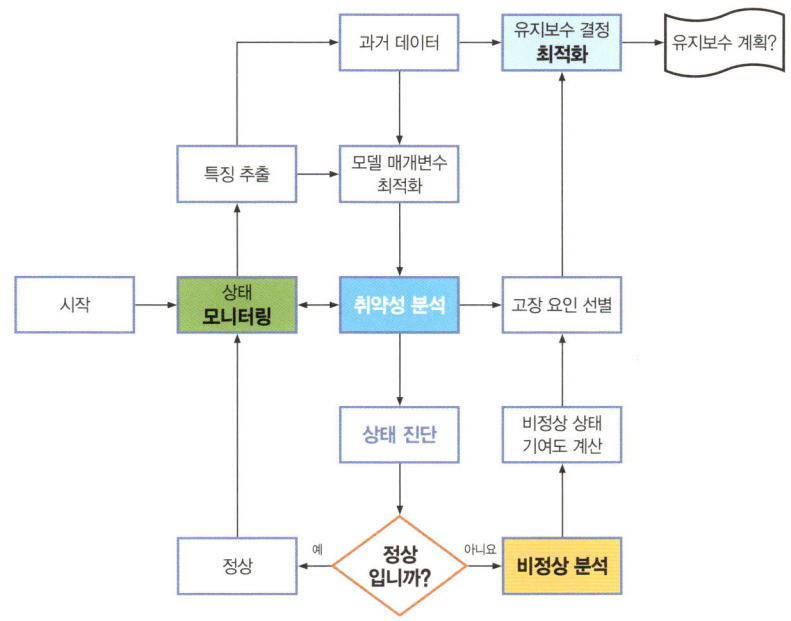

[그림4-6] 예후 시스템의 플로우차트

(1) 데이터 수집

데이터 수집은 크게 내부 정보 시스템 데이터 수집과 실시간 모니터링 데이터 수집으로 구분할 수 있다. 내부 정보시스템의 데이터 소스로는 제조실행시스템MES, 전사적자원관리ERP, 제조관리시스템MMS, 품질관리시스템QMS 등이 있다. 실시간 모니터링 데이터는 주로 모니터링 시스템과 각 센서 노드의 데이터에서 나온다. 엔터프라이즈 버스, 데이터 인터페이스 및 기타 보안 파일 전송 모드를 기반으로 관련 전략을 구성하고 전송 주기 및 빈도와 같은 매개변수를 정의하여 데이터 추출 및 데이터 전송을 자동으로 실현할 수 있다.

앞에서 언급한 산업 생산 프로세스와 다양한 관리 플랫폼에서 획득한 데이터는 다양한 소스, 다양한 구조, 복잡한 속성의 특성을 가지며 전처리 되어 특성 분석의 기초를 제공해야 한다. 현재 데이터 전처리 방법에는 [그림4-7]과 같이 주로 데이터 마킹, 규칙 캡슐화, 충돌 제거, 노이즈 제거 및 평활화 처리가 포함된다.

(2) 데이터 처리

센서로부터 발생한 신호를 처리하여 이상 징후의 존재, 성능 저하의 시작, 그리고 장기적으로 시간 경과에 따른 모니터링 시스템의 상태 변화를 나타내는 특징을 추출한다.

그러나 데이터 수집 및 전처리는 이제 다음과 같은 문제점에 직면해 있다. 첫 번째 과제는 통신 환경의 이질성이다. 생산 장비는 다양한 제조업체에서 제공되며 이러한 장비의 통신 인터페이스와 프로토콜이 다르기 때문에 연결을 쉽게 달성할 수 없다. 두 번째는 실시간 모니터링에서 고대역폭, 고주파수, 대용량 데이터가 점점 보편화되고 있어 빅데이터 처리 방법이 필요하다는 점이다. 마지막으로, 단일 센서 데이터나 관리 플랫폼의 데이터 처리는 분석 요구 사항을 거의 충족하지 못하므로 다중 소스 이기종 데이터 융합을 고려해야 한다. 이 모듈은 센서링, 획득, 백업, 보안으로부터 획득한 디지털 데이터를 시스템에 제공한다. 오퍼레이터운영자 또는 유지보수자는 기본 데이터개입 유형, 원인, 날짜, 기간 등를 입력할 수도 있다.

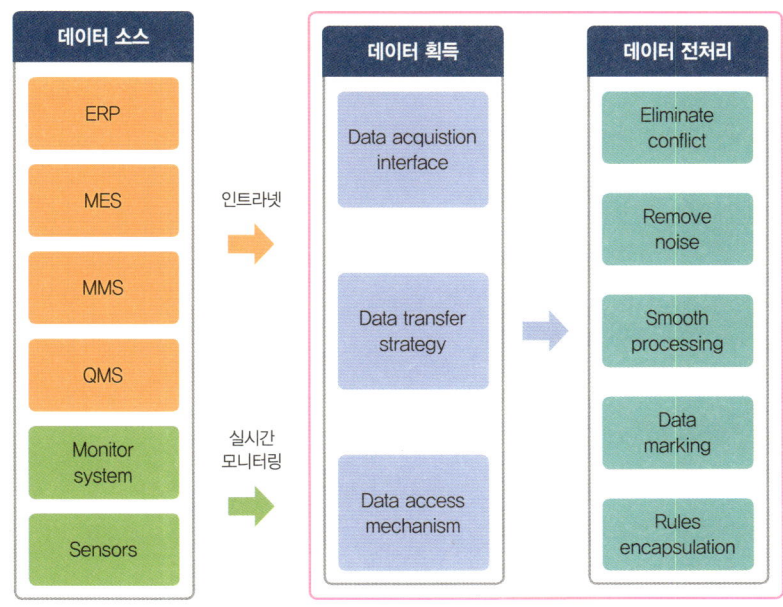

[그림4-7] CBM 시스템 기능 아키텍처

(3) 상태 평가(탐지)

상태 평가는 실시간 데이터_{추출된 특징}를 일부 예상 또는 알려진 값과 비교한다. 성능, 보안 등의 기준에 따라 미리 지정된 임계값에 따라 경고를 생성할 수 있어야 한다.

상태 감지는 CM 데이터로부터 초기 고장 또는 이상 현상을 감지하고 인식하는 프로세스이다. 고장 감지는 일반적으로 명목 조건에서 시스템의 실제 동작과 예상 동작 사이의 불일치를 정량화하는 것을 기반으로 한다. [그림4-8]은 CM 데이터에 기초한 구성요소의 고장의 전개 과정을 보여준다. 그림에서 구성 요소 CM 지표는 구성 요소가 시간이 늘어남에 따라 고장 발생 가능성이 증가하는 것을 보여주며, 구성 요소의 상태 변화는 구성 요소가 건강한 상태인 1단계$_{T0 < T1}$, 구성 요소가 결함 있는 2단계$_{T1 < T2}$, 구성 요소가 완전히 결함 있는 3단계$_{T2 이상}$의 3단계로 나눌 수 있다. 임계값$_{T1 및 T2}$을 사전 정의하는 것은 매우 어려운 일이며, 이는 실무자의 전문적이고 깊은 경험이 필요하다. 과거 CM 데이터를 사용하여 동일한 유형의 구성 요소를 비교하고 새로운 임계값을 설정할 수도 있다. 고장 시간 추정은 유지관리 활동이 계획된 감지 프로세스 후 2단계에서 수행된다. 따라서 구성 요소 고장을 조기에 감지하는 것이 중요하다.

상태 평가는 크게 특징 추출, 특징 선택, 특징 변환 3가지 단계로 나누어진다.

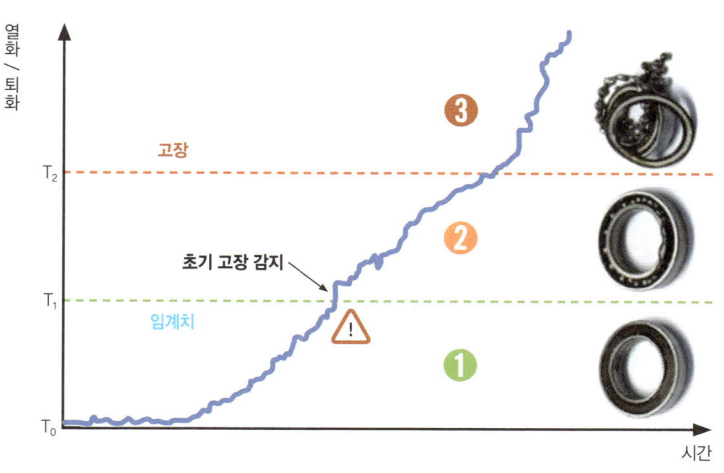

[그림4-8] 부품 고장 전개에 따른 상태 평가

❶ 특징 추출

특징 추출에는 물리 기반 방법과 데이터 기반 방법이 주로 활용된다. 물리학 기반 접근 방식에는 신호 처리 기술과 같은 도메인 지식과 전문 지식이 포함된다. 다양한 신호 유형에 따라 시간 영역, 주파수 영역, 시간–주파수 영역, 푸리에 변환, 형태학적 신호 처리, 스펙트럼 분석 및 기타 방법이 주로 사용된다. 데이터 기반 방법은 주로 기계학습이나 통계 방법을 채택한다. 머신러닝 분야의 새로운 방법인 딥러닝은 강력한 자동 특징 추출 능력으로 인해 이미지 및 음성 인식 분야에서 눈부신 성과를 거두었다. 딥러닝의 대표적인 알고리즘 중 하나인 DBN(Deep Belief Network)은 뛰어난 특징 추출 및 학습 알고리즘을 통해 정보 검색, 차원 축소, 결함 분류 등의 문제를 성공적으로 해결했다. 점점 더 많은 국내외 학자들이 이 분야에 주목하고 많은 성과를 거두고 있다. 그러나 이러한 방법에도 분명한 단점이 있다. 결함 특징을 추출하고 수집된 결함 신호의 상태를 식별하기 위해 DBN 알고리즘을 사용할 때 대부분의 신호는 주파수 영역 신호이기에 신호가 주기적이지 않으면 이 방법은 실패하고 일반적이지 않다.

❷ 특징 선택

특징 선택의 핵심은 중요한 특징 정보를 선택하고, 중복되고 둔감한 정보를 걸러내고, 차원을 줄이고, 정보 엔트로피가 변하지 않도록 하는 방법이다. 현재 일반적으로 사용되는 선택 방법은 단일 기준과 여러 기준을 기반으로 한다. 단일 기준에는 주로 피셔 식별, 정보 이득, 커널 밀도 추정, 클래스 간 거리 및 매니폴드 학습이 포함된다.

❸ 특징 변환

특징 변환 측면에서 선형 상관관계가 높은 데이터를 분석하고 특징 파라미터 공간을 저차원 주요소 공간과 잔차 공간으로 분해하는데 주로 사용되는 주성분 분석(PCA) 알고리즘을 먼저 생각해 볼 수 있다. 그러나 PCA 알고리즘은 데이터 샘플 공간이 정규 분포를 따른다고 가정해야 하며, 이는 실제 적용과 일치하지 않을 수 있다. 따라서 숨겨진 노이즈를 격리하고 차원 축소를 실현하기 위해 비정규 분포를 가진 다변수 시스템의 데이터를 독립적인 부분으로 변환하는 독립 성분 분석(ICA) 방법을 활용할 수 있다.

(4) 진단

이 모듈은 탐지된 상태를 기반으로 모니터링되는 시스템 또는 구성 요소의 성능 저하 여부를 판단하며, 고장의 가능한 원인식별 및 위치 파악을 제시한다. 진단 모듈의 경우 시스템의 구성 요소, 상호 작용, 작동 및 환경 조건에 대한 철저한 지식이 필요하다.

즉 진단은 장비 건전성 관리의 기초로써 주로 일정 기간 동안의 고장 비율과 고장 분포의 통계를 계산하여 장비 시스템의 건전성 상태를 평가한다.

일반적으로 기계 제조 시스템은 6개의 주요 독립 부품으로 구성되며, 이 부품의 서로 다른 조합으로 서로 다른 생산 라인을 형성하여 서로 다른 제품을 생산한다. 이 6개의 부품이 가장 일반적인 고장 발생 원인임이 많은 연구를 통해 밝혀졌다. 기업에서 채택하고 있는 고장 발생 확률, 일반적인 고장 유형 및 유지 보수 솔루션은

[표4-3]과 같다. 기존 기술 조건에서 대기업은 PHM 시스템을 배치할 가능성이 높으며, 소규모 기업은 여전히 대부분 전통적인 고장 유지 보수 방법을 채택하고 있음을 어렵지 않게 찾을 수 있다.

고장 진단 방법에는 물리 기반 방법, 데이터 기반 방법, 하이브리드 방법 등이 있으며, 물리 기반 방법은 지식 기반 방법과 모델 기반 방법으로 나눌 수 있다.

[표4-3] 공통 고장 모듈, 고장 유형 및 유지관리 전략

고장 모듈 및 비율	고장 유형 및 비율	유지보수 기술 및 비율
가공 6%	균열 11%	경험 및 기록 52%
전력 12%	정지 8%	품질 관리 시스템 20%
제어 13%	단선 및 변형 11%	PHM 시스템 4%
유압 16%	열 35%	제조 관리 시스템 8%
구동 장치 22%	진동 23%	제조 실행 시스템 4%
변속기 31%	누출 및 배출 12%	전사적 자원 관리 12%

❶ 모델 기반 방법

모델 기반 방법은 고장 메커니즘을 연구하고 고장 원인을 식별하고 밝히기 위해 이론적으로 비교적 많이 연구된 상태이다. 모델 기반 진단 방법은 체계적인 수학적 또는 물리적 모델을 기반으로 한다. 모델을 구축하려면 많은 양의 수학적 및 기계적 지식이 필요하며, 또한 모델링 과정에서의 오류와 알려지지 않은 간섭을 피하기 어렵다.

❷ 지식 기반 방법

지식 기반 고장 진단 방법은 도메인 전문가 경험과 고장 정보에 의존하는 지식 기반을 구축하고 고장 진단을 실현하기 위해 알고리즘과 전문가 추론 및 매칭 과정을 시뮬레이션한다. 전력, 철도 운송 및 항공에 널리 사용된다.

지식 기반 방법의 진단 결과는 지식 에지 기반에 대한 전문가 경험의 정도와 수준에 영향을 받는다. 실제로 추론 모델의 신뢰도, 임계값, 가중치와 같은 모든 종류의 의사 결정 매개 변수는 인공 경험에 의해 주어지며, 이는 적응 및 자가 학습 능력을 저하시킨다. 분명히 지식 획득 및 매칭 속도에는 여전히 문제가 있다.

❸ 데이터 기반 방법

데이터 기반 방법은 수치 계산을 통해 숨겨진 특징 공간과 장애 공간 간의 매핑 관계를 찾고 시스템의 정상 모드와 장애 모드를 식별하여 장애 진단을 구현한다. 기계 학습 알고리즘과 통계 방법은 일반적으로 채택된다. 기계 학습 방법에는 인공 신경망(ANN), 베이지안 네트워크(BN), 지원 벡터 머신(SVM) 및 숨겨진 마르코프 모델(HMM)이 포함된다.

데이터 기반 방법을 기반으로 한 장애 진단 기술은 다양한 연구 결과를 달성했다. 그러나 한편으로 복잡한 산업 생산 프로세스에서 산업 장비에서 생산되는 데이터는 다양한 소스와 유형에서 비롯되며 장애 특징 정보를 추출하기 위해 복잡한 수학 연산과 많은 수의 신호 처리 기술이 필요하며, 이는 비효율적이고 비용이 많이 든다. 반면에 훈련 프로세스는 데이터 샘플에 크게 의존하기 때문에 초기 단계 장애, 약한 장애, 알려지지 않은 장애, 복잡한 장애 및 간헐적 장애를 처리하기 위한 분류기의 처리 능력이 제한된다. 또한 기존의 다중 소스 데이터 융합 방법은 주로 다중 센서 데이터를 목표로 한다.

따라서 현재 연구에서는 특징 정보를 효율적으로 추출하고 차원 축소, 신속한 검색 및 다중 소스 이종 빅데이터의 융합을 실현하는 방법이 주요 관심사 중 하나이다.

(5) 예후 예측

이 모듈은 모니터링되는 시스템 또는 구성 요소의 미래 상태를 예측하고 장애 발생 시간$_{RUL}$을 추정하기 위해 이전 모듈에서 발행한 데이터에 의존한다. 이런 예측을 통해 시스템의 현재 상태를 알고 향후 활용 조건을 추정해야 한다.

고장 예후는 장비 건강관리 기술의 중요한 부분이다. 미래의 어느 시점에서 고장이나 결함이 발생할 확률을 포함하여 장비의 현재 또는 효과적인 과거 성능 상태를 기반으로 장비 구성 요소 또는 시스템의 미래 건강 상태에 대해 예측 진단하는 것을 말한다. 본질적으로 고장 예후는 고장 진단의 확장이다. 일반적으로 고장 예후 방법은 모델 기반 방법과 데이터 기반 방법의 두 가지로 나눌 수 있다.

❶ 모델 기반 방법

모델 기반 고장 예후를 위해 시스템의 정확한 수학적 모델에 따라 시스템의 미래 실행 상태가 시뮬레이션되며, 여기에는 주로 칼만 필터링, 입자 필터링 및 기타 방법이 포함된다. 이러한 방법의 전제는 구성 요소 또는 시스템의 고장 모드를 알고 시스템의 주요 구성 요소에 손실 또는 손상을 유발하는 고장 메커니즘과 고장의 누적 효과와 관련된 물리적 및 확률적 프로세스의 모델을 구축하는 것이다.

또한 운영 과정에서 나타나는 고장 특성은 모델 매개변수와 밀접한 관련이 있다. 따라서 예측 정밀도는 모델의 정확도에 크게 영향을 받는다. 현재 모델 기반 방법은 회전식 기계 암과 같은 전기 기계 시스템의 고장 예측에 주로 사용되지만 철도 교통 및 전력 시스템과 같은 복잡한 산업 장비 시스템의 경우 고장 모드와 메커니즘의 복잡성으로 인해 고장 예측에 대한 연구가 상대적으로 부족하고 수학적 모델을 설정하는 것이 어렵거나 거의 불가능하다.

❷ 데이터 기반 방법

데이터 기반 예후는 센서에서 수집한 데이터를 기반으로 하며 장애 예후 및 잔여 수명 판단을 달성하기 위해 데이터 세트의 내재된 시간과 장애 추세 간의 기능적 관계에 적합하며, 예후 방법에는 주로 기계 학습 및 통계 분석이 포함된다. 기계 학습의 대표적인 방법에는 인공 신경망(ANN) 및 기타 관련 인공 지능 방법이 포함된다. 인공 지능 방법이 발전함에 따라 숨겨진 마르코프 모델, 지원 벡터 머신, 결정 트리, 데이터 마이닝 및 기타 방법도 장애 예후에 적용된다. 데이터 기반 장애 예후 기술은 비교적 실용적이다. 그러나 한편으로는 산업 장비의 장애 주입 데이터 및 시뮬레이션 실험 데이터와 같은 일반적인 데이터의 획득 비용이 상대적으로 높다. 반면 이러한 데이터를 처리하는 기존 방법은 한계가 있어 장애 예후 기술을 구현하기가 더 어렵다.

통계 분석 방법의 경우 고장 확률 밀도 함수(PDF)가 과거 고장 데이터에 의해 계산되고 최근에 얻은 샘플 데이터와 결합된 다음 알고리즘에 의해 특정 신뢰도로 예측 결과가 계산된다. '욕조 곡선'은 시스템 수명 주기 동안 고장 규칙과

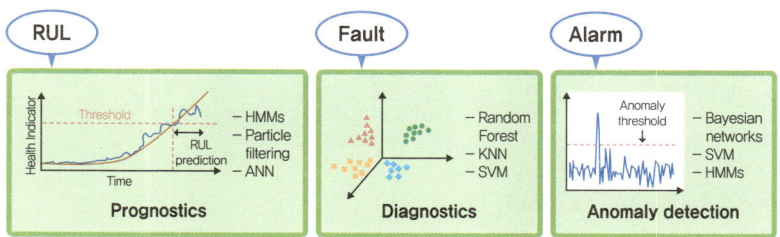

[그림4-9] (4)와 (5)단계의 설명

고장률을 잘 설명할 수 있는 것으로 나타났다. NASA는 또한 복잡한 장비 고장을 5가지 일정한 확률로 분류한다. 또한 많은 수의 실험에서 시스템 고장이 시간에 따른 Weibull 분포의 영향을 받는 것으로 나타났다. 따라서 Weibull 모델은 구성 요소 또는 장비의 고장 사전 예측에 널리 사용된다. 일반적인 예측 알고리즘에는 베이지안 네트워크, 퍼지 로직 및 예측 알고리즘의 일부 조합이 포함된다. 그러나 위의 방법은 장비 프로세스 특성, 생산 라인 변경 및 수명 주기 내 효율 저하와 같은 요인의 영향을 받는다. 몇 가지 다른 문제도 있다. 고장 예측 프로세스가 복잡하고 예측 결과의 신뢰성이 낮으며 고장 허위 경보 비율이 높다. (4)와 (5)를 그림으로 표현하면 [그림4-9]와 같이 나타낼 수 있다.

(6) 의사결정

분석 시스템의 주요 기능은 시스템이 임무를 완수할 때까지 기능할 수 있도록 제어/유지관리 조치를 권고하는 것이다. 이 단계는 특히 RUL 추정치를 기반으로 한다.

RUL 예측의 목적은 고장 메커니즘, 열화 데이터, 에너지 효율 모

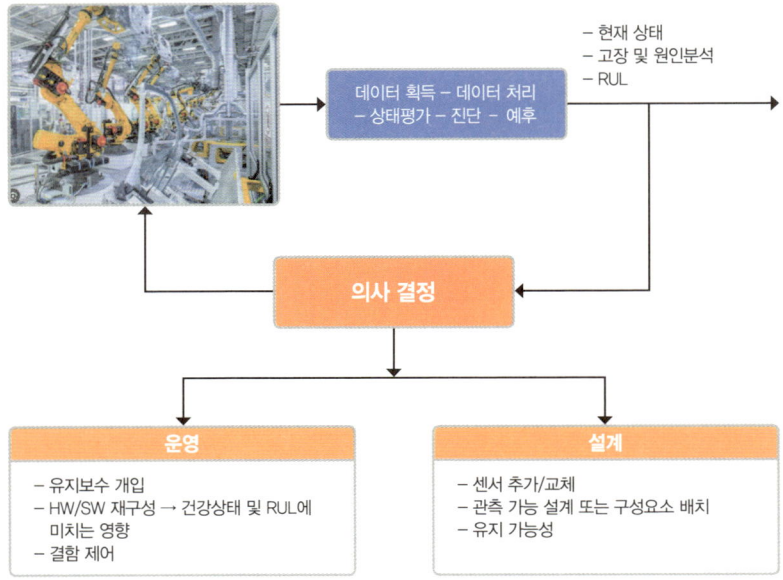

그림 내부 텍스트:
- 현재 상태
- 고장 및 원인분석
- RUL

데이터 획득 – 데이터 처리
– 상태평가 – 진단 – 예후

의사 결정

운영
- 유지보수 개입
- HW/SW 재구성 → 건강상태 및 RUL에
  미치는 영향
- 결함 제어

설계
- 센서 추가/교체
- 관측 가능 설계 또는 구성요소 배치
- 유지 가능성

[그림4-10] RUL 기반 의사결정 과정

니터링, 상태 평가 등의 유효 정보에 따른 장비의 수명 확률 분포를
결정하는 것이다. RUL 예측의 기본 원리와 기술에 따라 장비 잔여
수명 예측 방법은 일반적으로 물리적 모델 기반 방법, 통계적 모델
기반 방법 및 기계 학습 방법으로 구분된다.

❶ 물리 모델 기반 방법

물리적 모델에 기반한 방법은 물리적, 화학적 변화로 인한 장비의 생명 진화
과정과 규칙을 연구하고 잔여 수명을 추론하기 위해 응력 및 손상 역학 분석
을 채택한다. 장비의 일반적인 물리적, 화학적 영향에는 마모, 부식, 변형 및

파괴가 포함된다. 따라서 누적 피로 손상 및 파괴 역학에 기반한 방법에는 고장 분석 및 RUL 예측이 널리 사용된다. 그러나 회전 기계와 같은 일부 복잡한 기계 시스템의 경우 손상 및 파괴 발생은 전자 자기, 열, 동적 및 기타 물리적 분야의 포괄적인 작용의 산물이며 내부 변화 메커니즘과 진화 법칙은 여전히 이해하기 쉽지 않으므로 물리적 모델을 구축하기가 어려워 이러한 방법의 적용에 큰 제한이 있다.

❷ 통계적 모델 기반 방법

통계 모델 기반 방법은 유효 고장 데이터와 성능 저하 데이터를 확률 프레임 워크 하에서 무작위 계수 모델 또는 무작위 공정 모델에 적합시켜 장비의 잔여 수명의 조건부 확률 분포를 추정한다. 모니터링 기술의 발달로 시스템 성능이나 상태를 반영하는 열화 데이터, 예를 들어 마모 및 균열 데이터 등을 쉽게 얻을 수 있다. 열화 데이터를 기반으로 한 잔여 수명 예측 방법은 광범위한 관심과 연구를 받았다. 이러한 방법에는 마르코프 프로세스 기반 방법, 감마 프로세스 기반 방법, 역 가우시안 프로세스 기반 방법 및 Wiener 프로세스 기반 방법이 있다. 단조성, 비선형성, 불확실성 및 다양한 고장 모드가 열화 프로세스에 미치는 영향이 고려되지만 장비 상태가 열화 프로세스에 미치는 영향은 고려되지 않았다.

❸ 기계 학습 방법

기계 학습 기반 방법은 인공 지능 기술을 사용하여 모니터링 데이터에서 장비의 성능 저하 모드를 학습한다. 이 방법은 RUL 예측 분야에서 점점 더 많은 관심을 받고 있다. 기계 학습 모델 구조의 수준과 규모에 따라 기계 학습 방법과 딥 러닝 방법으로 구분된다. 얕은 기계 학습 방법에는 주로 인공 신경망(ANN), 지원 벡터 머신(SVM), 신경망 퍼지 시스템(NFS)이 있다.

딥 러닝은 신경망을 기반으로 개발된 새로운 기술이다. 다양한 네트워크 구조에 따라 주로 순환 신경망(RNN), 컨볼루션 신경망(CNN), 심층 신념 네트워크(DBN) 및 심층 신경망(DNNS)이 RUL 예측에 사용된다. 머신러닝을 기반으로 한 방법은 큰 발전을 이루었지만 모델의 예측 성능은 모델 구조와 기능의 설계에 크게 좌우된다. 가치 있는 특징을 얻기 위해서는 특징 추출과 선택에 많은 시간이 소요될 것이고 완전한 사전 지식이 필요하다. 모델의 기능은 일반적으로 특정 상황에 따라 설계되는데 보편성이 부족하다.

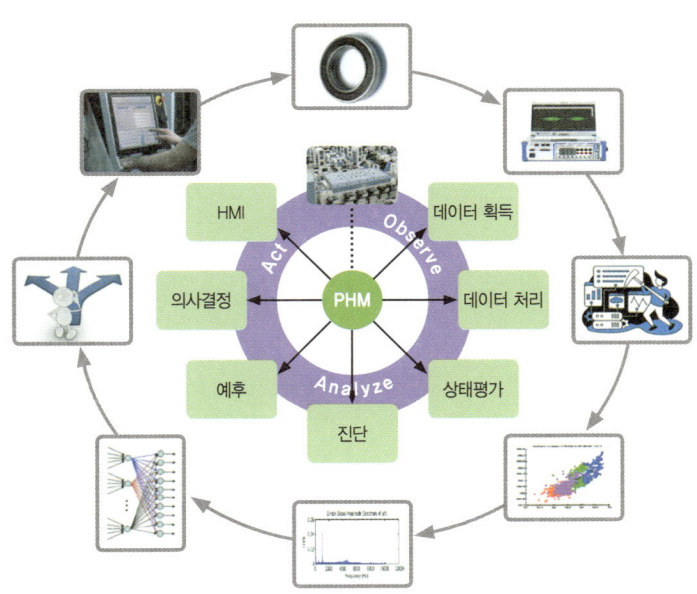

[그림4-11] OSA-CBM 아키텍처 상의 PHM 사이클

(7) HMI

이 모듈은 온라인 또는 추가 사용을 위해 이전의 모든 모듈로부터 정보를 받는다. 이것은 HMI_{인간 기계 인터페이스}의 형태로 구축될 수 있다. 인간-기계 인터페이스는 구성 요소 상태를 시각화하고 작업을 실행하며 데이터를 분석하고 유지 관리 작업을 제어하는데 사용되는 GUI_{Graphic User Interface}이다. [그림4-11]과 비교하여 처음 두 계층은 데이터 수집에 속하며, 다음 두 계층은 진단, 나머지 계층들은 각각 예후 및 건전성 관리에 포함될 수 있다.

07 PHM의 이점

PHM의 이점을 보는 방법은 여러 가지가 있다. 가장 큰 이점은 설명한 바와 같이 총 수명 주기 비용을 줄이는 것일 수 있지만 그 외 다양한 장점이 존재한다. 이점을 요약하면 다음과 같다.

(1) 향상된 운영 신뢰성

원래의 의미에서 적절한 설계와 효과적인 생산 공정 제어를 통해 시스템의 고유한 신뢰성을 만들 수 있다. 그러나 실제 작동 조건에서 환경 부하 및 작동 부하는 때때로 시스템의 작동 조건과 상당히 다를 수 있으며, 시스템의 작동 신뢰도에 영향을 미칠 수 있다. 이러한 경우, 예측된 사용 조건 하에서 의도된 신뢰도와 수명으로 설계된 시스템은 심각한 사용에 노출될 수 있다. PHM의 모니터링 기능을 통해 다양한 사용 조건에서 적절한 조치를 취할 수 있으므로, 서비스 수명을 연장하는 동시에 의도된 안정성을 유지하고 미션 성공을 달성할 수 있다.

(2) 운영비용 절감

복잡한 시스템의 유지 관리 비용이 특히 시스템의 여러 대에 대해 매우 클 수 있기 때문에 PHM을 통해 비용을 상당히 절감할 수 있다. 보다 구체적으로, PHM은 두 가지 방법으로 비용을 절감한다. 첫 번째 방법은 CBM 관행을 통한 것이고, 두 번째 방법은 보다 자동화된 유지 관리 및 물류 지원 시스템을 통한 것이다.

CBM을 이해하기 위해 기계에 오일을 교환하는 간단한 예를 가정해 보면 CBM은 예방 정비의 한 예로 특정 기간마다 오일을 교환하는 것이 전통적 방식이라 할 때 센서 수치를 통해 오일의 상태를 지속적으로 모니터링 함으로서 필요할 때만 오일을 교체할 수 있다.

두 번째 방법은 자동화된 유지보수 및 물류 시스템을 통해 보다 적시에 유지보수 환경을 구축할 수 있다. 예비 부품을 주문할 수 있으며, 심각한 고장이 발생한 후가 아니라 필요할 때 유지보수를 사전에 계획할 수 있다.

이를 통해 스마트공장 유지보수와 같은 점점 더 복잡해지는 지원 시스템에 대한 비용 절감 효과를 실현할 수 있다.

(3) 최적의 시스템 설계

신제품을 개발할 때 가속 수명 검사를 포함한 많은 테스트가 필요하다. 이 테스트는 시간이 많이 걸리고 비용이 많이 들지만 실제 조건을 제대로 나타내지 못한다. PHM은 시스템 수명 주기 동안 실제 조건에서 얻은 데이터를 제공할 수 있다. 이 정보는 훨씬 비용이 적게 드는 새로운 설계를 개선하고 최적화하는데 사용될 수 있다. 또한, 새로운 시스템에 PHM 기능이 포함된 경우, 결함은 PHM에 의해 모니터링되고 고장에 대한 보험이 적용되기 때문에 안전성과 신뢰성 측면에서 보수적일 필요가 없다.

(4) 시스템 안전성 향상

예측 기능은 시스템의 치명적인 고장으로 발전하기 전에 초기 고장을 예측할 수 있는 기능을 제공한다. 이러한 기능을 통해 시스템 상태를 보다 정확하게 관리할 수 있다. 고장이 발생하기 전에 예측 경고를 위해 필요한 시간은 몇 초에서 몇 년까지 다를 수 있다. 예를 들어 미국 우주왕복선에서 승무원들은 이륙 후 생존을 위해 탈출할 수 있는 시간이 4초인 반면, 항공기에서 예측 경고는 장치 교체를 위한 리드 타임을 보장하고 부식 유지보수를 위해 몇 개월을 보장받을 수 있다.

(5) 향상된 신뢰성 예측

신뢰성 예측은 안전에 중요한 시스템 설계에 중요하다. 전통적인 방법은 MIL−HDBK−217과 같은 핸드북의 데이터베이스를 기반으로 하지만 잘못된 수명 예측을 제공하여 오해를 불러일으키는 경우가 많다. 반대로 PHM에서 수집한 데이터는 시스템의 실제 수명 주기 조건을 반영하므로 손상 및 RUL 평가를 보다 정확하게 수행할 수 있으므로 신뢰성을 보다 정확하게 예측할 수 있다. 보다 비용 효율적인 방법으로 보다 나은 신뢰성 계획을 수립할 수 있다.

(6) 공정 품질 관리 개선

실제로는 절삭 공구의 성능과 같이 가공 장비의 파라미터가 공칭값 또는 최적값에서 벗어날 때마다 품질이 점차 저하된다. 제조 장비 상태예 : 진동, 강도, 전원 및 작동 모드와 마모 또는 결함 상태에 대한 모니터링 및 예후는 기존의 품질 관리보다 장비 자체에 더 많은 정보를 제공하여 품질 관리 프로세스 및 품질 보증을 촉진할 수 있다.

(7) OEM에 의한 통합 유지보수 개발

높은 수준의 시스템 예측에 사용되는 대부분의 정보는 하위 시스템 및 어셈블리에서 제공된다. 따라서 시스템 설계자는 공급업체와 협력하여 모니터링할 변수를 정의하고 효율적인 CBM을 위한 알고리즘을 개발해야 한다. 그런 다음 공급업체는 시스템 제조업체를 위한 구성 요소 또는 하위 시스템 수준 예측 솔루션을 제공한다.

PHM 정보를 공유하고 통합함으로써 시스템 제조업체는 실제로 CBM을 수행할 수 있다.

(8) 물류 지원 시스템 개선

일반적으로 새로운 시스템이 개발될 때 물류 지원 시스템이 함께 설계되어 라이프 사이클 비용에 큰 영향을 미치며, 이 시스템을 구축하는 데 예후가 도움이 될 수 있다.

예를 들어, 전자 시스템에서 전자 장치의 고장은 예상할 수 없고, 발생한 상태에서만 처리할 수 있다는 믿음이 있었기 때문에, 대규모의 예비 부품 창고와 그 관리로 인해 비용이 증가하는 또 다른 큰 원인이 되고 있다. PHM을 사용하면 고장 시간과 전자 장치의 수를 미리 예측할 수 있어 상당한 성능을 발휘할 수 있다.

(9) 상태 기반 유지보수

PHM의 주요 이점은 CBM을 사용할 수 있다는 것이다. 이를 통해 예정되지 않은 유지보수를 최소화하고 중복 검사를 제거하며 예정된 유지보수를 줄이고 유지보수 간격을 연장하며 무엇보다 전체 유지보수 비용을 절감할 수 있다는 것이다. 또한, 고장이 예상되는 부품을 사전에 파악할 수 있어 정비 준비에 도움이 된다.

(10) 유지보수로 인한 결함 감소

정비사가 구성 요소를 수리하거나 교체하기 위해 시스템 작업을 수행할 때 실수로 다른 구성 요소에 손상을 줄 수 있는데, 이를 유지보수로 인한 결함이라고 한다. 이러한 문제가 발견되지 않을 경우에도 예상치 못한 시스템 다운타임이 발생하거나 심각한 장애가 발생할 수 있다. 따라서 PHM을 적용하면 시스템 유지보수 작업의 필요성이 감소하여 인간 관련 문제의 발생이 감소한다.

(11) 개선된 의사결정 지원

PHM이 다수의 시스템에 사용되는 경우, 개별 시스템에 대한 이점을 곱하는 것보다 훨씬 더 많은 이점이 있다. PHM은 스마트공장의 모든 구성 요소의 운영에 대한 훨씬 더 자세한 정보를 제공할 것이기 때문에, 이제 다양한 상황에서 구체적인 의사결정을 내릴 수 있다. 유지관리 인력을 배치할 때나, 얼마나 많은 예비 부품을 주문해야 하는지, 그리고 어떤 최적화 기술을 적용해야 하는지 등 여러 가지 이점을 실현할 수 있는 많은 기회를 제공할 수 있다.

(12) 최적화된 물류 공급망

예측 물류를 가능하게 하여 공급망 내 활동의 계획, 스케줄링 및 제어를 개선할 수 있다.

주요 이점은 작동자가 부품의 RUL에 대한 정보를 사용하여 예비 부품이 고장날 때만 구입할 수 있다는 점이다. 예측 정보를 적용하면 이전보다 여유 부품이 적게 사용되고 "적시에" 납품되므로 재고 수준이 감소하여 공급망이 크게 간소화된다.

08 PHM의 문제점

PHM에는 위에서 언급했듯이 매우 많은 이점이 있지만, 다음과 같이 향후 개선해야 할 많은 과제가 있다.

(1) 최적의 센서 선택 및 실시간 구현

데이터 수집은 예후의 첫 번째 단계이며 필수적인 부분이다. 종종 시스템의 환경, 작동 및 성능 매개 변수를 측정하기 위해 센서 시스템을 사용해야 한다. 부적절한 센서 선택과 위치에 의한 부정확한 측정은 예후 성능을 저하시킬 수 있다.

센서는 중대한 고장 메커니즘에 연결된 파라미터의 변화를 정확하게 측정할 수 있어야 한다. 센서 신뢰성 및 고장 가능성도 고려해야 한다. 다수의 센서를 사용하여 동일한 시스템즉, 중복성을 모니터링하고, 센서 시스템의 무결성에 액세스하여 필요에 따라 이를 조정 또는 수정하기 위한 센서 검증을 구현하는 등 센서의 신뢰성을 향상시키기 위한 노력이 필요하다. 또한 다른 데이터 소스에 대한 융합 및 계산 방법이 거의 없어 보다 나은 고장 진단의 계산 효율성과 정확성을 찾기 위해 훨씬 더 많은 연구가 필요하다.

(2) 특징 추출

의미 있는 PHM을 위해서는 피해와 직접적인 관련이 있는 자료를 수집하는 것이 중요하지만, 피해 자료를 직접 수집하는 것이 어렵거나 불가능한 경우가 많다. 예를 들어 베어링이 계속 회전하기 때문에 베어링 레이스의 균열을 측정하는 것은 사실상 불가능한데, 이 경우 손상과 관련된 시스템 응답을 측정하여 간접적으로 손상 정도를 추정하기 위해 베어링 근처에 균열에 의한 진동 정도를 모니터링하는 가속도계를 설치하는 것과 같이 진동 신호에서 손상 특성을 추출하는 것이 중요하다.

시스템 진동은 노이즈를 포함한 시스템의 전체 응답을 포함하기 때문에 손상과 관련된 신호를 추출하기가 어렵다. 특히 복잡한 시스템의 경우 손상은 시스템의 극히 일부에 불과하다. 손상과 관련된 신호는 시스템의 응답과 관련된 신호에 비해 매우 작은 경향이 있으므로, 상대적으로 큰 노이즈로부터 손상과 관련된 작은 신호를 추출하는 것은 어려운 문제가 있다.

(3) 예측 접근법의 조건

일반적으로 예측 방법은 모델 기반 접근법과 데이터 기반 접근법으로 분류할 수 있다. 모델 기반 접근법은 시스템의 수명을 평가하기 위해 고장 메커니즘 모델 또는 일부 다른 현상학적으로 기술된 시스템 모델에 대한 지식을 활용한다. 장점은 적은 수의 데이터로 RUL을 정확하게 예측할 수 있다는 것이다. 그러나 이를 위해서는 고장 모드에 대한 충분한 정보가 필요하다. 예를 들어 균열 성장 모델의 경우 재료, 기하학적 구조, 운영 및 환경 부하 조건이 필요하므로 복잡한 시스템의 경우 이러한 파라미터가 발생할 수 있으므로 RUL 예측 결과의 정확도는 훈련 데이터라는 요소에 의해 크게 좌우된다. 예를 들어 균열 성장 모델의 경우 재료, 기하학적 구조, 운영상 및 환경부하 조건이 필요하며 복잡한 시스템에서는 이러한 파라미터를 얻기 어려울 수 있다. 또한 모델은 실패로 이어지는 물리적 프로세스에 대한 깊은 지식이 필요하지만 복잡한 시스템에서는 물리 기반 접근 방식의 한계로 그러한 모델을 찾기가 어렵다.

데이터 기반 접근 방식은 관찰된 데이터의 정보를 사용하여 특정 물리적 모델을 사용하지 않고 열화 진행의 특성을 식별하고 미래 상태를 예측한다. 일반적으로 성능 저하 진행 상황을 파악하기 위해서는 많은 교육 데이터(특히 고장 전 데이터)가 필요하지만, 시간과 비용으로 인해 가동 중인 시스템에서 많은 교육 데이터를 얻는 것은 어려운 과제이다.

결론적으로 각 접근방식의 장점을 활용하여 새로운 하이브리드 접근방식을 개발하는 것이 바람직하다.

(4) 예측 불확실성 해결 및 정확성 평가

예측을 부정확하게 만드는 실제 불확실성을 처리할 수 있는 방법을 개발하는 것이 예측 사용의 또 다른 주요 과제이다. [그림4-12]는 예측에서 마주치는 불확실성의 일부 원인을 보여준다.

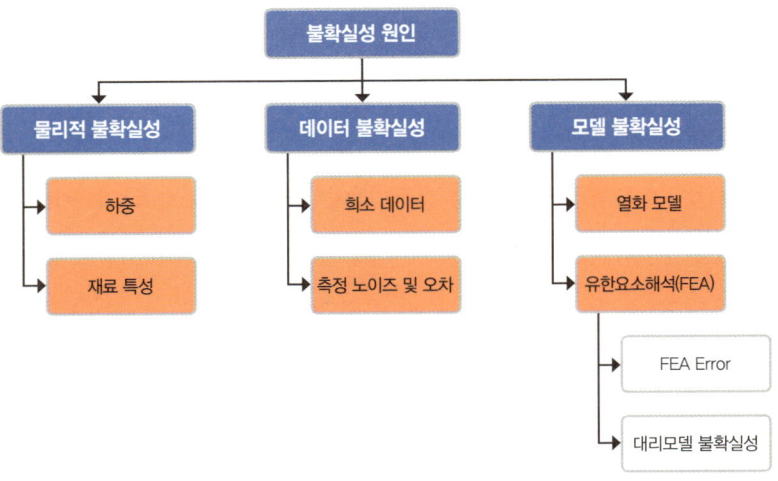

[그림4-12] PHM에 있어 불확실성 분류

　　이러한 불확실성은 실제 상황으로부터 예후 결과의 현저한 편차를 초래할 수 있으며, 예후에 대한 불확실성 한계 및 신뢰 수준을 기술하는 데 사용될 수 있는 방법의 개발이 매우 중요하며, 예후 정확도 평가를 위한 방법 또한 예후 시스템의 신뢰 수준을 구축하고 정량화하는 데 필요하다. 대부분의 PHM 요구 사항을 다루기 위한 노력이 이루어졌지만, 예후가 성숙함에 따라 개념과 정의의 추가적인 개선이 필요하다.

(5) 제한적인 정량적 분석 방법

　　장비 건전성 상태 평가 결과는 정성적 기술로써 건전성이 있거나 없는 것으로 나타난다. 정량적 분석의 부재로 유연성과 효과 및 적응력이 제한적이며 실제로 정량적 분석을 통해 건전성 상태를 더 상세하게 나타낼 수 있다. 따라서 장비 건전성 관리가 큰 발전을 이루고 괄목할 만한 성과를 얻었지만 여전히 객관적인 문제를 해결할 수 있는 효과적인 방법이 없다는 결론을 내릴 수 있다. 따라서 이러한 기술의 실제 적용 효과를 향상시키기 위한 새로운 이론과 방법을 연구하는 것이 시급하다.

(6) 장비간의 상호 연결

자동화에서 지능화로 전환된 산업생산의 배경 하에서 지능형 제조의 실현은 장비 간의 상호연결과 불가분하다는 점이다. 지능과 상호연결의 핵심 특징은 미국의 산업인터넷, 독일의 인더스트리 4.0, China Manufacturing 2025 등에 포함되어 있으며, 상호연결은 지능의 전제조건이자 기반이 된다. 이를 해결하기 위해 우리는 세 가지 과제에 직면할 수 있다.

첫째, 통신 환경의 이질성이다. 장비는 제조업체마다 다르고, 통신 인터페이스와 프로토콜이 다르며, 다른 장치에서 온 데이터의 의미를 이해할 수 없으며, 장치가 서로 통신할 수 없으므로 대화형 협업이 어렵다.

둘째, 데이터 통신의 대역폭이 크다. 지능화의 발달로 생산 현장은 더 이상 전통적인 소규모 데이터 상호 작용에 국한되지 않는다. 비디오 분석, 비디오 감지 및 진동 파형 분석과 같은 새로운 기술의 도입으로 산업 현장에서 고주파 및 대용량 데이터의 비율이 보편화되고 있으며, 따라서 전통적인 산업용 버스는 고대역폭 데이터 통신을 수행하는 데 사용할 수 없다.

셋째, 장비 액세스가 점점 유연해지고 있다. 빠른 장비 업그레이드와 모바일 장비 액세스로 인해 전통적인 산업 네트워크는 장비의 유연하고 편리하며 확장 가능한 액세스 요구 사항을 충족할 수 없다.

(7) 장비의 기능적 요구 사항과 복잡성 증가

장비의 기능적 요구 사항과 복잡성이 증가함에 따라 산업 장비가 전통적인 기계화에서 전기, 빛 및 가스 스팀 통합 기계로 전환되었으며, 이는 산업 장비의 모니터링 및 유지 관리에 큰 도전을 가져오고 주로 세 가지 측면을 포함한다는 것이다.

첫째, 모니터링 객체의 이질성이다. 장비의 다양성과 내부 단위 구조의 복잡성으로 인해 모니터링 객체는 일반적으로 이질적이며 다양한 차원, 규모, 모니터링 빈도 및 데이터 제시 요구 사항을 통해 나타난다. 따라서 장비 모니터링의 개방성과 적응성에 관한 새로운 요구 사항이 제안된다. 대부분의 전통적인 모니터링 시스템은 모니터링 목표가 제한적이고 자동화 정도가 낮은 특정 장비에만 적합하여 유지 관리의 순간성, 정확성 및 지능에 큰 영향을 미치고 장비의 효율성을 저하시킨다.

둘째, 구성 요소의 관계가 복잡하고 운영모델의 구축이 어렵다. 장비의 종류가 다양하고 구성 요소 간의 복잡하고 상호 영향력이 크기 때문에 유지보수 과정의 효율 변화, 비용 및 에너지 소비를 설명하기 위한 정확한 수학적 모델을 구축하기가 어렵다.

따라서 산업 장비의 지능형 모니터링 기술을 연구하여 전체 상태, 전체 프로세스, 실시간 및 지능형 모니터링을 실현하는 것은 의미가 있다. 고도의 경고 및 개입을 실현하기 위해서는 다차원 빅데이터 융합 기반의 건강 평가 및 예측 기술을 적용하는 것이 중요하다. 또한 효율 변화, 자금 투입 및 에너지 소비와 같은 핵심 요소를 분석하고 운영 및 유지 관리 계획 및 의사 결정에 대한 과학적 지원을 제공하며, 직관적이고 명확하며 친근한 인터페이스를 위해 3D 시각 진화 시뮬레이션 기술에 대한 연구를 수행할 필요가 있다.

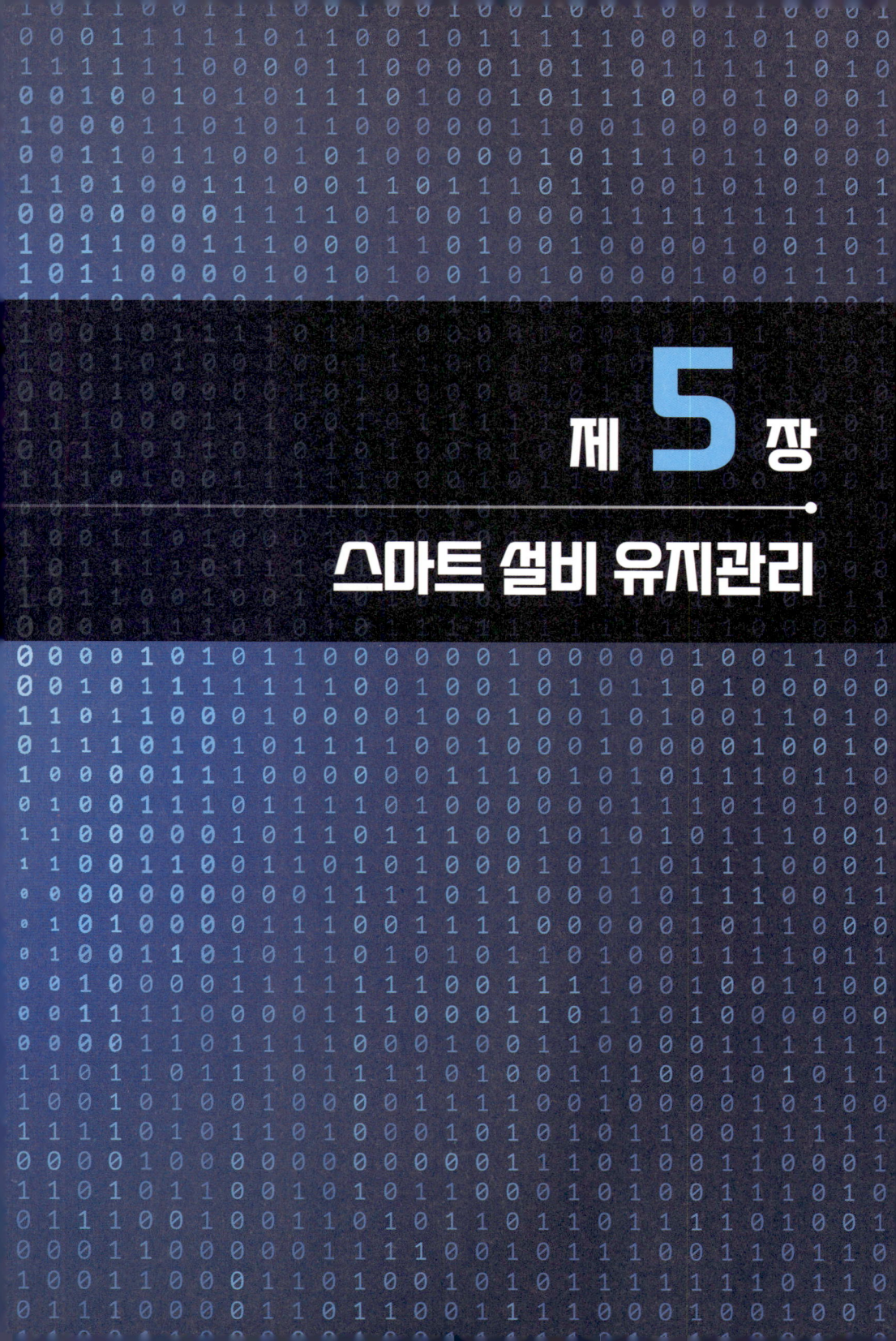

제 **5** 장

스마트 설비 유지관리

01 유지

조직은 장비와 설비가 양호한 작동 상태를 유지하도록 유지보수를 수행한다. 유지보수가 부실하면 생산성과 효율성이 저하되고, 초과 근무나 작업 촉박으로 인해 비용이 증가한다.

TPM 전략에는 다음의 [그림5-1]과 같이 무결함, 무사고, 무고장 Zero Failure이 포함된다. TPM에는 고장, 예방, 교정, 예방 유지보수의 네 가지 유형의 유지보수가 포함된다. 오른쪽 [그림5-2]는 유지보수 유형을 보여준다.

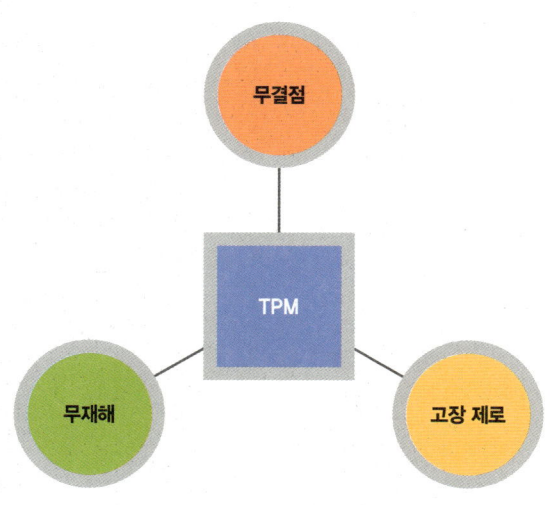

[그림5-1] TPM 방법론

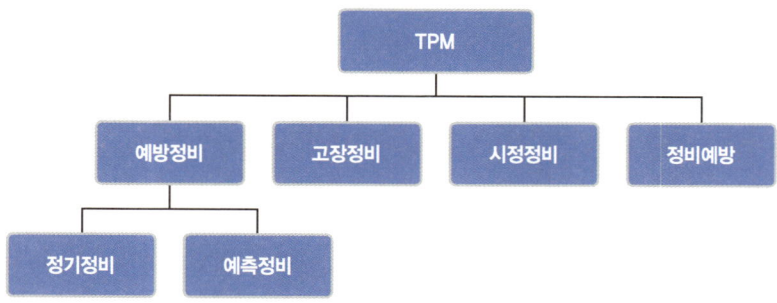

[그림5-2] TPM 유지관리 유형

02 고장 정비

고장 유지보수는 설비가 고장이 날 때까지 기다렸다가 수리를 통해 정상 작동 상태로 복구하는 방식으로 이루어진다. 일반적으로 기업은 백업할 수 있는 설비나 생산에 중요도가 낮은 설비에 이러한 유형의 유지보수 정책을 수행한다. 고장 유지보수는 성능이 저하되거나 고장이 나거나 작동이 중단된 장비를 수리하는 것이다. 기업은 고장이 운영에 큰 영향을 미치지 않고 수리비용을 제외하면 재정적 손실이 미미할 때 고장 유지보수를 수행한다.

고장 유지관리에는 계획된 수리와 계획되지 않은 수리, 두 가지 유형이 있다. 기업은 설비 고장 발생을 예방하는 것보다 고장 발생 후 문제를 해결하는 것이 더 타당할 때 계획된 수리를 수행한다. 그러나 이러한 유지보수는 생산 일정에 지장을 줄 수 있다. 고장 유지보수의 예로는 오염된 장비 부품이 그대로 남아 있는 경우, 기존 설비 부품에 원자재가 끼어 있는 경우, 그리고 전선이 꼬여 전원에 연결할 수 없는 경우 등이 있다.

고장 정비의 효율성을 높이려면 작업자는 일일 점검을 수행하거나 장비를 정기적으로 모니터링할 때 이상을 감지해야 한다. 이러한 일일 점검은 계획된 정비 프로그램의 일부이다. 계획된 정비 환경에서 고장 정비를 수행할 때 시행될 6단계는 다음과 같다.

- **1단계** : 현재 장비를 평가하여 현재 상황을 파악한다.
- **2단계** : 성능이 저하된 장비를 복구하고 장비의 약점을 바로잡는다.
- **3단계** : 정보 관리 시스템을 구축한다.
- **4단계** : 정기적인 유지관리 시스템을 구축한다.
- **5단계** : 예측 유지보수 시스템을 구축한다.
- **6단계** : 계획된 유지보수 시스템을 평가한다.

03 예방적 유지보수 (Preventive Maintenance)

예방정비는 설비의 고장을 예방하거나 연장하기 위해 설비가 작동하는 동안 정비하는 것을 말한다. 생산에 비해 중요하고 가치가 높은 장비에는 예방정비를 실시해야 한다. 이러한 유형의 정비에는 청소, 오일링, 조임, 마모 부품 교체 및 검사가 포함된다.

예방적 유지보수는 설비에 수행되는 작업으로, 고장이 발생했을 때만 수리하는 것이 아니라 고장을 예방하기 위해 마모되었지만 여전히 작동하는 부품을 테스트하고 교체하는 작업을 포함한다. 이와 대조적으로 유지보수 예방은 유지보수가 발생하지 않도록 하는 것을 의미한다. 긍정적인 측면에서는 필요한 유지보수를 줄이기 위해 장치 설계 단계에서 취하는 조치를 의미한다.

예방적 유지보수는 장비의 고장 및 결함 발생을 방지하는데 도움이 된다. 조직은 기능상의 이유로 우선 적절한 유형의 장비를 설치해야 한다. 예방적 유지보수를 제대로 시행하려면 세 가지 주요 활동이 필요하다. 첫 번째는 일일 유지보수로, 장비의 고장 및 성능 저하를 방지하기 위한 청소, 점검, 윤활 및 조임 작업을 포함한다. 두 번째는 장비의 현재 상태를 점검하는 정기 검사이다. 세 번째는 성능이 저하된 장비를 수정하고 복구하는 작업이다. 예방적 유지보수는 정기 유지보수와 예측 유지보수로 구성된다.

1. 정기 유지보수(Periodic maintenance)

정기 유지보수는 조직이 설비의 수명을 연장하기 위해 유지보수 일정을 정하는 예방적 유지보수 방식이다. 정기 유지보수는 예상치 못한 고장 및 공정 문제를 방지하기 위해 부품을 교체하는 동시에 장비를 정기적으로 검사, 정비 및 청소하는 시간 기반 유지보수이다. 조직에서는 이 개념을 예방적 유지보수와 함께 적용하는 경우가 많다.

정기 유지보수는 시간 기반 유지보수로도 간주된다. 작업 수행에는 대기 장치, 예비 부품, 검사 장비, 윤활유 및 기술 정보와 같은 도구가 필요할 수 있다. 이러한 도구를 준비하면 정기 유지보수를 효과적으로 수행하는데 도움이 된다. 부적절한 간격으로 작업 일정을 계획하면 장비에 과도한 유지보수가 발생할 수 있다는 점에 유의해야 한다. 유지보수가 필요한 작업 일정을 신중하게 계획하는 것이 중요하다. 적절한 유지보수 일정을 계획하는 가장 좋은 방법은 이전 고장의 근본 원인을 파악하고 다음 정비 전에 주기와 작업을 수정하는 것이다.

[그림5-3]은 적절한 정기 유지보수 계획을 보여준다. 정기 유지보수의 첫 단계는 적절한 장비를 선택하는 것이다. 또한, 조직은 선택된 장비가 여러 기준을 충족하는지 확인해야 한다. 예를 들어, 일부 장비는 법적으로 정기 유지보수가 필요하다. 정기 유지보수는 경험에 따라 검증된 유지보수 주기를 가진 장비에 적합하다. 또한, 품질에 중요한 장비는 공정에 중요하기 때문에 정기적인 점검이 필요하

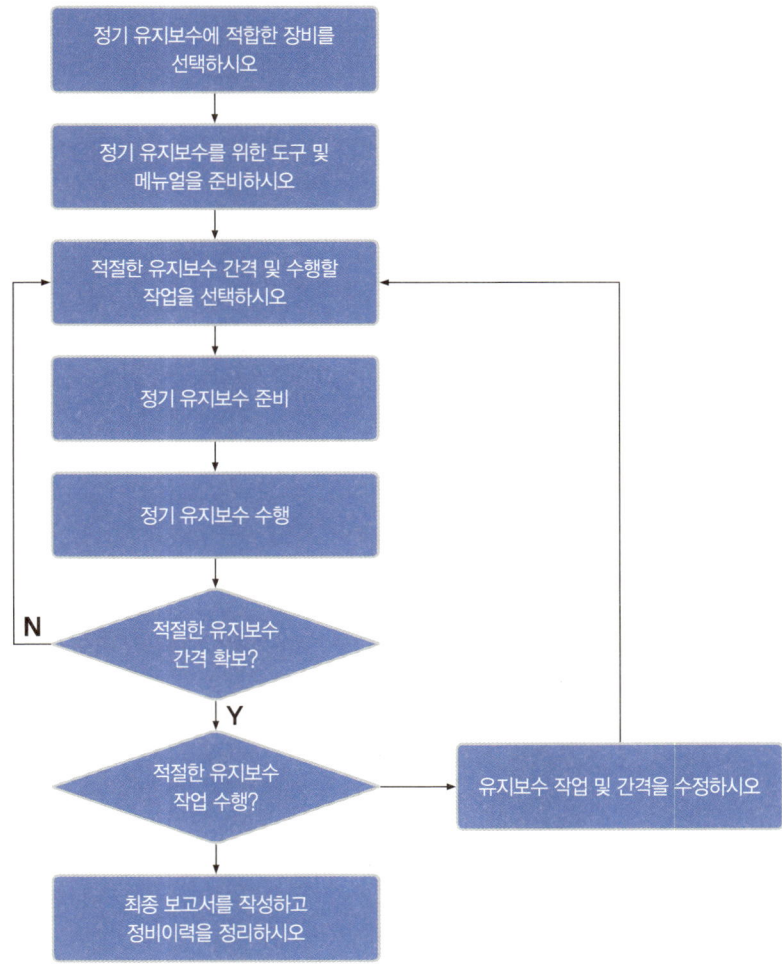

[그림5-3] 정기 유지 관리 흐름도

다. 조직은 구성품의 사용 가능 수명에 따라 검증된 유지보수 주기를 가진 장비에도 정기 유지보수를 수행해야 한다. 정기 유지보수는 정해진 시간이 지나면 수명 성능이 저하되기 시작하는 장비에도 적합하다. 마지막으로, 조직은 작동 중 감지 또는 수정이 어려운 이상 현상이 있는 장비에 대해서도 정기 유지보수를 수행해야 한다.

두 번째 단계는 정기적인 유지보수를 위한 도구와 매뉴얼점검표 포함을 준비하는 것이다.

조직은 일반적으로 5년에 걸친 기본 단기 생산 계획을 기반으로 유지보수 계획을 수립해야 한다. 또한, 조직은 장비 유지보수 또는 전체 현장의 중단에 대한 세부 사항을 계획해야 한다. 이러한 계획에는 연간, 월간, 주간 및 일일 계획이 포함되어야 하며, 유지보수 기회도 포함되어야 한다. 정기적인 유지보수를 위해 이러한 도구와 매뉴얼을 준비하기 위해 조직은 몇 가지 측면을 통합해야 한다.

첫째, 도구 및 매뉴얼보다 먼저 설치 또는 제작이 이루어져야 한다. 또한, 조직은 유지보수에 필요한 충분한 숙련 인력을 확보하기 위해 기술과 지식을 갖춘 다기능 팀을 활용해야 한다. 다기능 팀은 모든 매뉴얼, 체크리스트, 도구 및 기타 항목을 사전에 준비해야 한다. 또한, 다기능 팀은 이전 계획 및 점검 사항을 검토하고 운영 조건을 기록해야 한다.

다음 단계는 적절한 유지보수 간격과 필요한 작업을 결정하는 것이다. 조직은 정기적인 유지보수 수행에 대한 표준을 유지해야 한다. 자재 선택 또한 중요하다. 조직은 기존 부품 및 자재 표준이 여전히 동일한지 또는 업데이트가 필요한지 파악해야 한다. 이 단계에는 필요한 작업량을 예측하는 것도 포함되는데, 여기에는 최신 유지보수 기술, 장비, 자재 및 표준을 활용하여 필요한 기본 작업량과 업그레이드 및 유지보수 비용을 파악하는 것이 포함된다. 조직은 교체 부품, 누출, 테스트, 서비스 가능성 및 교체 여부를 확인해야 한다. 예비 부품은 장비의 가동 중단 시간을 줄이는 동시에 안정적인 장비를 보장하는데 필수적이다. 조직은 자본 재고와 추가 창고 비용을 줄이기 위해 적절한 예비 부품의 양을 파악해야 한다. 또한, 조직은 이러한 예비 부품을 관리해야 한다. 예비 부품을 관리하기 위해 유지보수 부서는 예비 장치, 사용 가능한 부품, 공구 및 테스트 장비를 관리해야 한다. 윤활유 표준도 있다. 담당자는 사용하는 장비에 맞는 다양한 윤활유의 종류와 용도를 이해해야 하며, 동시에 여러 윤활유의 양을 제한해야 한다.

안전 기준은 매년 수립 및 검토하고 필요에 따라 개정해야 한다. 이러한 기준에는 직원 및 감독자의 의무, 가동 전 의무, 사고 발생시 조치 사항, 작업 중 안전 절차, 전기 안전, 그리고 가동 중단 안전에 대한 내용이 포함되어야 한다. 또한, 안전 규정 준수 여부를 확인하기 위해 작업 전에 작업 현장을 점검할 수 있도록 허용해야 한다.

네 번째 단계는 정기 유지보수를 준비하는 것이다. 이 개념에는 장비가 정기 유지보수를 받을 준비가 되었을 때 이전 단계들을 완료하는 것이 포함된다.

다음 단계는 정기적인 유지관리를 수행하는 것이다. 조직은 장비가 정기적인 유지관리를 받을 준비가 되면 이 개념을 도입해야 한다.

마지막 단계는 최종 보고서를 작성하고 장비 이력을 정리하는 것이다. 정기적인 유지보수 후, 조직은 완료된 작업, 진행 상황, 관련 직원 수, 그리고 비용을 상세히 기록한 보고서를 작성해야 한다. 모든 문제와 상황, 특히 안전, 관련 직원 수, 그리고 비용에 대한 보고가 이루어져야 한다.

2. 예측 유지보수(Predictive maintenance)

예측 유지보수는 조직에서 과거 데이터를 분석하고, 장비를 검사하고, 과거 설비 고장시의 유지보수 기록을 검토하여 설비에 유지보수가 필요한 시기를 예측하여 서비스 수명을 연장하는 예방 유지보수 방식이다.

날짜	시간	장비	이상	원인	진단 과정
4월 4일	오전 9시 8분	다이 커터	시스템 누출	부식	• 시각적 검사 • 벽 두께 측정
4월 5일	오후 2시 51분	진동계	과도한 진동	금속 벨트의 마찰	• 결함 부품 발견 • 진동 측정

[표5-1] 예측 유지 관리 기록 로그

예측 정비는 상태 기반 정비이다. 열화 관련 데이터를 측정 및 분석하여 추세 값을 관리하고, 온라인 시스템을 통해 상태를 모니터링 하도록 설계된 감시 시스템을 사용한다. 이 개념은 종종 예방정비와 함께 적용된다.

정기 유지보수는 필요한 유지보수 비용과 예상치 못한 고장을 최소화하지만, 고장은 여전히 발생하여 비용이 증가한다. 정기 유지보수는 심층적인 통계적 측정 없이 장비 성능 저하를 가정하는 시간 기반 시스템이다. 그러나 특정 장비의 정확한 성능 저하와 특정 시점의 고장을 측정하면 최적의 정비 주기를 결정하는 것이 더 쉽다.

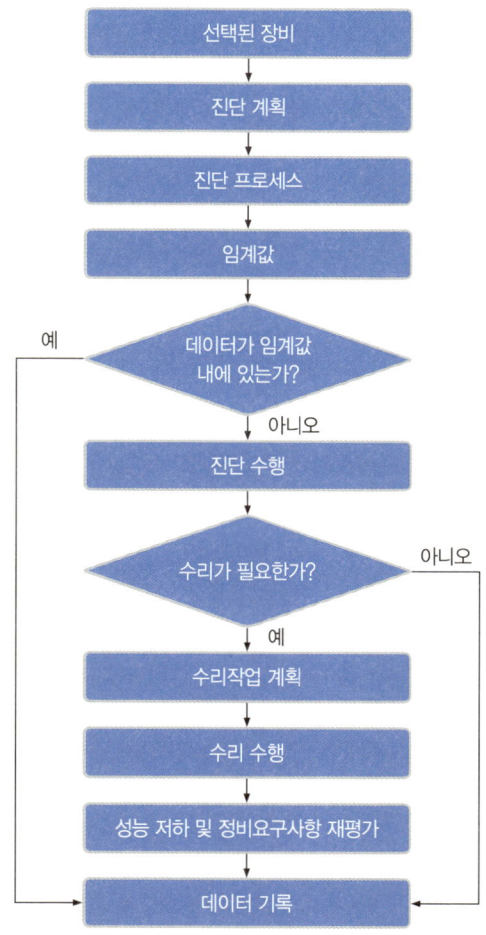

[그림5-4] 예측 유지 관리 흐름도

조직은 온도, 진동, 압력, 유량, 윤활 수준, 부식률, 재료 결함, 전기 저항 등 장비 고장을 파악하기 위한 조치를 취해야 한다. 예측 유지보수를 통해 장비를 체계적으로 진단할 수 있으므로 추측은 필요 없다. [표5-1]과 같이 간단한 표로 필요한 데이터를 수집할 수 있다.

조직은 데이터 측정 후 간단한 흐름도를 작성할 수 있다. 흐름도는 계획 진단, 진단 대상 장비, 수리 및 평가로 구성되어야 한다. 허용 한계를 초과하는 임계값이 있는지, 그리고 성공적인 수리를 위해 필요한 작업은 무엇인지 파악해야 한다. [그림5-4]는 흐름도의 예를 보여준다.

04 교정 유지보수 (Corrective Maintenance)

교정 유지보수는 고장이나 문제 발생 후 운영 복구를 목적으로 시스템 유지보수를 수행하는 것을 말한다. 경우에 따라 고장을 예측하거나 예방하는 것이 불가능할 수 있으므로 교정 유지보수가 유일한 선택지가 될 수 있다. 조직은 교정 유지보수를 통해 고장을 식별, 격리 및 해결하여 고장난 장비, 설비 또는 자산을 가동 중 운영을 위해 설정된 허용 오차 또는 한계 내에서 운영 상태로 복원한다. 교정 유지보수는 장비와 그 구성 요소를 개선하여 예방 유지보수를 안정적으로 수행한다. 조직은 장비의 설계 취약점을 재설계하여 신뢰성과 유지보수성을 향상시켜야 한다. 교정 유지보수는 고장 감지 후 수행되며, 자산을 의도된 기능을 수행할 수 있는 상태로 복원하는 것을 목표로 한다.

교정 유지보수는 장비와 그 구성 요소를 개선하여 조직이 예방 유지보수를 제대로 수행할 수 있도록 지원한다. 조직은 설계상 취약점이 있는 모든 장비를 재설계해야 한다. 조직은 일반적으로 시스템에 오류나 문제가 발생한 후 운영을 복구하기 위해 교정 유지 관리를 수행한다. 경우에 따라 고장을 예측하거나 예방하는 것이 불가능할 수 있으므로 이러한 유형의 유지 관리가 유일한 선택지가 될 수 있다.

교정 유지보수는 즉시 또는 연기될 수 있다. 즉시 교정 유지 보수는 고장 발생 직후 시작해야 하는 작업이다. 고장이 발생하지 않으면 유지 보수를 연기하거나 지연할 수 있지만, 정해진 유지 보수 규칙을 준수해야 한다.

교정 유지보수는 시스템이나 구성 요소에 고장이 발생했을 때만 수행하는 조치를 말한다. 수리 유지보수는 가능한 한 빨리 시작되어야 한다. 교정 유지보수와 관련된 비용에는 수리 비용, 생산 손실, 매출 손실, 부식 유지보수 비용이 포함되며, 이는 대부분의 산업 분야, 특히 노후 장비 및 시설과 관련된 분야에서 운영 예산의 상당 부분을 차지한다.

교정 유지 관리 프로세스는 고장 원인을 진단하여 발생 원인을 파악하는 것으로 시작된다. 진단 프로세스에는 시스템 물리적 검사, 진단용 컴퓨터를 이용한 시스템 평가, 사용자 인터뷰, 그리고 잠재적으로 여러 단계가 포함될 수 있다. 문제의 원인을 파악하고 적절한 조치를 취하며, 동시에 발생했을 수 있는 여러 구성 요소 또는 시스템 오류를 파악하는 것이 중요하다.

재설계 프로세스는 종종 6시그마 설계DFSS와 정의–측정–분석–설계–검증DMADV 방법론을 사용하는 반면, 개선 프로세스는 6시그마의 정의–측정–분석–개선–관리DMAIC 방법론을 따른다. DMADV와 DMAIC의 차이점은 설계 단계와 검증 단계이다. DMAIC는 프로세스 개선 중심인 반면, DMADV는 신제품이나 서비스 설계를 위한 것이다. 설계 단계는 구현을 포함하여 필요한 새로운 프로세스를 설계하는 것을 포함하며, 검증 단계는 설계 결과와 성과를 검증하는데 중점을 둔다.

　DFSS의 목적은 6시그마 역량을 갖춘 고객 중심 프로세스 설계인 일반적인 DMAIC 사이클과 매우 유사한다. DFSS는 제조 중심일 뿐만 아니라 서비스 산업에도 동일한 방법론을 적용할 수 있다. 이 프로세스는 상향식 역량과 일치하는 하향식 CTQ_{고객 품질 평가 기준}를 기반으로 한다. DFSS는 품질 기반이며 1차 통과 품질을 예측한다. 초기 설계 단계의 예측 가능성은 품질 측정의 핵심 요소이다. 조직은 프로세스 역량을 활용하여 최종 설계 결정을 내린다. 마지막으로, 조직은 프로세스 편차를 모니터링하여 제품과 프로세스가 6시그마 고객 요구사항을 충족하는지 확인한다.

05 유지보수 예방 (Maintenance Prevention)

　유지보수 예방_{MP}은 설비 엔지니어링 및 설계에 중점을 두어 유지보수 필요성을 예방하거나 효율적인 유지보수를 위해 설비 부품에 쉽게 접근할 수 있도록 한다. 예방적 유지보수와는 달리, 설비가 작동 가능한 상태에서 유지보수를 수행하여 고장을 방지한다. 유지보수 예방은 새로운 장비의 설계를 의미한다. 조직은 효율적으로 작동하지 않는 설비를 분석하여 새로운 설계 및 시운전에 수정 사항을 반영해야 한다.

유지보수 예방 사양 및 설계를 확립하면 장비의 신뢰성과 시설의 유지보수를 보장하는데 도움이 된다. 유지보수 예방 설계 활동은 향후 유지보수 비용과 장비 성능 저하를 최소화한다.

유지보수 예방은 높은 신뢰성, 유지 보수성, 경제성, 작동성 및 안전성을 갖춘 새로운 기술과 설계를 가능하게 한다. 유지보수 예방의 기본 개념은 장비가 고장 나거나 부적합 사항이 발생하지 않도록 하는 것이다. 유지보수 예방 장비는 작동 및 유지보수가 쉽고 안전해야 한다. 유지보수 예방 설계 관행은 기존 장비의 취약점을 조사하고 피드백을 기반으로 개선함으로써 장비 신뢰성을 향상시킨다.

설계, 제작, 설치 등 설계 과정의 초기 단계가 순조롭게 진행되더라도 시험 및 시운전 과정에서 문제가 발생할 수 있기 때문에 유지보수 예방 설계는 매우 중요하다. 시운전은 계획대로 진행되는 경우가 드물고, 기업은 장비의 안정적인 운영을 위해 많은 수정을 가하는 경우가 많다. 운영자는 장비의 안정성을 확인하지 못하면 신뢰성에 대한 불만으로 정기적인 관리 및 예방 유지보수 업무를 중단하게 된다. 이러한 위험을 완화하기 위한 계획을 수립하고 운영자에게 적절한 교육을 제공하는 것이 필수적이다. 기업이 작은 조치로 이러한 계획을 완화할 수 없는 경우, 엔지니어는 장비의 현재 설계 조건에서 새로운 처리 및 운영 조건을 적용해야 한다. 위험과 비용을 최소화하기 위해 초기 단계부터 자체 기술을 검토해야 한다. 초기 단계에서 장비의 신뢰성을 철저히 파악하는 것은 이러한 과정에 도움이 되고 설치 후 문제 발생 위험을 줄이는데 도움이 된다.

유지보수 방지 설계 활동은 설계, 제작, 설치 및 시험, 그리고 시운전의 네 가지 주요 요소로 구성된다. 시운전에는 실제 제품을 생산하면서 표준 운영 절차를 수립하는 작업이 포함된다.

조기 관리 시스템은 제품과 장비의 효과적인 발전을 보장한다. 조기 관리 시스템에는 다음의 네 가지 주요 단계가 있다.

[1단계] 현재 상황에 대한 조사 및 분석

- 현재 작업 흐름을 표시한다.
- 현재 흐름의 문제점을 파악한다.
- 예상되는 문제를 예방하기 위한 근본 원인과 해결 방법을 찾는다.
- 시범 운영, 테스트, 본격적인 시작, 수정 활동 및 작업 항목 중에 발생하는 문제에 대한 그룹을 설정한다.
- 파일럿, 테스트, 본격적인 스타트업을 기반으로 생산에서 발생하는 심각한 격차와 지연을 파악한다.
- 높은 수준의 사용성, 제조 가능성, 품질 보증의 용이성, 유지 관리 가능성, 신뢰성, 안전성 및 경쟁력 효과성 등 수집할 적절한 정보를 결정한다.

[2단계] 조기 관리 시스템 구축

- 현재 상황에 대한 사전 조사를 활용하여 응용 프로그램의 범위를 정의하는데

필요한 초기 관리 시스템의 기본 구조를 조사하고 개략적으로 설명한다.

- 조기 관리에 필요한 정보를 축적하고 활용하기 위한 시스템을 조사하고 구축한다.
- 운영에 대한 표준을 개정한다.

[3단계] 새로운 시스템에 실수 방지 기능을 제공하고 교육과 지침을 제공

- 각 초기 관리 단계에 대한 단계별 접근 방식을 제공한다.
- 새로운 시스템에 필요한 표준에 대해 모든 직원을 교육한다.
- 시스템을 운영하는 사람들의 역량을 확인하기 위해 새로운 시스템의 모든 단계를 평가한다.
- 역량 테스트 결과를 활용해 시스템, 절차, 표준을 수정한다.
- 새로운 시스템에 필요한 이점과 개선 사항을 문서화하고 보고한다.

[4단계] 새로운 시스템을 포괄적으로 적용

- 동일한 범위를 갖는 모든 기능 영역에 새로운 시스템을 적용한다.
- 유지보수 예방 설계 정보를 활용해 시스템의 수명 주기를 최적화한다.
- 각 초기 관리 단계와 새로운 시스템이 적용되는 각 주제의 문제점을 파악한다. 친화도 다이어그램을 활용하여 각 주제를 분류하여 주요 개선 영역을 파악한다. 시운전 문제해결 계획을 수립하고 가동 중단 시간과 일정 미처리 건수를 기록한다. 이러한 결과를 파레토 분석하여 핵심 성과 지표(KPI)를 도출하고, 개선이 필요한 주요 영역의 가시성을 확보한다.

06 스마트공장과 설비 예지보전기술

1. 스마트공장과 예지보전 기술의 필요성

최근 기업들은 생산성 향상과 기업의 경쟁력 확보를 위해 스마트 공장 구축에 많은 관심을 보이고 있으며, 정부에서도 경쟁력 향상을 위해 스마트공장 보급에 적극 나서 2022년까지 30,144개 사의 스마트공장을 구축해 운영 중이다.

스마트공장은 사물인터넷IoT, 인공지능AI, 로봇 및 빅데이터 분석 등 첨단기술이 융합된 지능화된 공장을 의미하며, 복잡하고 다양한 설비들이 자동화됨에 따라 이들 설비들을 관리하고 운영하기 위해서는 기존의 방식과 다른 새로운 관리 기술이 필요하게 되었다.

지금까지는 많은 기업들이 설비를 단순히 생산을 위한 도구로만 여겨왔으나, 최근 들어 설비도 중요한 자산으로 인식하고, 이들 설비들을 보다 효율적이고 안전하게 관리하기 위한 새로운 방법을 도입하고 있다. 특히 스마트공장의 핵심은 자동화된 설비들이 연결을 통해, 또한 설비와 인간과의 연결을 통해 원활하고 효율적으로 운전될 수 있도록 설비에 '혼'을 불어넣는 것이며, 이러한 '혼'이 바로 소프트웨어다. 이 중 설비가 스스로 결함을 인지하고, 원인과 진전 상태를 관리자에게 통보해주는 예지보전 프로그램이 핵심 기술의 하나다.

설비관리는 오랫동안 인간의 고유 영역으로 인식되어 왔다. 많은 경험을 쌓은 관리자들은 설비에서 얻은 데이터를 분석하여 설비의 이상 상태를 발견하고, 결함의 원인을 찾아 심각한 고장이 생기거나 설비의 가동이 갑자기 중단되기 전에 조치를 취하게 된다. 이때 문제점은 복잡하고 다양한 설비에서 발생하는 수많은 데이터들을 정확하게 수집하기 힘들다는 점과, 수집한 많은 양의 데이터를 평가하고 분석하는데 적지 않은 시간이 소요된다는 것이다. 또한 작업자가 경험해 보지 못한 상황이 발생하거나 데이터를 조금이라도 잘못 해석하는 경우 오진이 발생한다는 점도 문제로 꼽힌다. 그러므로 앞서 언급한 문제점들을 개선하여 진정한 스마트공장의 구축을 위해 많은 기업들이 꾸준한 노력과 연구를 계속하고 있다.

설비 예지보전에 필요한 기술을 살펴보면 다음과 같다.

가장 먼저 필요한 것이 센서 기술과 통신 기술이다. 설비에 센서를 설치하여 정보를 주고받고, 필요한 데이터를 자동으로 수집하여 분석과 의사결정을 담당하는 플랫폼에 이를 전송하기 위한 사물인터넷IoT 및 통신기술ICT이 필요하다.

다음으로 수집된 많은 데이터를 필요와 목적에 맞게 분류하고 통합하여 공장 설비의 현황을 쉽게 파악하고 해석할 수 있어야 한다. 즉, 빅데이터 분석 기술을 통해 설비의 상태를 확인하거나 결함을 분석하고 설비 상호 간의 연관성을 파악하게 된다. 여기에 이러한 분석 데이터들을 전문가의 노하우나 지식이 적용된 자동 진단 알고리즘에 접목시킴으로써 설비의 결함을 자동으로 진단하고 결함이 발생한 원인과 진전되는 과정, 운전상의 문제점 및 위험 정도 파악 등 전문가가 할 수 있는 의사 결정을 대신하여 현장 관리자에게 알려주거나 전문가가 정확한 판단을 할 수 있도록 지원하게 된다. 그리고 이를 위해서는 인공지능AI 기술알고리즘, 데이터 해석의 적용이 필요하다. 이와 같이 스마트공장에서 설비 예지보전 기술은 4차 산업혁명에 필요한 고도화된 기술들을 모두 필요로 하며, 이들 기술을 활용함으로써 얻고자 하는 최종 목적은 설비의 최적 관리와 운영에 있다. 스마트공장의 생산 방식은 확실한 "증거근거를 기반으로 한 생산관리Evidence Based Management"이다. 즉 수요를 예측하여 생산량을 결정하고, 제품을 불량이나 생산의 중단 없이 원하는 목표만큼 생산할 수 있으며, 설비의 운영을 예측하여 관리할 수 있어야만 비로소 공장이 정상적으로 운영되는 것이라 할 수 있다

2. 설비보전 관리방식의 변화

설비의 상태나 결함을 예측하기 위해서는 설비에 대한 정확한 파악이 필요하다. 설비의 이상 상태를 감지하고, 이것이 설비의 결함에 의해 발생한 것인지 혹은 일시적 과도현상인지, 설비 자체의 문제인지 또는 공정상 다른 설비와 연관되어 있는 것인지, 이 결함의 원인은 어디서부터 발생하였으며 어떻게 진전되어 고장으로 이어질 것인가를 파악해야 한다. 이런 일련의 과정을 수행하는 것이 설비 예지보전 기술이다. 요약하면, 현재 설비에서 무슨 일이 일어나고 있고, 이 문제를 해결하기 위해 어떤 작업을 실시하여 어떻게 완료

할 것인가를 결정하는 관리 방법이다.

설비 예지보전 기술의 핵심은 '설비를 얼마나 빠르고 정확하게 예측할 수 있는가?'에 대한 명확한 해결책 제시다. 현재의 설비보전 전문가들이 하는 보전 방식은 불확실성에서 예측하는 방법이다. 하지만 이 방법은 충분하지 못한 데이터의 수집, 공정 연관성에 대한 이해나 경험의 부족이라는 문제점을 안고 분석을 수행함으로써 명확하게 설비를 진단하는 것이 매우 어렵다. 설비에 대한 정확한 예측을 할 수 없어 설비의 가동 중단에 따른 생산 손실과 함께 많은 보수비용이 소요된다.

앞서 기술한 과제를 해결하기 위해서는 우선적으로 설비의 유형에 따라 결함을 빠르게 검출할 수 있는 방법을 결정하고, 여기에 적합한 센서를 설치해야 한다.

[그림5-5]는 설비의 결함 검출에 필요한 방법들을 제시하고 있으며, 이중 가장 초기 단계에서 설비의 결함을 검출할 수 있는 것은 진동을 이용한 분석 방법이다. 결함 초기에 검출이 가능하다는 것은 보수비용이 그만큼 적게 든다는 이점이 있다. 검출이 늦어질수록 보수비용 증가는 물론 설비의 가동을 중단해야하기 때문에 생산손실도 함께 증가한다.

중요한 사항은 검출시 설비의 결함 특성에 맞는 방법을 선정해야 한다는 것이다. [그림5-5]에서 보면 진동을 이용한 검출 방식이 가장 초기에 검출에 적합하지만, 감속이 많은 저속 설비나 진동을 일으키지 않는 설비에 대해서는 적용이 불가능하다.

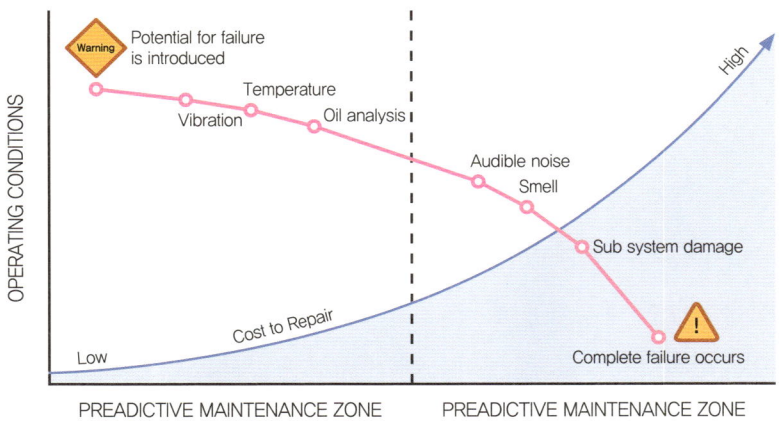

[그림5-5] 설비의 결함진단과 검출방법

전기적 결함이 많이 발생하는 전동기의 경우에는 진동보다는 전류나 전압 또는 자계 특성을 이용한 결함 검출이 더 유용할 수 있다. 대부분의 설비들은 복합적 결함을 동반하기 때문에 필요에 따라 이들 결함을 검출할 수 있도록 여러 가지 센서를 혼합하여 사용하게 된다. 중요한 것은 센서가 많이 부착될수록 비용이 많이 소요되며, 데이터가 증가함에 따라 분석 방법이 복잡하고 다양해진다는 점이다. 따라서 설비 특성에 맞는 최소한의 센서를 선정해야 한다.

다음으로 필요한 것이 설비를 관리하는 보전 방식이다. 기업에서는 설비의 효율적인 관리를 위해 오랫동안 노력을 해오고 있다. 과거 설비관리에 대한 기술부족으로 설비가 고장난 후에 이를 보수하는 '사후보전 방식'을 적용하였으나, 설비 고장시 손실이 매우 크고, 설비를 복구하여 재가동하는데 많은 시간이 소요되어 현재로는 이 방법을 거의 사용하지 않고 있다. 일부 설비나 고장이 나도 생산에 미치는 영향이 거의 없거나, 복구가 빠른 설비에 한정적으로 사용되고 있다.

기업에서 가장 선호하는 보전 방식은 '예방보전 방식Preventive Maintenance'이다. 사후보전 방식의 문제점을 개선하고, 설비가 고장이 나기 전에 보수를 실시하는 방식으로 효과가 크다. 이는 다시 '시간기반 보전 방식Time Based Maintenance'과 '상태기반 보전 방식Condition Based Maintenance'으로 분류된다. 먼저 적용한 것은 시간기반 보전 방식으로, 설비 각 부품의 수명을 통계적으로 계산하여 교체시기를 정하고 이 주기에 맞게 부품을 교체하는 방식이다. 이런 '예방보전 방식'은 사후보전 방식에 비해 매우 큰 효과를 보고 있으며, 설비에 크게 집중하지 않아도 된다는 생각에 많은 기업에서 선호하고 있으나, 이 방식 역시 문제점을 안고 있다. 일부 부품에서는 교체 시기 이전에 먼저 손상이 발생하고, 이 결함을 감지하지 못한 경우 심각한 설비 고장으로 이어지기 때문에 큰 사고가 발생하기도 한다. 또한 일부 부품은 교체 시기가 되어도 문제없이 사용이 가능하나, 통계적 기준에 따라 부품을 교체하기 때문에 과도한 보전이 되고 있다. 이와 함께 설비의 부품 교체 시기가 각기 다르므로 각각의 부품을 교체시기에 맞춰 교체해야 하므로 설비를 자주 정지하여 보수함으로써 설비 가동률이 현저하게 떨어지는 문제점을 안고 있다. 이를 보완하기 위해 사용하는 보전 방식이 '상태기반 보전 방식'이다.

이 방식은 설비의 현재 상태를 기준으로 보전하기 때문에 설비 상태에 대한 정확한 평가가 매우 중요하다. 이는 ISO 10816 또는 ISO 7919 등 기준이 국제적으로 정해져 있어 기업에서 쉽게 적용할 수 있으나, 문제점은 설비의 상태를 감지하고 이를 평가하는 시스템을 구축해야 하며, 동일한 설비라 하여도 각 기업의 실정에 따라 평가 기준을 다르게 적용할 수가 있다. 즉 기업의 설비 중요도에 따라, 또는 설치 환경에 따라 적용 기준이 다르다. 예를 들어 모터 구동 압축기 설비가 A기업에서는 '일반 설비'로 분류될 수 있으나, B기업에서는 이 설비가 정지할 경우 생산에 큰 차질이 발생하면 '매우 중요 설비'로 분류되어 집중 관리를 받게 되고, 적용 기준도 달라질 수 있다. 이 보전 방식부터는 설비관리를 위해 적지 않은 비용이 소요된다. 우선 설비의 상태를 감지할 수 있는 시스템이 구축되어야 하며, 이를 평가하고 분석하고 관리할 수 있는 조직이 구성되어야만 한다. 따라서 투입되는 비용 대비 설비관리 효과가 클 수 있도록 시스템을 구축하여야 한다.

이 보전 방식에도 문제점이 존재한다. 관리 방식이 설비의 상태를 기준으로 하기 때문에 설정한 기준치 이하에서는 설비에 대한 평가나 분석이 이루어지지 않는다. 즉, 설비에서 결함이 발생하고 이 결함이 어느 정도 진전된 상태가 되어 알람이 울리면 그 시점부터 설비에 대한 결함 분석을 실행하게 된다. 이것은 설비의 초기 결함을 검출할 수 없다는 의미를 갖고 있다. 따라서 매우 중요한 설비나 결함 진전이 빠른 설비에는 적용되기가 어렵다. 그러므로 최근 많은 기업들이 이러한 문제점을 보완하기 위해 초기 결함 단계부터 설비를 관리하는 '예지보전 방식Predictive Maintenance'을 채택하기 시작하였다.

이 보전 방식은 설비의 초기 결함, 즉 이상의 징후가 나타나는 시점부터 설비에 대한 평가와 분석을 실시하여 미리 결함을 제거하는 방식이다. 이는 상태보전 방식보다 많은 데이터가 요구되며, 무엇보다도 설비의 상태를 정확히 분석하고, 결함의 메커니즘을 해석하여 결함의 원인을 도출하고, 이를 제거 또는 대처할 수 있는 해법까지 제시해야 하므로 고도의 기술을 갖춘 설비 전문가가 필요하다. 기업에서는 이들 전문가를 육성하기 위해 많은 노력을 기울이고 있으나, 기술이 어렵고 많은 경험을 필요로 하기 때문에 이들 전문가를 키우고 확보하는데 어려움을 겪고 있다.

아직은 널리 적용되지 않고 있으나 필요한 보전 방식이 '선행보전 방식Proactive Maintenance'이다. 이는 예지보전 방식을 근간으로 하고 있으며, 결함의 원인을 찾아 보수를 하여도 반복적으로 발생하는 설비에 대해 적용하는 보전 방식으로 결함의 근본적인 원인을 찾아 해결하기 위한 것이다. 설비에서는 결함이 한 가지 원인에 의해 발생하는 경우도 있지만 복합적인 원인에 의해 발생하는 경우가 대부분이고, 1차 원인보다는 이들 원인에 의한 2차 원인으로 변형 또는 증폭되어 발생하는 결함이 많다. 단순히 표면적으로 나타난 결함 형태만 판단하고 보수를 실시하면 증상만 약화시킬 뿐 결함은 재차 발생하게 된다. 이를 방지하기 위해 결함의 근본적이 원인을 찾을 수 있도록 결함 메커니즘에 대한 철저한 해석과 함께 원천적으로 이들 결함을 제거할 수 있는 방법을 선택해야 하는데, 이것이 선행보전 방식이다. 기업에서는 실정에 맞게 이들 보전 방식을 선택하고, 설비의 유형에 따라 적용하여야 한다. 최근 들어 IT기술과 빅데이터 분석기술 및 VR_{Virtual Reality}이나 AR_{Augmented Reality} 기술이 발전함에 따라 이들 기술을 접목한 보전 관리 방식에 관심을 갖고 있다. 이들 기술의 융합은 결함의 원인을 보다 명확히 규명하고, 결함이 설비 상호 간에 어떤 영향을 끼치는 지를 확인함으로써 설비의 보수 방법과 효과를 높이는데 기여할 것으로 보고 있다.

07 결론

결론적으로, 다양한 유형의 유지보수 프로세스와 절차가 있지만, 핵심은 모든 정보를 수집하고 기록하여 모두가 데이터를 활용할 수 있도록 하는 것이다. 유지보수 KPI를 수립하려면 목표 설정의 필요성과 장비의 신뢰성에 대한 이해가 필요하다. 모든 유형의 유지보수에서 데이터를 수집하고 데이터 기반 조치를 결정하기 위해서는 양식, 체크리스트, 그리고 표준이 필수적이다. 최고 수준의 기술과 절차를 표준화하면 흔히 발생하는 문제를 줄이고 모든 직원이 이해하고 사용해야 하는 표준 사양과 실무 지침을 마련할 수 있다.

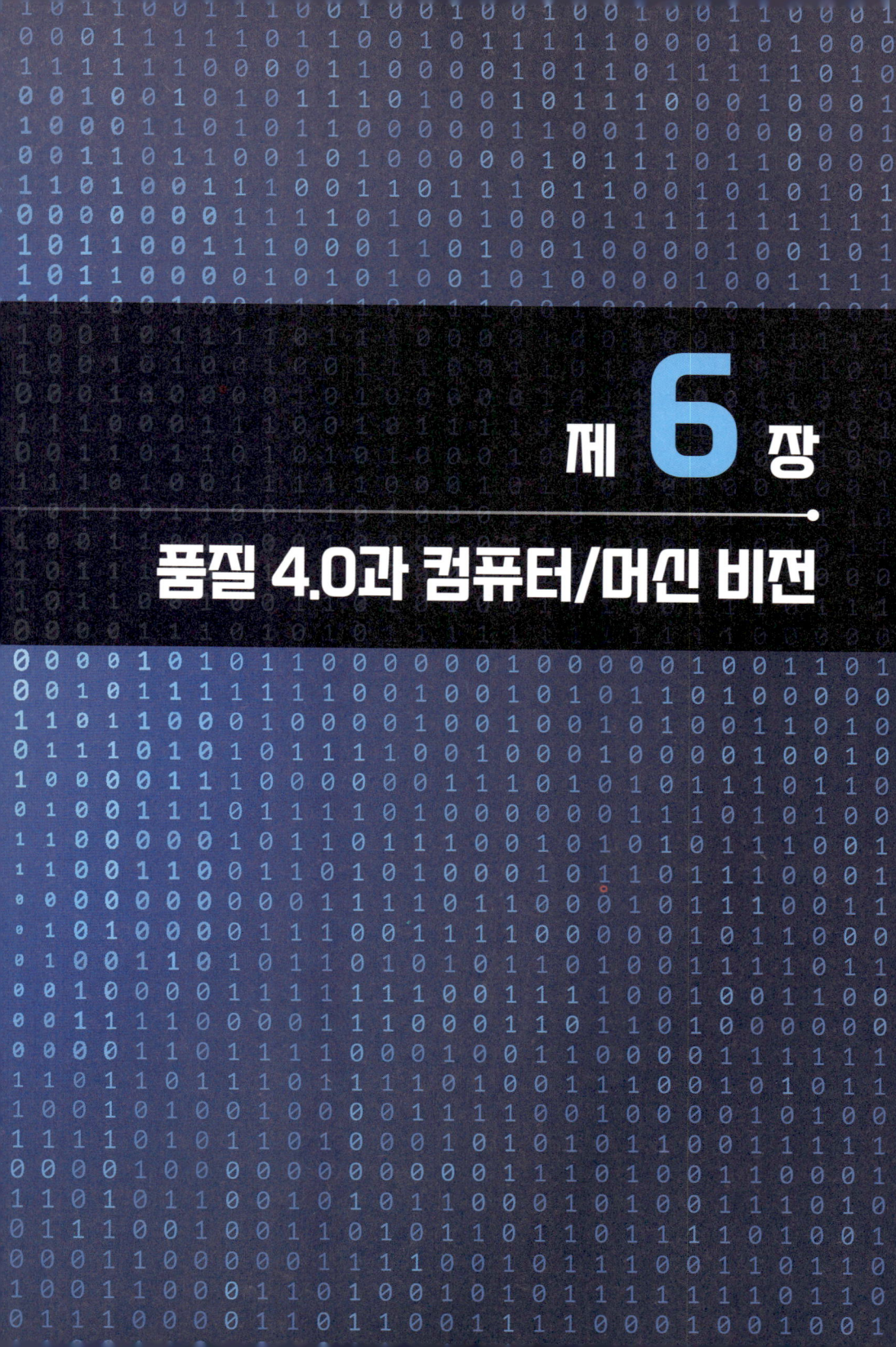

제 **6** 장

품질 4.0과 컴퓨터/머신 비전

01 개요

인간과 마찬가지로 컴퓨터, 로봇, 또는 설비도 다양한 도구를 사용하여 시각을 얻는다. 사람의 주요 시각 기관이 눈이라면, 설비와 컴퓨터에서는 카메라가 같은 역할을 하는 도구이다.

컴퓨터의 시각을 떠올릴 때 가장 먼저 떠오르는 기술과 시각 능력은 컴퓨터 비전 기술이다. 컴퓨터 비전 기술은 인간의 시각 과정을 매우 높은 수준에서 시뮬레이션 할 수 있으며 [그림6-1]과 같이 광범위한 분야에 적용될 수 있다.

컴퓨터 비전은 사람과 마찬가지로 실시간으로 보고 있는 이미지

[그림6-1] 제조업의 스마트 기술

로부터 정보를 얻을 수 있으며, 동시에 과거에 보고 메모리에 저장해 둔 이미지나 비디오_{객체}를 분석하여 즉각적인 정보를 얻을 수도 있다. 이러한 관점에서 컴퓨터 비전 기술은 매우 광범위한 특성과 보편성을 가지고 있다. 컴퓨터 비전과 매우 유사하고 종종 동일한 개념으로 취급되는 또 다른 기술은 머신 비전이다. 컴퓨터 비전과 마찬가지로 머신 비전 기술은 이미지와 비디오를 분석하고 유용한 정보를 추출할 수 있다. 동시에 두 기술의 구성 요소 간에는 많은 유사점이 있다.

둘 다 카메라와 센서를 사용하며 패턴 인식, 객체 감지 등과 같은 유사한 프로세스를 수행한다. 하지만 이 두 "유사한" 기술 사이에는 몇 가지 차이점이 있다. 이러한 차이점을 언급하기 전에 컴퓨터/머신 비전 기술에 대한 자세한 정보가 필요하다.

이 장에서는 컴퓨터/머신 비전의 개념, 설명 및 정의를 살펴본다. 인공지능_{AI}은 다양한 기술을 포함하는 광범위한 분야이다. 그중에서도 컴퓨터/머신 비전은 이미지 데이터를 다룬다는 점에서 비슷하지만, 실제 활용 목적과 환경에서 차이를 보인다. 컴퓨터 비전이 다양한 산업에 적용된다면 산업 분야에 적용할 수 있는 기술 중 하나가 머신 비전 기술_{또는 시스템}이다. 이 장에서는 두 기술의 공통점과 차이점, 그리고 이를 활용한 실제 사례를 통해 컴퓨터 비전과 머신 비전에 대해 살펴본다.

　과학자와 엔지니어는 약 70년 동안 기계가 시각적 데이터를 보고 이해할 수 있는 방법을 개발하기 위해 노력해 왔다. 실험은 1959년 신경 생리학자들이 고양이에게 여러 이미지를 보여주며 뇌의 반응과 상관관계를 알아보려는 실험에서 시작되었다. 신경 생리학자들은 큰 윤곽이나 선에 먼저 반응한다는 것을 발견했으며, 과학적으로 이는 이미지 처리가 직선 가장자리와 같은 단순한 모양에서 시작된다는 것을 의미한다.

　이와 거의 동시에 최초의 컴퓨터 이미지 스캐닝 기술이 개발되어 컴퓨터가 이미지를 디지털화하고 획득할 수 있게 되었다. 1963년 컴퓨터 비전의 아버지인 Lawrence Roberts는《Machine Perception Of Three-Dimensional Solids》를 출판하여 3D 이미지에서 고체 개체에 대한 2D 정보 추출에 대하여 설명하면서 또 다른 획기적인 발전이 이루어졌다. 1960년대에 AI는 학문의 한 분야로 부상했으며, 인간의 시력 문제를 해결하기 위한 AI 탐구의 시작을 알렸다.

　1974년에는 모든 글꼴이나 서체로 인쇄된 텍스트를 인식할 수 있는 광학 문자 인식$_{OCR}$기술이 도입되었다. 마찬가지로 지능형 문자 인식$_{ICR}$은 신경망을 사용하여 손으로 쓴 텍스트를 해독할 수 있다. 그 이후로 OCR과 ICR은 문서 및 송장 처리, 차량 번호판 인식, 모바일 결제, 기계 변환 및 기타 일반적인 애플리케이션 분야에서 활용되고 있다.

1982년 신경 과학자 데이비드 마David Marr는 시각이 계층적으로 작동한다는 것을 확증하고 기계가 가장자리, 모서리, 곡선 및 이와 유사한 기본 모양을 감지할 수 있는 알고리즘을 도입했다. 동시에 컴퓨터 과학자 후쿠시마 쿠니히코Kunihiko Fukushima는 패턴을 인식할 수 있는 세포 네트워크를 개발했다. 네오코그니트론Neocognitron이라고 불리는 이 네트워크에는 신경망에 컨볼루션 계층Convolutional Layer이 있다.

2000년까지 연구의 초점은 물체 인식에 맞춰졌다. 이어서 2001년에는 최초의 실시간 얼굴 인식 애플리케이션이 등장했다. 시각적 데이터 세트에 태그를 지정하고 주석을 추가하는 방법에 대한 표준화는 2000년대에 등장했다. 2010년에는 ImageNet 데이터 세트를 사용할 수 있게 되었다. ImageNet은 1,000개의 객체 클래스에 걸쳐 수백만 개의 태그가 지정된 이미지를 포함하고 있으며 오늘날 사용되는 CNN 및 딥 러닝 모델의 기반을 제공한다.

이후 OpenAI에서 개발한 GPT가 컴퓨터 비전과 자연어 처리 간의 융합을 전개하면서 컴퓨터 비전은 더욱 발전하고 있다.

[표6-1] 컴퓨터 비전 발전 역사

년도	주요 내용
1957	러셀 A. 커쉬 박사와 그의 팀이 최초의 디지털 이미지 스캐너인 '사이클로그래프(Cyclograph)'를 개발함
1962	데이비드 허벨과 토르스텐 비젤은 고양이와 이후 영장류에서 시각 피질의 구조와 기능에 대한 획기적인 연구를 수행, 시야에서 경계와 방향을 감지하는 뉴런의 존재를 밝힘
1963	컴퓨터 비전의 아버지로 불리는 래리 로버츠는 1963년 6월 MIT에서 3차원 고체의 기계 인식에 관한 논문을 발표, 3D 이미지에서 고체 개체에 대한 2D 정보 추출에 대해 설명함
1966	'The summer vision project' 컴퓨터 비전의 시작이 된 MIT의 프로젝트, 사진의 여러 부분을 식별하고 분류하는 것이 목표
1968	하버드 대학교 컴퓨터 과학자 이반 서덜랜드가 컴퓨터 그래픽과 현실 세계를 결합하여 증강현실(AR)의 초창기 형태를 만들어낸 초기 헤드 마운트 디스플레이 시스템인 다모클레스 검을 개발
1972	이미지에서 선이나 원과 같은 간단한 기하학적 모양을 감지하는데 널리 사용되는 허프 변환을 Richard Duda와 Peter Hart가 개발
1973	마이클 A. 피슐러와 로버트 A. 엘슬라거가 컴퓨터 비전 분야에 중요한 공헌을 한 논문 "그림 구조의 표현과 매칭"에서 처음 제시
1980	네오코그니트론(Neocognitron)은 1980년대 쿠니히코 후쿠시마가 개발한 패턴 인식 및 이미지 처리를 위한 신경망 모델. 이는 합성곱 신경망(CNN)의 초기 형태로, 딥러닝과 컴퓨터 비전의 역사에서 중요한 역할을 함
1983	데이비드 마는 《비전(Vision)》이라는 책을 출간, 생각하는 비전이 무엇인지, 컴퓨터 비전이 어떤 방향으로 나아가야 하는지, 컴퓨터가 visual world를 인식하기 위해 어떤 알고리즘을 개발해야 하는지를 담고 있는 저서
1987	컴퓨터 비전 및 이미지 처리에 사용되는 에지 검출 기법인 데리셰 에지 검출기 개발, 이미지에서 기울기 정보를 계산하여 서로 다른 객체나 영역 사이의 에지나 경계를 찾는 개념을 기반으로 함
1988	Michael Kass, Andrew Witkin 그리고 Demetri Terzopoulos가 액티브 컨투어 모델을 소개, "스네이크(Snake)"라고도 불리는 능동 윤곽 모델은 이미지 분할 및 경계 감지에 사용되는 컴퓨터 비전 모델의 한 종류
1991	매튜 터크와 알렉스 펜틀랜드가 얼굴 인식을 위한 슬라이딩 윈도우 방법을 개발했으며, 주성분 분석(PCA)에 기반한 잘 알려진 얼굴 인식 방법
1993	토니 린드버그가 도입한 스케일 공간 블롭 감지 기법은 다양한 크기의 이미지에서 얼룩과 같은 구조를 감지하는 방법
1999	마이클 카슨이 〈블롭월드 : 영역 기반 이미지 인덱싱 및 검색 시스템〉이라는 논문에서 영역 기반 이미지 인덱싱 및 검색을 위해 설계된 블롭월드 프레임워크를 제시
1999	David Lowe의 SIFT feature를 사용하는 방법을 발표. 객체의 여러 특징 중 다양한 변화에 잘 변하지 않는 객체에서 중요한(diagnostic) 특징들을 찾아내고, 다른 객체에 그 특징들을 매칭 시키는 방법임
2000	인텔에서 개발한 오픈소스 컴퓨터 비전 및 머신러닝 소프트웨어 라이브러리인 오픈소스 컴퓨터 비전 라이브러리(OpenSource Computer Vision Library) 출시
2001	Paul Viola와 Michael Jones가 이미지나 비디오에서 객체를 식별하는데 사용되는 머신 러닝 객체 탐지 방법을 개발했는데 AdaBoost 알고리즘을 이용한 실시간으로 얼굴 탐지하는 것으로 효율이 뛰어난 것으로 잘 알려져 있음

년도	주요 내용
2004	폴 비올라와 마이클 존스가 개발한 비올라-존스 얼굴 검출 모델은 이미지와 비디오에서 얼굴을 검출하는 선구적이고 영향력 있는 접근 방식임
2005	VSLAM(시각적 SLAM : 동시 위치 측정 및 지도 작성)은 일반적으로 카메라에서 수집된 시각적 데이터를 활용하여 환경 지도를 구축하고 해당 환경 내에서 기기의 위치를 추정하는 SLAM의 하위 집합임
2006	허버트 베이, 틴네 투이텔라스, 뤽 반 굴이 개발한 SURF(Robust Features) 알고리즘은 컴퓨터 비전 분야에서 특징 탐지 및 설명 알고리즘
2009	PASCAL VOC(Visual Object Classes) 대회와 ImageNet 대회가 개최되었는데 대규모 데이터셋과 벤치마크 과제를 제공하여 컴퓨터 비전 분야의 객체 인식을 발전시키기 위해 도입함
2010	PASCAL VOC(Visual Object Classes) 대회와 ImageNet 대회는 대규모 데이터셋과 벤치마크 과제를 제공하여 컴퓨터 비전 분야의 객체 인식을 발전시키기 위해 도입. 컴퓨터 비전 및 이미지 인식 분야에서 매년 열리는 대회
2012	AlexNet은 이미지 분류를 위해 설계된 심층 합성곱 신경망 아키텍처로 Alex Krizhevsky, Ilya Sutskever, Geoffrey Hinton이 개발
2014	생성적 적대 신경망(GAN)은 생성자와 판별자라는 두 개의 신경망으로 구성된 딥러닝 프레임워크로 이언 굿펠로우와 그의 동료들에 의해 소개되었으며, 이후 특히 컴퓨터 비전 분야에서 데이터 생성을 위한 강력한 도구로 자리 잡음
2014	VGG는 컴퓨터 비전 작업, 특히 이미지 분류에 널리 사용되는 고전적인 딥러닝 아키텍처 중 하나임
2015	스킨드 멀티-퍼슨 선형(SMPL) 모델은 컴퓨터 그래픽, 컴퓨터 비전, 컴퓨터 지원 설계 분야에서 널리 사용되고 영향력 있는 모델임. 주로 인체를 사실적이고 효율적인 방식으로 모델링하고 애니메이션화하는데 사용
2015	신경망 스타일 전이는 한 이미지의 콘텐츠와 다른 이미지의 예술적 스타일을 결합하는 딥러닝 기법으로 인식 가능한 콘텐츠와 독특한 예술적 스타일이 혼합된 시각적으로 인상적이고 예술적인 이미지를 생성함
2017	OpenPose는 실시간 다자간 키포인트 감지를 위해 설계된 컴퓨터 비전 시스템으로, 주로 사람의 자세 추정에 중점을 둠
2018	You Look Only Once는 2015년 Joseph Redmon과 Ali Farhadi가 처음 소개. YOLO v3는 2018년에 출시. YOLO v3는 실시간 객체 감지 기능을 제공하여 획기적인 변화를 가져옴. 자율주행차 및 영상 감시 시스템과 같은 애플리케이션이 시각 데이터를 고속으로 처리하고 해석할 수 있도록 함. 현재 YOLO v.11(2024) 출시
2019	EfficientNet은 모델 정확도와 연산 효율성 간의 균형을 맞추도록 설계된 최신 아키텍처로 이미지 분류 작업에서 뛰어난 성능과 효율성을 제공함
2020	OpenAI에서 개발한 GPT-3는 자연어 처리 능력으로 유명한 대규모 언어 모델로 주로 텍스트 관련 작업을 위해 설계되었지만, 시각 언어 작업에도 다재다능하고 적용 가능한 것으로 나타남
2021	오픈AI(OpenAI)는 텍스트 설명으로부터 이미지를 생성하는 DALL-E를 공개하며 컴퓨터 비전과 자연어 처리 간의 융합을 실현하고, 멀티모달 AI의 발전에 중요한 이정표를 세움
2024	Midjourney v7와 DALL-E 3는 사진과 같은 수준의 사실적인 이미지 생성 능력을 보여주며, 컴퓨터 비전이 단순히 이미지를 분석하는 단계를 넘어 고품질의 이미지를 창조하는 영역으로 진화했음을 입증함

03 컴퓨터 비전 개념 및 정의

디지털 전환Digital Transformation의 시대에 접어들면서 인공지능AI, 특히 컴퓨터/머신 비전은 비용, 인력 부족, 시장 대응 속도 등의 구조적인 한계를 극복하기 위한 핵심 동력으로 부상하고 있다.

1970년대에는 컴퓨터 비전이 기본적인 작업을 처리하는데 그쳤지만, 오늘날에는 복잡한 작업에서도 최대 99%의 정확도를 달성한다. 이러한 성장을 이끄는 주요 요인으로는 시각 데이터의 폭발적인 증가, 저렴한 컴퓨팅 성능, 그리고 딥러닝 알고리즘의 발전이 있었다. 컴퓨터/머신 비전 기술은 품질 검사, 재고 관리, 고객 응대와 같은 주요 업무를 자동화함으로써 기업의 운영 효율성과 생산성을 획기적으로 향상시킬 수 있으며 생산 및 유통 과정에 컴퓨터/머신 비전을 적용한 사례에서는 제품 품질의 일관성 유지, 재고 정보 신뢰도 제고, 전반적인 업무 프로세스의 안정화에 기여하고 있다.

컴퓨터 비전CV은 기계가 사람이 시각 자료를 보고 이해하는 방식과 유사하게 컴퓨터를 통해 디지털 이미지를 처리하고 이를 바탕으로 유의미한 정보를 추출하여 행동 혹은 의사결정을 지원하는 것으로 인공지능의 한 분야로 정의된다. 이 시스템은 인간보다 더 높은 효율성과 정확성을 가지고 시각 작업을 수행한 후 얻어진 데이터에 대한 이해를 통해 정보를 예측할 수 있도록 돕는 것을 목표로 한다.

기업의 현장에서는 컴퓨터 비전이 주로 두 가지 영역에서 집중적으로 활용되고 있다.

먼저 '자동 품질 검사Automated Quality Inspection'로 CNN이나 R-CNN과 같은 합성곱 신경망을 활용하여 생산 중에 발생할 수 있는 스크래치, 파손, 결함 등을 자동으로 식별하고 탐지한다. 다음은 '자동 재고 모니터링Automated Inventory Monitoring'으로 카메라와 딥러닝 모델을 통해 제품 수량을 계산하고, 진열 상태를 분석하며, 라벨 인식과 실시간 재고 예측 등을 통해 물류 및 재고 관리를 고도화할 수 있다.

이러한 컴퓨터 비전 기반 자동화 시스템을 기업 환경에 효과적으로 도입하기 위해서는 기술적으로 정교하게 설계된 실행 단계가 필요하다.

우선 데이터 입력 단계에서는 일정한 조도와 고정된 설치 각도를 유지한 산업용 카메라를 통해 고해상도 이미지 및 영상을 안정적으로 확보해야 한다. 다음으로는 '데이터 라벨링 및 모델 학습' 단계로 수작업 혹은 반자동 방식으로 주석이 부착된 이미지 데이터를 기반으로 YOLO 등의 딥러닝 모델을 학습시켜 객체 인식 및 결함 탐지 성능을 최적화한다. 이후 실제 환경에 적용할 때는 실시간 처리 속도를 중시하는 경우 엣지 컴퓨팅Edge AI을 활용하며, 복잡한 분석이 필요한 경우 클라우드 기반 분석 및 Human-in-the-Loop 프로세스를 결합하여 정확도와 유연성을 동시에 확보할 수 있다. 마지막으로, 분석 결과는 ERP 또는 IoT 기반의 기업 내부 시스템과 통합되어 실시간 재고 업데이트, 품질 이상 알림, 자동 발주 등의 후속 작업을 연동하는 구조로 운영된다.

이러한 컴퓨터 비전 도입은 기업에게 실질적인 이점을 제공한다.

첫째, 제품 생산 라인에서의 실시간 결함 탐지를 통해 사람에 의한 오류를 최소화하고, 검사 속도를 획기적으로 향상시킨다.

둘째, 반복적이고 시간이 많이 소요되는 검사 및 재고 관리 업무를 자동화함으로써 인건비 절감과 인력 효율화를 도모할 수 있다.

셋째, 시스템이 연속적으로 데이터를 수집 및 분석함으로써 재고 수준을 정확하게 파악하고 공급망 전반의 의사결정을 신속하고 정밀하게 지원하는 것이 가능해진다.

그러나 컴퓨터 비전 도입 과정에서 기업이 직면하는 현실적인 과제도 존재한다. 초기 투자비용과 기술 인력의 부재는 가장 큰 장애 요인이다. 이에 대한 대응책으로는 사전 학습된 모델을 기반으로 하는 SaaS 솔루션이나 Plug-and-Play 형태의 상용 솔루션을 활용하는 것이 유효하다. 또한, 데이터의 품질과 보안성 확보 역시 중요한 과제이다. 다양한 조건의 데이터를 수집하고 이를 표준화 및 정제하는 작업이 선행되어야 하며 데이터 편향Bias을 최소화하기 위해 정기적인 검수 절차가 병행되어야 한다. 아울러 시스템의 확장성과 타 시스템과의 통합 가능성도 고려해야 하며 파일럿 단계에서 시작하여 점진적으로 확장하는 로드맵을 수립하고, IoT 및 ERP 시스템과의 통합을 통해 데이터의 일관성과 실시간성을 확보하는 것이 바람직하다.

04 머신 비전 개념 및 정의

머신 비전MV은 하드웨어 및 소프트웨어 시스템을 사용하여 이미지 기반 자동 검사 및 분석에 사용되는 기술과 방법으로 정의되며, 일반적으로 적합/부적합 또는 통과/미통과 기준에 따라 수신 및 처리된 데이터에 대해 적절한 조치를 취한다. 인공지능, 딥러닝, 영상처리 알고리듬 등 소프트웨어에 크게 의존하는 컴퓨터 비전과 달리, 머신 비전은 이미지 캡처 및 분석과 같은 작업을 위해 카메라, 렌즈, 조명, 이미지 프로세서, 제어 장치가 패키지로 구성된 특수 소프트웨어와 하드웨어를 통합하는데 중점을 둔다. 머신 비전은 시스템 엔지니어링 분야에 속하는 새로운 방식의 기술로 기존 기술을 사용하고 통합하여 실제 문제에 대한 해결책을 제공하는데 사용된다.

머신 비전은 센서를 사용하여 사물을 감지하는 지능형 시스템이다. 사람이 시각을 통하여 인식하거나 판단하는 일을 카메라를 비롯한 센서류에서 취득한 이미지 데이터나 비디오를 컴퓨터가 인식하고 판단하는 기술이다. 즉, 컴퓨터에 시각 기능을 부여한 기술이라고 말할 수 있다. 컴퓨터의 기능을 활용하여 현장 속 물체를 감지하고, 그 상태에 대한 정보를 얻고, 이 정보를 분석하여 의사결정 프로세스를 구현하는 통합 지능형 시스템이다. 머신 비전은 지능형 비전_{Intelligent Vision}이라고도 한다. '머신 비전'이라는 용어는 종종 '로봇 비전'이라는 용어와 함께 사용되기도 하지만 두 용어는 같은 의미가 아니다. 로봇 비전은 머신 비전의 기술을 통합하므로 일부 머신 비전 애플리케이션이 로봇공학에 기반하고 있다면 두 용어를 혼용하여 사용할 수 있다. 그렇지 않은 경우 로봇 비전은 그 자체로 별도의 연구 영역이기 때문에 같이 사용할 수 없다.

머신 비전이 주목받는 이유는 1970년대부터 시작되었던 머신 비전이 처음에는 바코드를 읽을 수 있는 정도로 초보적인 기술이었지만 인더스트리 4.0이 도입되면서 AI나 IoT를 비롯한 기술의 진보로 고도의 판정 기능이 실용화되어 정밀한 검사가 필요한 품질관리 부문에서도 이용할 수 있게 되었기 때문이다. 특히 업무 부하가 높고 정밀도가 요구되는 검사 공정에 머신 비전을 도입하면 작업자의 부담을 줄이고 인적 자원을 최대한 활용할 수 있다. 즉, 검사 작업의 정도 향상뿐 아니라 인력 부족 문제도 해결할 수 있어 머신 비전이 도입되고 있다. 머신 비전으로 취득한 이미지 데이터를 이용하는 검사를 이미지 검사라고도 한다.

머신 비전의 핵심 구성 요소는 카메라, 조명 시스템, 이미지 처리 장치, 소프트웨어 알고리즘이다. 이러한 구성 요소들은 서로 협력하여 물체 감지, 결함 감지, 시각 검사 등의 작업을 높은 정밀도로 수행한다. 예를 들어, 스테레오 비전은 두 대의 카메라를 사용하여 최대 0.1mm의 정확도로 깊이를 계산하므로 정밀한 물체 배치에 이상적이다. 구조광은 표면에 패턴을 투사하여 왜곡을 측정하는데,

이는 산업분야의 검사에 유용하다. ToF_{Time-of-Flight} 센서는 빛이 이동하는 데 걸리는 시간을 측정하여 동적 물체 추적을 위한 3D 지도를 생성한다. 이러한 기술은 머신 비전 솔루션의 핵심을 이루며 산업 분야에서 안정적인 성능을 구현한다.

05 머신 비전과 컴퓨터 비전의 공통점과 차이점

컴퓨터 비전 기술은 1950년대 초, 통계적 패턴 인식을 위한 단순한 2차원 이미지 처리에서 출발했다. 이후 1978년, MIT AI 연구소의 과학자들이 컴퓨터가 생성한 2D 스케치를 기반으로 3D 모델을 추론하는 상향식 접근법을 개발하면서 컴퓨터 비전의 실제 활용 가능성이 본격적으로 드러났다. 이러한 연구를 기점으로 이미지 인식 기술은 빠르게 발전했으며, 이후 다양한 활용 사례에 따라 크게 머신 비전과 컴퓨터 비전 범주로 나누어졌다.

1. 머신 비전과 컴퓨터 비전의 공통점

- 육안보다 정확하고 빠르기 때문에 노동력을 절감할 수 있어 사람들이 더 창의적이고 높은 수준의 업무에 집중.

- 컴퓨터 비전과 머신 비전은 모두 이미지 캡처 및 분석을 통해 인간의 눈이 따라 갈 수 없는 속도와 정확도로 작업을 수행.
- 이미지 센서와 렌즈를 사용하여 시각 데이터를 수집하기 위해 이미지 처리 장치 사용.
- 일부 최신 디지털 카메라를 제외한 대부분의 경우 이미지 캡처 보드인 프레임 그래버 사용.
- 정확한 데이터 수집을 위해 최적화된 조명 시스템 설계.
- 컴퓨터 또는 스마트 카메라 내장 소프트웨어로 데이터 분석을 위해 이미지 처리 소프트웨어 활용.

2. 머신 비전과 컴퓨터 비전의 차이점

머신 비전은 주로 산업 자동화 분야에 적용되며, 이미지 센서를 통해 측정 및 판단을 위해 인간의 눈을 대체하는 것을 목적으로 한다. 반면 컴퓨터 비전은 보다 학문적인 분야이지만 이미지 처리, 기하학, 패턴 인식과 같은 여러 학문 분야의 지식을 결합하여 컴퓨터가 디지털 이미지를 이해하고 처리할 수 있도록 하는 것을 목표로 한다.

인더스트리 4.0과 인공지능 시대에 두 분야 모두 급속히 발전하여 품질 검사, 로봇 내비게이션, 의료 진단 등 여러 측면에서 널리 사용되고 있다.

[표6-2] 머신 비전과 컴퓨터 비전의 차이점

구분	컴퓨터 비전	머신 비전
목표	• 일련의 이미지에서 기능을 학습하여 AI 모델을 훈련시킨 다음 예측하는 것	• 기계가 주변 환경을 시각적으로 감지하여 의사 결정을 자동화할 수 있도록 하는 것
용어	• 주로 딥 러닝/인공 지능의 맥락에서 사용	• 주로 산업 자동화의 맥락에서 사용
처리 능력	• 처리 능력이 뛰어남	• 더욱 간편하고 자동화된 옵션을 제공
사용 목적	• 이해와 예측에 더 중점을 두고 더 복잡한 의사결정에 사용	• 컴퓨터 및 특정 소프트웨어와 함께 작동
작동	• 하나의 솔루션으로 독립적으로 사용	• 산업 또는 실제 응용 분야에서 로봇 비전과 컴퓨터 비전을 사용 • 특정 소프트웨어가 필요하기 때문에 독립적으로 작동할 수 없으며, 더 큰 시스템에 통합되어야 함
입력 측면	• 실제 이미지와 합성 이미지, 동영상, 스틸 사진을 사용하는데 실시간이 아닌 경우에도 사용 가능 • 카메라, 열 센서, 라이더, 동작 감지기, 레이더 등 다양한 소스의 이미지 처리	• 카메라와 같은 하드웨어 및 이미지 캡처 시스템에서 실시간으로 시각 데이터를 사용 • 카메라가 촬영한 이미지만 처리
결과 측면	• 시각적 식별, 증강/증폭된 이미지 및 동영상뿐만 아니라 크기, 색상, 강도 및 기타 특성에 대한 정보 생성	• 물체의 유무, 여러 패턴, 결함 또는 색상을 기반으로 합격/불합격 또는 통과/미통과 결정과 같은 정보 생성
인체 비교	• 망막, 시신경, 뇌, 중추 신경계	• 눈과 입(로봇 비전은 팔과 다리)
적용 분야	• 안면인식, 의료진단, 행동분석과 같이 보다 복잡한 이해와 판단이 필요한 작업 • 매개변수가 없으며, 이전에 본 적이 없는 물체를 보더라도 그 물체의 유형을 인식하고 판단할 수 있음 • 컴퓨터 비전 알고리즘은 많은 정보를 입력받고 다양한 물체를 인식하도록 훈련되어 인간의 뇌가 이미지를 처리하는 방식을 모방하며, 이미지 분류와 같은 더 복잡한 작업에 자주 사용	• 물체 검사, 제품 검사, 측정과 같이 자동화 작업의 난이도가 낮거나 중간 정도인 경우에 유용하게 사용 • 자동화된 작업에 자주 사용되며, 소프트웨어에서 카메라가 정확히 무엇을 찾아야 하는지 알려주는 엄격한 매개변수 설정
응용	• 자율주행차가 차선을 감지하고 차량, 장애물, 신호의 흐름을 파악하며 독립적으로 경로를 계획하고 3D 맵을 생성할 수 있도록 하는데 더 적절	• 다양한 업계의 제조, 유통 및 주문 처리 애플리케이션에서는 더 빠른 속도, 더 높은 효율성 및 뛰어난 시스템 안정성을 위해 지능형 디팔레타이징 및 팔레타이징 솔루션 사용

06 컴퓨터/머신 비전의 장점과 단점

1. 컴퓨터 비전의 장점과 단점

(1) 컴퓨터 비전의 장점

- **비용 절감** : 컴퓨터 비전으로 작업을 자동화하면 운영비용을 절감하고 생산성을 향상하며 오류를 최소화할 수 있다.

- **확장성** : 컴퓨터 비전 시스템은 일단 구현되면 대량의 데이터를 처리하도록 쉽게 확장할 수 있으므로 성장하는 비즈니스나 대규모 운영에 적합하다.

- **애플리케이션별 커스터마이징** : 데이터 세트를 사용하여 컴퓨터 비전 모델을 미세 조정할 수 있으므로 애플리케이션의 요구 사항을 충족하는 고도로 전문화된 솔루션을 제공할 수 있다.

- **자동화 및 효율성 향상** : 사람의 시각 검사를 자동화하여 24시간 동작 가능하며 검사 속도가 빠르고, 동일한 조건으로 반복 작업이 가능하다.

- **정밀도와 일관성** : 미세한 결함이나 색상 차이까지 감지가 가능하며 검사자의 피로, 주관적 판단에 따른 편차가 없다.

- **대규모 데이터 처리** : 실시간으로 수천~수만 개 이미지 분석처리가 가능하며 영상기반 품질 · 공정 데이터 수집 및 분석에 유리하다.

- **비접촉 검사** : 제품에 물리적 손상을 주지 않고 검사 가능하며 고속 생산 라인에서도 적용 가능하다.

- **스마트공장** · AI와 결합 용이 : 딥러닝 · 머신러닝 기반 불량 예측, 공정 최적

화가 가능하며 IoT, CPS, 디지털트윈 등과 쉽게 연동할 수 있다.

(2) 컴퓨터 비전의 단점

- **데이터 품질** : 입력 데이터의 품질은 컴퓨터 비전 시스템의 정확도에 매우 중요하다. 품질이 좋지 않은 데이터는 부정확한 결과와 시스템에 대한 신뢰 상실로 이어질 수 있다. 특히 AI 기반 컴퓨터 비전(CV)의 경우 학습 데이터 품질과 양에 따라 성능의 편차가 발생할 수 있으며, 불량 패턴이 드물거나 새로운 경우 인식에 어려움이 존재한다.

- **개인 정보 보호 문제** : 종종 감시 및 추적에 사용되기 때문에 특히 모니터링 대상의 동의 없이 사용할 때 개인 정보보호 문제가 발생할 수 있다.

- **윤리적 고려 사항** : 컴퓨터 비전 기술은 좋은 목적과 나쁜 목적 모두에 사용될 수 있으며 책임감 있게 사용되도록 윤리적 지침과 규정이 필요하다.

- **기술적 복잡성** : 컴퓨터 비전 시스템의 개발에는 상당한 기술 전문 지식이 필요하며 복잡하고 시간이 많이 소요될 수 있다. 다시 말해 단순 결함 탐지에는 강하지만, 원인 분석이나 복합적 품질 판단은 한계가 있으며 전문 엔지니어의 해석과 공정 지식이 여전히 필요하다.

- **초기 도입 비용** : 고해상도 카메라, 조명, GPU 서버 등 하드웨어 투자 비용이 높으며 AI 모델 학습용 데이터 구축 비용도 상당하다.

- **환경 의존성** : 조명, 먼지, 진동, 카메라 각도 변화에 따라 인식률 저하될 수 있으며 지속적인 환경 보정 필요하다.

- **복잡한 유지보수** : 하드웨어 고장, 소프트웨어 업데이트, AI 재학습이 필요하며 생산라인 변경 시 카메라 · 알고리즘 재설정이 필요하다.

2. 머신 비전의 장점과 단점

(1) 머신 비전의 장점

인간의 시력보다 더 나은 해상도로, 더 넓은 스펙트럼에 걸쳐 볼 수 있으며 더 빠르게 작업을 처리할 수 있으므로 머신 비전은 다음과 같은 광범위한 이점을 제공한다.

- **제품 품질 개선** : 결함으로 인해 거부된 제품은 비용, 낭비 및 평판 손상의 중요한 원인이다. 머신 비전을 통한 자동 검사는 속도와 정확성을 개선하여 미세한 결점도 놓치지 않기에 품질 향상에 기여할 뿐만 아니라 포장 또는 배송 전에 많은 종류의 문제를 포착하고, 점점 더 적은 수의 어려운 사례를 위해 검사관을 두는 것을 가능하게 한다.
- **업무 효율화를 통한 생산성 향상** : 카메라를 통해 수집한 정보를 토대로 컴퓨터가 판단하고 결과를 출력하기 때문에 사람이 검사하는 것보다 매우 빨라 생산성 향상과 효율성을 높일 수 있다.
- **부품 및 제품 추적** : 머신 비전 시스템은 최초 생산부터 배송, 최종 판매에 이르기까지 모든 단계에서 제품 및 포장물에 있는 코드를 판독하여 중요한 추적 정보를 제공할 수 있다. 이를 통해 발송인은 포장물의 현재 위치를 알 수 있고 지연이나 배송 오류를 신속하게 감지하고 손상이나 기타 문제를 추적하여 그 원인을 찾을 수 있다.
- **생산성 및 전체 장비 효율성 향상** : 머신 비전 시스템은 작업 속도를 높이고, 사이클 시간을 단축하며, 교대 과정에서 성능이 저하되지 않는다. 이 시스템은 설치된 모든 장비를 가장 효율적으로 사용할 수 있는 정보를 제공한다.

- **폐기물 절감** : 머신 비전은 제조상의 결함을 포착하거나, 과충전을 식별하거나, 결함의 원인을 파악함으로써 여러 가지 방법으로 폐기물과 폐기율을 줄일 수 있다. 이를 통해 시간이 지남에 따라 간접비를 제어하고 원자재 비용을 절감할 수 있다.

- **인력 부족 극복** : 제조업은 상당한 인력 부족에 직면하고 있으며, 이 문제는 더 악화 될 것으로 예상된다. 이 작업은 피곤하고 어려울 수 있다. 머신 비전으로 제조를 자동화하면 숙련된 인력을 고부가가치 활동을 위해 보유할 수 있다. 또한 머신 비전을 도입한 검사 공정에서는 인적 자원의 확보가 쉬워 직원들의 워라밸 향상과 공장 전체의 인력 부족 문제를 해결할 수 있다.

- **프로세스 개선** : 머신 비전은 제품 품질의 변화를 즉시 감지하고 제품 수명 주기의 모든 단계에 대한 시각적인 기록을 유지한다. 이러한 형태의 빅데이터는 프로세스 병목 현상, 설비 기능 저하 및 일반적인 오류 원인을 밝혀 지속적인 프로세스 개선을 가능하게 한다.

- **규정 준수 보장** : 프로세스 개선 결정을 내리는 데 사용되는 머신 비전의 생성 데이터 및 이미지는 제약, 의료기기, 자동차, 식음료 등과 같은 산업에서 보고 규정을 준수하는 데 필요한 데이터도 제공한다.

- **안전성 개선** : 산업 자동화를 가능하게 함으로써 작업자는 시끄럽고 잠재적으로 위험한 설비와의 상호작용을 최소화할 수 있다. 장비에 문제가 있는 경우 머신 비전이 제공하는 정보를 통해 원격으로 진단하고 조정할 수 있다.

- **고객만족도 향상** : 육안 검사에서는 눈으로는 판별이 어려운 품질의 이상을 통과시킬 우려가 있다. 그러나 머신 비전은 고해상도 카메라를 이용하므로 아주 정확하게 적합/부적합의 판단을 내릴 수 있어 육안 검사보다 높은 정밀도

를 기대할 수 있다. 제품의 품질 체크 항목 수를 늘리고 고객의 높은 규격 요구 대응도 유연하여 품질관리 수준이 높아져 품질 향상을 기대할 수 있다.

- **업무 표준화로 인적 영향 최소화** : 정해진 제품 품질 판단 기준을 100% 준수할 수 있는 것도 머신 비전의 장점이다. 사람의 눈으로 하는 육안 검사는 동일 검사자일지라도 컨디션이나 감각의 차이에 따라 판단에 차이가 발생하기 쉽다. 또한 숙련자와 초임자 간에도 검사의 정확도에 차이가 발생한다. 그러나 머신 비전의 검사 정밀도는 편차가 발생하지 않기 때문에 정밀도 향상과 인적 요소에 의한 검사 결과에의 영향을 최소화할 수 있다.

(2) 머신 비전의 단점

- **초기 도입 비용** : 고품질 카메라, 조명, 소프트웨어 등 초기에 설치 비용이 다소 높게 든다.

- **유연성 부족** : 특정 제품과 검사 조건에 맞춰 설계되므로, 제품 규격 · 형상 · 공정 조건이 바뀌면 하드웨어와 소프트웨어를 재설계해야 하며, 새로운 불량 유형에 대응하려면 전용 알고리즘을 추가 개발해야 한다.

- **초기 설치 · 튜닝 복잡성** : 작업에 맞는 학습 데이터 준비가 필요하며 시스템 준비 과정이 까다롭다. 즉 카메라 위치, 렌즈 초점, 조명 종류 · 각도 등 물리적 세팅이 까다로우며 설치 후에도 미세 조정과 테스트 반복이 필요하다.

- **환경 민감성** : 정확도가 높은 만큼 조명이나 객체의 움직임 등 환경 변화에 민감하게 반응하기 때문에 철저한 관리가 필요하다. 조명 변화, 먼지, 진동, 제품 위치 오차 등에 성능이 쉽게 영향을 받을 뿐만 아니라 라인 속도 변화나 제품 표면 반사율 변화에도 튜닝 필요하다.

- **고정된 규칙 기반 처리 한계** : 전통 머신 비전은 주로 규칙 기반(Feature-based)으로 처리되기에 예외 상황이나 변형된 결함에 대한 대응력이 낮으며 변형 · 왜곡 · 복합 불량 검출에는 어려움이 존재한다.
- **확장성 및 유지보수 비용** : 라인 추가, 제품 변경 시 장비 확장 비용이 높고 시스템의 정기적인 점검 및 업데이트가 필요하며 장기간 사용 시 부품 교체, 조명 교체, 소프트웨어 업그레이드가 필요하다.
- **데이터 활용 제한** : 결과를 '합격/불합격' 정도로만 제공하는 경우가 많아 장기적인 품질 분석이나 AI 학습용 데이터 확보에는 한계가 있다.

07 컴퓨터/머신 비전 응용

머신 비전과 컴퓨터 비전의 활용 분야는 상당히 다르다. 머신 비전은 앞에서 설명했듯이 일반적으로 공장이나 생산라인과 같은 통제된 환경에서 사용된다. 머신 비전은 결함 감지, 품질 관리 및 자재 취급과 같은 작업을 수행한다. 예를 들어, 자동차 회사는 부품의 결함을 검사하고 조립이 제대로 되었는지 확인하기 위해 시간당 수천 개의 제품을 검사하여 사람의 개입 없이 일관된 품질을 보장할 수 있으며 제약 회사는 라벨과 포장의 정확성을 확인하는데 머신 비전을 사용한다. 이러한 시스템은 밀리초 단위로 작동하므로 고속 생산라인에 필수적이다.

하지만 컴퓨터 비전은 훨씬 더 다재다능하다. 역동적인 환경에서도 작동하고 비정형 데이터를 처리할 수 있어 얼굴 인식이나 자율주행차와 같은 애플리케이션에 활용된다. 예를 들어, 테슬라의 자율주행차는 컴퓨터 비전을 활용하여 도로 표지판, 보행자, 그리고 다른 차량을 식별한다. 농업 분야에서는 컴퓨터 비전이 드론 이미지를 분석하여 작물의 건강 상태를 모니터링한다. 이러한 사례들은 컴퓨터 비전이 다양한 분야에 어떻게 적용되어 산업 자동화를 넘어선 솔루션을 제공하는지 보여준다. 의료 분야에서 컴퓨터 비전은 의료 영상을 분석하여 질병을 감지하고 소매업에서는 고객 행동을 추적하여 매장 배치를 최적화하기 위해 컴퓨터 비전을 활용한다.

산업 자동화 시스템 즉 통제된 환경에서 효율성과 신뢰성에 중점을 둔다면 머신 비전이 더 나은 선택이다. 하지만 역동적이고 복잡한 환경에서 탁월한 성능을 발휘하기를 원하거나 복잡한 시각 데이터를 분석하는 것이 목표라면 AI 기반 접근 방식을 갖춘 컴퓨터 비전이 필요한 유연성을 제공한다.

08 머신 비전의 구성 요소 및 기능

머신 비전 시스템은 자동화된 시각 검사와 분석을 가능하게 하기 위해 함께 작동하는 여러 핵심 구성 요소로 구성된다. 이에는 호스트 컴퓨터, 프레임 그래버, 이미지 센서, 카메라, 조명 장치, 이미지 디스플레이, 하드웨어 인터페이스 및 처리장치가 포함된다.

카메라와 렌즈 선택은 시스템의 결함 발견 능력에 영향을 미친다. 고품질 렌즈는 이미지 왜곡을 줄여주고 적절한 카메라 해상도는 검사 속도를 늦추지 않고도 작은 결함을 발견하는데 도움이 된다. 조명과 카메라 통합은 조립 검증에 중요한 역할을 한다. 안정적인 검사를 위해서는 적절한 조명 유형, 색상 및 형상이 조립품 및 카메라와 일치해야 한다. 설정 과정에서 카메라-조명 통합을 테스트하면 검증 머신 비전 시스템이 실제 생산 환경에서 원활하게 작동하는지 확인하는데 도움이 된다.

1. 하드웨어 개요

머신 비전 검사 시스템은 여러 가지 중요한 하드웨어 부품을 사용한다. 각 부품은 시스템이 품질 관리를 위해 이미지를 캡처하고 분석하는데 도움을 준다.

- **이미지 센서(CCD 및 CMOS)** : 이 센서는 빛을 전기 신호로 변환한다. 카메라가 검사를 위해 선명한 이미지를 촬영할 수 있도록 도와준다.
- **카메라** : 영역 카메라는 디지털 기기에 이미지 입력을 위해 필요한 요소 중 하나로 머신 비전이 하는 업무에 따라 카메라 선택이 중요하다. 예를 들어 제품의 색을 검사하는 경우와 제품의 형태를 검사하는 경우 목적에 따라 카메라에 요구되는 성능도 다르다. 또, 대상물의 검사 범위나 촬영 범위를 통과하는 속도에 따라 필요한 카메라 성능도 다르다.
- **프레임 그래버(Frame Grabber)** : 프레임 그래버는 카메라에서 송출되는 아날로그 신호를 디지털 신호로 변환해 주는 장치로 이미지 보드라고도 한다. 또 카메라에서 보내온 데이터를 PC에서 이미지 처리할 수 있도록 해주는 것도 프레임 그래버의 역할이다. 한편 프레임 그래버가 없는 카메라의 규격도 있다. 이 경우 프레임 그래버가 해야 할 처리를 소프트웨어가 하는데 큰 부하가 발생할 가능성이 있다.
- **렌즈** : 렌즈는 빛을 센서에 집중시킬 뿐만 아니라 이미지의 가시 범위와 선명도를 결정한다. 텔레센트릭 렌즈나 줌 렌즈와 같은 다양한 렌즈가 이미지 품질과 측정 정확도를 제어하는데 도움이 된다.
- **조명** : 검사 대상물을 정확하게 촬영하거나 측정하려면 적절한 조명이 있어야 한다. 무조건 밝으면 되는 것은 아니고 사용하고 있는 카메라의 형식이나 검사 대상물의 종류뿐 아니라 검사 항목에 따라 요구되는 성능이 다르다. 적절한 조명이 없으면 머신 비전은 충분한 성능을 발휘할 수 없다.
- **처리 장치** : CPU와 GPU는 이미지를 빠르게 처리한다.
- **하드웨어 인터페이스** : 이는 카메라, 센서, 컴퓨터를 연결하여 시스템이 원활

하게 작동하도록 한다.

- **교정 도구** : 이 도구는 측정값을 정확하고 신뢰할 수 있게 유지한다.

2. 소프트웨어 및 알고리즘

소프트웨어는 시스템의 이미지 분석 방식을 제어한다. 기존의 규칙 기반 소프트웨어는 간단한 패턴이나 측정값을 확인한다. 오늘날 많은 시스템이 고급AI와 딥러닝을 사용한다. 이러한 모델은 데이터로부터 학습하고 시간이 지남에 따라 개선된다. 기존 방식으로는 놓칠 수 있는 사소하거나 숨겨진 결함을 발견할 수 있다. 딥러닝은 또한 시스템이 조명이나 제품 형태의 변화에 적응하도록 도와주며 AI 기반 이미지 처리 알고리즘은 검사 정확도를 높이고 실수를 줄인다. 실시간 소프트웨어를 통해 시스템은 빠른 결정을 내려 고속 생산라인에 대응할 수 있다.

요소	기능	예제 응용 프로그램
카메라	조립품의 이미지를 캡처	PCB 검사, 브레이크 패드 검증
조명	선명한 이미지를 위해 부품을 조명	금속 표면의 긁힘 감지
렌즈	이미지를 센서에 초점을 맞춤	포장재의 라벨 위치 확인
센서	빛을 디지털 이미지로 변환	카메라에서 송출되는 아날로그 신호를 디지털 신호로 변환
소프트웨어	결함 및 오류에 대한 이미지를 분석	전자 부품 누락 확인
의사소통	다른 시스템과 결과를 공유	결함이 있는 제품에 대해 운영자에게 경고

[표6-3] 머신 비전의 주요 구성 요소와 기능

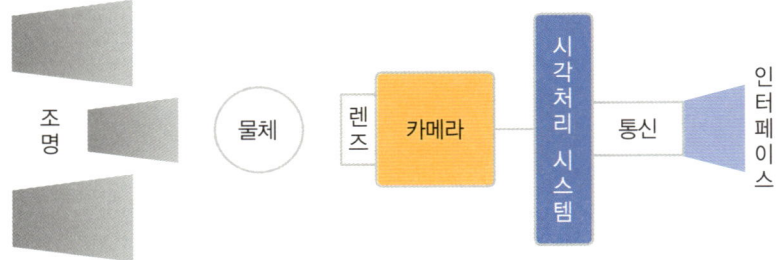

[그림6-2] 머신 비전 시스템의 구조

센서의 작동 과정은 다음 단계를 따른다.

① 센서가 물리적 객체를 감지하고 프로세스가 시작된다.

② 물체 또는 부품은 센서에 의해 조명된다. 조명 품질이 높을수록 후속 공정에서 더 나은 결과를 얻을 수 있다.

③ 카메라(렌즈)가 켜지고 조명된 물체나 원하는 부분의 사진을 찍는다.

④ 카메라가 포착한 이미지는 주로 빛의 흐름으로 구성되며, 이후 센서(프레임 그래버라고 함)에 의해 디지털 이미지로 변환되어 이미지 처리 시스템으로 전송된다.

⑤ 이미지 처리 시스템은 이미지를 수신하고 분석한 후, 다양한 알고리즘을 사용하여 획득한 이미지에서 필요한 정보를 추출한다. 이는 의사결정에 영향을 주는 중요한 데이터이다.

⑥ 수집된 데이터는 적절한 장치로 전송된다. 이는 기본적으로 사람이 해당 정보를 볼 수 있도록 하는 인터페이스이다.

09 고려해야 할 요소

컴퓨터 비전_cv_과 머신 비전 시스템을 선택할 때는 애플리케이션에 가장 적합한 시스템을 선택하기 위해 여러 요소를 평가해야 한다. 이러한 요소에는 성능, 비용, 그리고 해당 산업의 특정 요구 사항 등이 포함된다.

- **정확성과 속도** : 머신 비전 시스템은 실시간 처리에 탁월하여 속도와 정밀성이 요구되는 작업에 이상적이다. 예를 들어, 머신 비전에서 간단한 방법은 단 100밀리초 만에 작업을 실행할 수 있는 반면, 더 복잡한 알고리즘은 더 오랜 시간이 걸릴 수 있다.

- **애플리케이션 환경** : 머신 비전은 조명과 조건이 일정한 공장처럼 통제된 환경에서 가장 잘 작동한다. 그러나 컴퓨터 비전은 실외 환경이나 의료 시설처럼 역동적이고 비정형적인 환경에 적응한다.

- **통합 요구** : 머신 비전 시스템은 PLC(프로그래밍 가능 논리 제어기)와 같은 산업용 장비와 완벽하게 통합되는 경우가 많다. 이러한 통합은 제조 공정의 원활한 운영을 보장한다.

- **비용 및 ROI** : 시스템 성능과 비용을 비교하여 투자 수익률을 평가한다. 정확성, 처리 속도, 실시간 성능 등의 기준을 사용하여 최적의 옵션을 결정한다.

1. 컴퓨터 비전을 선택해야 하는 경우

애플리케이션에 고급 이미지 분석 및 의사 결정이 필요한 경우 컴퓨터 비전을 선택해야 한다. 이 시스템은 인공지능이 중요한 역할을 하는 상황에서 매우 효과적이다. 예를 들어, 의료 분야에서 컴퓨터 비전은 의료 영상을 분석하여 암이나 알츠하이머병과 같은 질병을 감지한다. 또한 자율주행 자동차의 동력원이 되어 도로 표지판, 보행자, 그리고 다른 차량을 인식할 수 있도록 한다. 이러한 응용 분야는 역동적인 환경에서 복잡한 작업을 처리할 수 있는 시스템의 능력을 보여준다.

성능 벤치마크는 컴퓨터 비전의 장점을 더욱 잘 보여준다. Alex-Net과 ResNet과 같은 모델은 이미지 인식 작업에서 오류율을 크게 개선하여 시스템의 확장성과 효율성을 입증했다. 프로젝트에 비정형 데이터가 포함되거나 높은 수준의 맞춤 설정이 필요한 경우 컴퓨터 비전이 더 나은 선택이다.

2. 머신 비전을 선택해야 하는 경우

머신 비전은 속도, 정밀성, 그리고 신뢰성을 요구하는 산업용 애플리케이션에 적합한 선택이다. 이 시스템은 제조 공장과 같이 제어된 환경에서 탁월한 성능을 발휘하며, 결함 감지 그리고 품질 관리와 같은 작업을 자동화한다. 생산라인의 효율성을 높이고 오류를 줄이는 것이 목표라면, 머신 비전 시스템이 필요한 결과를 제공할 것이다. 로봇 및 기타 산업 장비와 통합되는 이 시스템은 현대 자동화에 필수적인 요소이다.

컴퓨터 비전과 머신 비전은 서로 다른 목적을 가지고 있다. 컴퓨터 비전은 AI를 사용하여 복잡한 시각 데이터를 분석하여 역동적인 환경에서 유연성과 적응성을 제공한다. 반면, 머신 비전은 사전 정의된 규칙을 사용하는 통제된 환경에서 탁월한 성능을 발휘하여 정밀성과 속도를 보장한다. 시스템을 선택할 때는 목표를 고려해야 한다. 프로세스 간소화나 생산성 목표 달성을 목표로 한다면 컴퓨터 비전의 적응성과 전이 학습 기능이 경쟁 우위를 제공한다. 안정적인 환경에서 작업하는 경우, 머신 비전은 신뢰할 수 있는 결과를 제공한다. 이러한 강점과 니즈를 결합하면 새로운 기회를 창출하고 효율성을 향상 시킬 수 있다.

 10 컴퓨팅/머신 비전이 작동하는 방식

1. 컴퓨팅 비전이 작동하는 방식

컴퓨터 비전은 컴퓨터가 인간처럼 시각적 세계를 인식하고 이해할 수 있도록 돕는다. 카메라나 센서를 통해 이미지나 비디오 프레임을 캡처하는 것부터 시작하여 여러 단계로 구성된다. 이러한 원시 시각적 입력은 데이터의 전반적인 품질과 신뢰성을 향상시키기 위해 고안된 전처리 기술을 거친다. 각 단계를 간략하게 살펴보자.

(1) 이미지 획득 및 전처리 단계

컴퓨터 비전은 카메라 또는 센서가 이미지나 영상 스트림을 캡처하면서 시작된다. 하지만 원시 이미지 데이터는 조명 부족, 흐림, 노이즈 등 결함을 포함하고 있는 경우가 많다. 전처리 과정에서는 이러한 문제를 보정하고, 밝기 조절, 왜곡 제거, 특징 강조 등을 통해 분석에 적합한 이미지로 변환한다. 예를 들어, 제조 공정에서 불량품을 탐지하려면 결함이 잘 드러나도록 이미지를 최적화해야 한다.

(2) 특징 추출

컴퓨터 비전의 핵심에는 특징 추출Feature Extraction 이라는 중요한 단계가 있다. 이 단계에서 시스템은 입력되는 시각 데이터를 면밀히 분석하여 모서리, 모양, 질감, 패턴과 같은 중요한 시각적 요소를 식별하고 분리한다. 이러한 특징은 후속 분석 단계의 구성 요소 역할을 하므로 매우 중요하다.

컴퓨터 처리를 용이하게 하기 위해, 이렇게 식별된 특징은 수치적 표현으로 변환되어 시각 정보를 기계가 더 효율적으로 이해하고 조작할 수 있는 형식으로 효과적으로 변환한다. 예를 들어, 얼굴 인식 보안 시스템은 단순히 얼굴 전체를 보는 것이 아니라, 눈, 코, 입 등 주요 특징 간의 상대적 위치와 비율을 정밀하게 분석한다.

(3) 객체 감지

이 과정에서 객체 감지 및 인식은 핵심적인 역할을 합한. 특징점이 추출되어 수치 데이터로 변환되면, 시스템 알고리즘은 이미지 내의 특정 객체 또는 개체를 식별하고 위치를 파악한다.

이를 통해 컴퓨터는 객체의 존재를 감지할 뿐만 아니라 그 객체가 무엇인지 이해할 수 있게 되는데, 이는 보행자를 식별하는 자율주행차부터 침입자를 인식하는 보안 시스템에 이르기까지 다양한 분야에 적용될 수 있다.

(4) 이미지 분류

이미지 분류는 이러한 수준의 이해를 한 단계 더 높여준다.

이미지 분류는 단순히 개별 객체를 인식하는 것이 아니라, 전체 이미지를 미리 정의된 클래스 또는 범주로 분류하는 것을 포함한다. 바로 이 부분에서 합성곱 신경망CNN이 등장한다. 신경망CNN은 이

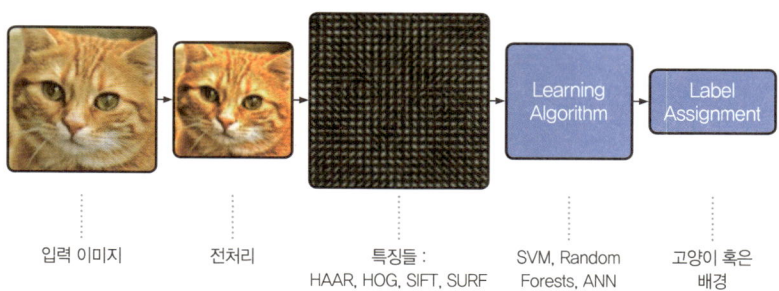

입력 이미지 　전처리 　특징들 : 　SVM, Random 　고양이 혹은
　　　　　　　　　　　　　HAAR, HOG, SIFT, SURF 　Forests, ANN 　배경

[그림6-3] 기존 이미지 분류기

미지 관련 작업을 위해 특별히 설계된 딥러닝 모델의 한 분야이다. 신경망CNN은 복잡한 특징 계층 구조를 학습하는 데 탁월하여, 복잡한 패턴을 식별하고 매우 정확한 이미지 분류를 수행할 수 있다.

(5) 의사결정 및 결과 출력

마지막으로 시스템은 분석 결과를 실질적인 조치로 연결한다. 이는 생산라인에서 불량품을 분류하거나, 보안 시스템에서 이상 행동을 감지해 경고를 보내거나, 자율주행 차량이 교통 흐름을 안전하게 인식하고 주행하도록 지원하는 것을 의미한다. 이러한 전 과정은 밀리초 단위의 짧은 시간 안에 이루어지며, 실시간성과 정확성을 동시에 갖춘다는 점에서 기술적 진보를 보여준다.

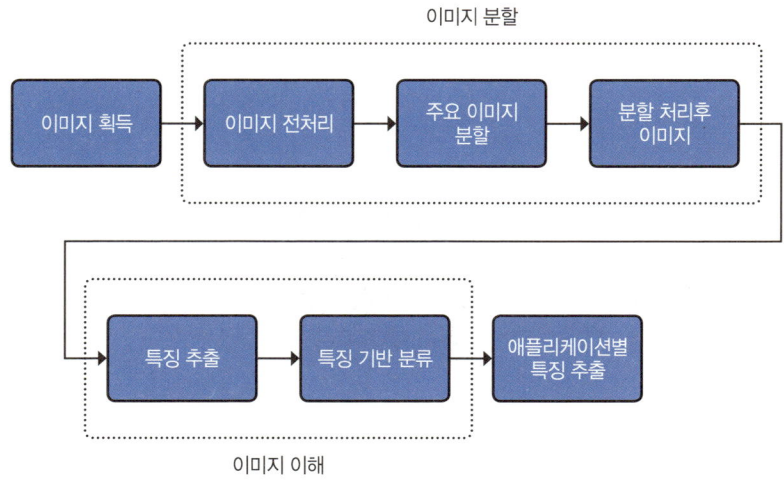

[그림6-4] 의사결정 및 결과 출력

2. 머신 비전이 작동하는 방식

머신 비전 검사는 제조라인의 제품 품질을 보장하기 위해 명확한 단계 순서를 따른다. 각 단계는 첨단 기술을 사용하여 실시간으로 이미지를 캡처, 처리 및 분석한다. 이 프로세스는 제조업체가 결함을 감지하고 높은 정확도를 유지하며 일관된 검사 결과를 제공하는 데 도움이 된다.

(1) 이미지 캡처

머신 비전 검사의 첫 단계는 이미지 캡처이다. 이 시스템은 고속 카메라와 특수 렌즈를 사용하여 생산 라인을 따라 이동하는 제품의 사진을 촬영한다. 센서는 물체가 도착하는 순간을 감지하고, 카메라는 최적의 순간에 이미지를 촬영한다.

조명은 이 단계에서 중요한 역할을 한다. LED, 링 조명, 돔 조명과 같은 적절한 조명은 그림자, 눈부심, 반사를 줄여 이미지 선명도를 향상시킨다. 일관된 조명은 모든 이미지가 동일하게 보이도록 보장하며, 이는 신뢰할 수 있는 검사에 중요하다. 제조업체는 특정 특징이나 결함을 강조하기 위해 백라이트나 다중 스펙트럼 조명과 같은 다양한 조명 기술을 사용하는 경우가 많다.

캡처된 이미지는 추가 분석을 위해 비전 컨트롤러로 전송된다. 고품질 이미지 캡처는 정확한 검사 및 실시간 데이터 분석의 기반을 형성한다.

(2) 이미지 처리

이미지 캡처 후, 시스템은 이미지 처리를 시작한다. 이 단계에서는 소프트웨어 알고리즘을 사용하여 이미지 품질을 개선하고 중요한 세부 정보를 추출한다. 소프트웨어는 밝기를 조정하고, 노이즈를 제거하고, 왜곡을 보정할 수 있다. 노이즈 제거 및 조명 향상과 같은 고급 전처리 기술을 통해 시스템은 아주 작은 결함도 감지할 수 있다.

최신 머신 비전 검사 시스템은 이미지를 분석하기 위해 합성곱 신경망CNN과 같은 딥러닝 모델을 사용하는 경우가 많다. 이러한 모델은 결함을 높은 정확도로 감지, 분류 및 찾아낼 수 있다. 소프트웨어는 색상, 모양, 질감과 같은 특징을 찾아냅니다. 이러한 특징을 알려진 표준과 비교하여 차이점을 강조한다. 실시간 데이터 분석을 통해 시스템은 이미지를 신속하게 처리하고 생산팀에 즉각적인 피드백을 제공할 수 있다.

(3) 의사 결정

마지막 단계는 의사 결정이다. 시스템은 이미지에서 추출된 특징을 미리 정의된 품질 기준과 비교한다. 제품이 모든 요건을 충족하면 시스템은 합격으로 표시한다. 결함이나 허용 범위를 벗어난 측정값이 발견되면 제품은 불합격으로 표시한다. 일부 시스템은 경보를 발령하거나 결함이 있는 제품을 생산 라인에서 자동으로 제거할 수도 있다.

머신 비전 시스템은 사람의 개입 없이 이러한 결정을 내린다. AI 분류기와 실시간 데이터 분석을 활용하여 객관적이고 반복 가능한 결과를 보장한다. 이러한 자동화는 인적 오류를 줄이고 검사 속도를 높인다. 많은 시스템이 결함 감지에서 최대 99%의 정확도를 달성하여 제조업체가 고품질 제품을 제공하고 고비용 리콜을 방지하는 데 도움을 준다.

제조업체는 검사 데이터를 활용하여 추세를 모니터링하고 프로세스를 개선한다. 실시간 피드백을 통해 팀은 문제를 신속하게 해결하고 높은 품질 수준을 유지할 수 있다.

[표6-4] 머신 비전 검사 단계

단계	설명	품질의 중요성
이미지 캡처	카메라와 조명으로 제품의 선명한 이미지를 포착한다	정확성을 위한 기초
이미지 처리	소프트웨어는 이미지를 향상시키고 특징과 결함을 감지한다	정밀한 검사가 가능
의사 결정	시스템은 기능을 표준과 비교하고 제품을 분류한다(합격/불합격)	일관된 품질을 보장
실시간 분석	즉각적인 피드백과 프로세스 개선을 위해 데이터가 즉시 분석된다	프로세스 제어를 지원

11 컴퓨터/머신 비전 활용 사례 및 응용 분야

1. 컴퓨터 비전 활용 사례

제조업은 컴퓨터 비전을 활용하여 품질 검사 결함 감지를 수행한다. 소매업체는 고객 행동 분석에, 에너지 회사는 장비 모니터링 및 안전 확보에 컴퓨터 비전을 활용한다. 의료부터 운송까지, AI 기반 컴퓨터 비전은 프로세스를 자동화하고 효율성을 개선함으로써 산업을 지속적으로 혁신하고 있다. 컴퓨터 비전은 자동화 기능의 강점을 바탕으로 교통, 의료, 제조, 건설, 농업, 유통, 보안 등 다양한 산업 분야에서 점차 폭넓게 도입되고 있으며 산업 전반에 걸쳐 작업 효율성과 정밀도를 향상 시키는 핵심 요소로 자리 잡고 있다. 컴퓨터 비전 대표 활용 사례를 살펴보고자 한다.

(1) 농업 분야 : 스마트 농업과 병해충 예측 시스템

컴퓨터 비전은 드론 또는 위성 이미지를 기반으로 작물의 생육 상태와 질병 징후를 자동으로 분석할 수 있다. 예를 들어, 밀 잎에 발생하는 초기 병반을 이미지 분석 기술로 조기에 감지하면, 농약 살포 범위를 최소화하고 환경 오염을 줄이며 비용 절감 효과를 동시에 달성할 수 있다. 이러한 스마트 정밀 농업은 지속가능한 농업 모델로 주목받고 있다.

(2) 자율주행 자동차 분야 : 실시간 객체 인식과 주행 보조

자율주행 차량은 카메라와 센서를 통해 주변 환경을 인식하며, 컴퓨터 비전은 보행자, 차량, 차선, 교통 표지판 등을 실시간으로 감지하고 분류한다. 이러한 시각 정보는 차량의 주행 경로 결정, 속도 조절, 충돌 방지 시스템 등에 활용되어 안전한 자율주행을 가능하게 한다. 특히, 복잡한 도시 환경에서의 실시간 반응 속도는 인간 운전자를 능가하는 수준에 도달하고 있다.

(3) 스포츠 및 피트니스 분야 : 자세 추정과 퍼포먼스 향상

포즈 추정Pose Estimation은 인간의 관절 위치를 실시간으로 추적하는 기술로, 운동 수행 중의 자세 오류를 감지하고 개선점을 제공할 수 있다. 이는 개인 맞춤형 피트니스 지도뿐 아니라, 선수의 경기력 향상, 재활 운동 및 물리 치료에도 적용되며, 신체 움직임 분석에 기반한 과학적 접근이 가능해진다.

(4) 유통 및 리테일 분야 : 소비자 행동 분석과 매장 최적화

컴퓨터 비전은 매장 내 CCTV 데이터를 분석하여 고객의 이동 경로, 상품 응시 시간, 체류 시간 등 다양한 정보를 수집한다. 이 데이터를 바탕으로 진열대 배치, 마케팅 전략, 재고 관리 등을 정교하게 조정할 수 있으며, 오프라인 매장의 고객 경험을 디지털 수준으로 끌어올리는데 기여한다. 또한 무인 계산대, 자동 상품 인식 시스템 등으로 연결되어 리테일테크 혁신의 핵심이 되고 있다.

(5) 의료 분야 : 질병 진단의 정확성과 속도를 향상하는 의료 영상 분석

컴퓨터 비전은 CT, MRI, X-ray 이미지에서 병변을 자동으로 분할 _segmentation_ 하고 정량 분석함으로써 진단 과정을 자동화한다. 특히 COVID-19, 폐렴, 암과 같은 질환의 조기 탐지에 탁월한 효과를 보이며, 진단의 정확도는 물론 의사의 판독 시간까지 단축시킨다. 더 나아가 AI 기반 영상 데이터 누적을 통해 희귀 질환 연구 및 예후 예측까지 가능해지는 등 정밀 의료 시대를 선도하고 있다.

2. 머신 비전 활용 사례

제조업체는 제조 과정에서 머신 비전을 활용하여 생산의 모든 단계를 개선한다. 이러한 시스템은 기업이 품질을 확인하고, 제품 및 부품 조립을 안내하고, 생산라인을 원활하게 운영하는데 도움을 준다. 제조 과정에서 머신 비전은 공장을 더욱 스마트하고 연결성을 강화하여 인더스트리 4.0을 지원한다. BMW, 필립스, 도요타와 같은 기업들은 이러한 시스템을 사용한 후 결함 감소와 효율성 향상을 경험했다.

(1) 공급망 추적

물류 기업들은 공급망 추적을 위해 머신 비전을 활용한다. 이 시스템은 창고를 통과하는 포장재의 바코드와 라벨을 스캔할 수 있다. 이를 통해 기업은 공장에서 고객까지 모든 품목을 추적할 수 있다. 머신 비전은 분류 속도를 높이고 실수를 줄이며, 분실된 품목을 신속하게 찾는 데에도 도움이 된다. 머신 비전 시스템은 생산 및 배송 과정에서 안전성, 속도, 정확성을 향상시켜 자동차 및 물류 분야에서 핵심적인 역할을 한다.

애플리케이션	혜택
공급망 추적	더 빠른 배송, 더 적은 오류
부품 검사	더 나은 품질, 더 안전한 차량

(2) 오염 물질 감지

머신 비전 시스템은 식품 생산 과정에서 오염 물질 감지에 중요한 역할을 한다. 카메라는 유리, 금속, 플라스틱 등의 이물질을 감지하여 제품을 스캔한다. 이 시스템은 오염된 제품이 소비자에게 전달되기 전에 제거한다. 이러한 과정은 공중 보건을 보호하고 기업이 안전 기준을 충족하는데 도움을 준다. 머신 비전은 또한 알레르기 유발 물질을 확인하고 안전한 식품 포장에 필수적인 적절한 라벨링을 보장한다.

(3) 얼굴 인식

안면 인식은 머신 비전을 이용하여 사람의 얼굴을 식별한다. 보안팀은 공항, 경기장, 사무실 건물 등에서 이 기술을 사용한다. 카메라는 사람들이 공간에 들어올 때 얼굴 이미지를 포착한다. 시스템은 이 이미지를 알려진 얼굴 데이터베이스와 비교한다. 일치하는 얼굴이 발견되면 보안 직원에게 알림을 보낸다.

(4) 침입 탐지

침입 탐지 시스템은 머신 비전을 이용하여 제한 구역에 진입하는 사람이나 물체를 감지한다. 카메라는 문, 울타리 및 기타 진입 지점을 감시한다. 시스템은 움직임을 감지하고 그 활동이 정상적인지 확인한다. 누군가 허가 없이 보안 구역에 침입하면 시스템은 경고를 보낸다.

(5) 생산라인 통합

제조업체는 정지 없이 기존 라인에 통합되는 검사 시스템을 필요로 한다. 대부분의 시스템은 표준 통신 프로토콜을 사용하므로 로봇, PLC 또는 기타 기계에 쉽게 연결할 수 있다. 소형 하드웨어와 자동 교정 도구를 통해 빠른 설정이 가능하다.

시스템은 추적을 위해 이미지 데이터를 기록할 수 있다. 이들은 결함을 감지하고 경고를 보내거나 결함이 있는 제품을 자동으로 제거한다. 또한 엣지 컴퓨팅은 데이터를 로컬에서 처리하여 지연을 줄인다. 이러한 기능은 생산을 원활하게 진행하고 검사 속도와 정확도를 높이는데 도움이 된다.

(6) 자동 조립

머신 비전은 부품을 식별하고 위치를 파악하여 로봇과 자동 시스템이 조립작업을 수행하도록 안내한다. 이를 통해 조립 속도와 정확도가 향상되며 수작업 의존도를 줄일 수 있다.

(7) 로봇 내비게이션

머신 비전은 복잡한 환경에서 로봇이 정확하게 이동하고 위치를 잡을 수 있도록 도와준다. 시각 데이터를 분석하여 로봇이 장애물을 감지하고, 박스 피킹 및 디팔레타이징 같은 자재 처리 작업을 안전하게 수행할 수 있도록 한다.

(8) 바코드 분석

또 다른 중요한 측면은 바코드 검증이다. 대부분의 제품에는 바코드가 있다. 포장 부서는 인쇄된 바코드가 정확하고 판독 가능한지 교차 검증해야 한다. 수천 개 제품의 바코드를 수동으로 교차 검증하는 것은 많은 인력이 필요하고 오류가 발생하기 쉬우며 비용도 많이 든다. 머신 비전 시스템은 바코드를 쉽게 검증하고, 결함이 있는 바코드가 있는 제품은 다른 제품으로 전환할 수 있다.

(9) 재고 관리

머신 비전 시스템은 재고 수량 계산, 창고 재고 관리, 그리고 제조에 필요한 자재가 수요에 미치지 못할 경우 관리자에게 자동화 및 경고를 제공하는 데 도움을 줄 수 있다. 머신 비전 시스템은 재고 수량 계산 시 인적 오류를 방지할 수 있다. 대규모 창고에서는 재고를 찾는 것이 어렵기 때문에 바코드 데이터를 기반으로 하는 머신 비전 시스템을 사용하면 재고 관리자가 창고에서 제품을 찾는 데 도움을 줄 수 있다.

12 컴퓨터/머신 비전 미래

Insightaceanalytic에 따르면 글로벌 AI 기반 컴퓨터 비전 시장 규모는 2025년부터 2034년까지 연평균 성장률CAGR 24.8%를 기록하며 2034년에는 1,726억 달러에 이를 것으로 전망된다.

산업 전반에서 첨단 기술을 통해 효율성과 정확성, 의사결정 능력을 개선하려는 수요가 증가함에 따라 AI 기반 컴퓨터 비전 시장은 전례 없는 속도로 확장되고 있다.

1. 컴퓨터 비전의 미래

기업에서 AI 기반 컴퓨터 비전의 미래는 매우 유망한 것으로 보인다. 저렴하고 효율적인 카메라 등 하드웨어의 발전과 사전 학습된 모델과 같은 소프트웨어 혁신 덕분에 이 기술은 점점 더 접근 가능해지고 있다. 자연어 처리NLP, 예측 분석 등 기타 AI 기술과의 통합은 컴퓨터 비전의 활용 가능성을 한층 더 확장시킬 것이다. 기업이 이러한 시스템을 도입함에 따라 운영 효율성은 물론 전략적 민첩성과 시장 경쟁력 측면에서도 이점을 얻을 수 있다.

2. 머신 비전의 미래

머신 비전의 미래는 적용되는 분야에 따라 달라진다. 머신 비전 시스템의 주요 동력은 자동화 프로세스에서 비롯된다. 자동화를 통해 머신 비전의 비전 프로세스는 더욱 정확하고 자율적으로 진행될 수 있으며, 인간의 개입 없이도 의사 결정을 내릴 수 있다.

현재 이 시스템은 반자율적인 형태로 운영되고 있다. 머신 비전 시스템은 실제 영상을 실시간으로 처리하는 것으로 알려져 있다. 반면, 컴퓨터 비전은 앞으로 이러한 기술을 더욱 발전시켜야 한다. 특히 5차 산업 혁명을 대비하여 빅데이터 서비스가 발전하고 더 많은 분야에 적용됨에 따라 머신 비전도 더욱 발전할 것이다.

# 13 품질 4.0과 품질검사 비전시스템

머신 비전, 딥러닝, 로봇 공학의 혁신은 생산과 품질 관리와 공급망에 혁명을 일으키고 있다. 이제 설비는 클라우드를 통해 접근할 수 있는 방대한 양의 빅데이터를 생성하고 설비와 설비에서 생성되는 정보가 연결됨에 따라 새로운 CPS는 현대 산업혁명을 촉발하고 있다. 이를 인더스트리 4.0이라고 하고, 인더스트리 4.0에서 스마트 설비는 주변 환경에서 학습하고 생산과 품질 최적화를 위하여 작동한다. 이러한 설비는 중앙 컨트롤러 없이 독립적으로 작동하며 다른 장치와 협업하고 통신한다.

머신 비전은 이러한 제조 패러다임의 핵심이다. 많은 IT기업들이 제조업체가 미래를 위해 혁신하고 데이터를 온라인으로 전송하여 다른 장치와 통신하고 제조 데이터를 전송할 수 있도록 지원하는 인더스트리 4.0 지원 솔루션을 제공하고 있다.

1. 컴퓨터/머신 비전과 스마트공장

인더스트리 4.0의 대명사인 스마트공장은 제품 결함이나 프로세스 비효율을 신속히 식별하고 개선하는 것이 비용 절감과 고객만족도 향상에 있어 핵심적인 요소이다. 1990년대부터 전 세계적으로 머신 비전 시스템이 도입되면서 수많은 스마트공장이 등장했다. 이를 통해 품질 TQM과 공정 효율성 관련 기능들이 자동화되어 제조업의 새로운 표준이 되었다. 특히 혁신적인 클라우드 기술과 데이터 공유 기능의 발전은 제조 분야에서 스마트공장 도입 속도를 가속화하고 있다. 높은 정확도를 제공하는 머신 비전 기술은 공장 자동화의 핵심 역할을 하며, 제조 공정을 한 단계 더 업그레이드하고 있다. 예를 들어, 글로벌 머신 비전 시장 규모는 2025년 230억 6천만 달러에서 2034년 약 694억 9천달러로 증가하여 2025년부터 2034년까지 연평균 성장률 13.04%로 성장할 것으로 예상되고 있다. 오늘날 많은 제조업체들이 품질 개선, 비용 절감, 생산 속도 향상을 위해 머신 비전을 적극적으로 활용하며 스마트공장을 구축하고 있다.

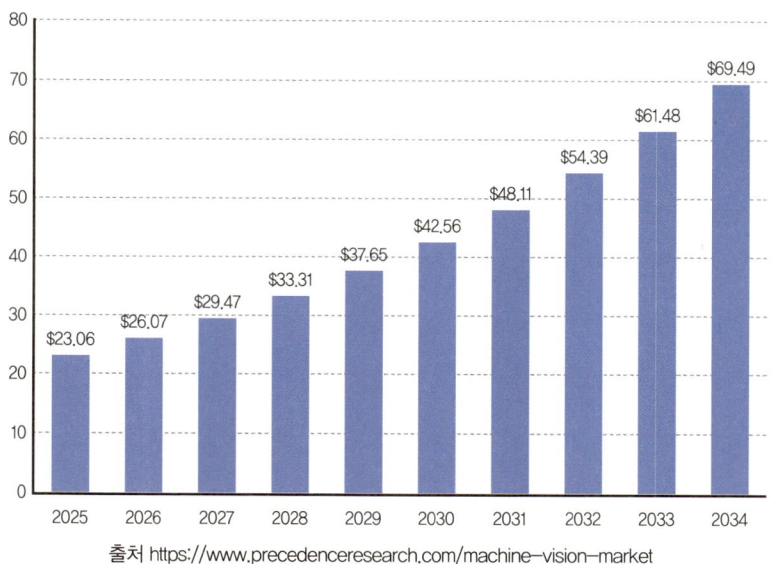

출처 https://www.precedenceresearch.com/machine-vision-market

[그림6-5] 머신 비전 2025~2034 시장 규모 및 예측

2. 품질검사에서 비전시스템 도입의 필요성

품질 관리에 사용되는 기존 프로세스는 인력 검사에 의존하기 때문에 오류가 발생하기 쉽다. 이러한 프로세스에는 다음과 같은 한계점도 가지고 있다.

- **높은 비용** : 수동 품질 관리 프로세스에는 많은 노동 자원이 필요하므로 생산 비용이 엄청나게 증가할 수 있다.
- **시간 소모** : 수동 품질 관리 프로세스는 시간이 오래 걸리고, 제품이 기준에 부합하는지 확인하기 위해 고도로 숙련된 인력이 필요하다. 이로 인해 생산 및 일정이 지연될 수 있다.
- **오류 발생 위험** : 고도로 숙련된 인력이 수동 품질 관리 프로세스를 수행하더라도, 인적 오류는 항상 위험하다. 아무리 숙련된 인력이라도 실수를 저지르면 제품 결함으로 이어질 수 있다.
- **제한된 적용 범위** : 수동 품질 관리 프로세스는 제한된 영역만 다룰 수 있으므로 모든 것을 확인하기 어렵다.
- **유연성 부족** : 수동 품질 관리 프로세스는 그다지 유연하지 않으며 다양한 유형의 제품에 쉽게 적응할 수 없다.

QC, QA, QI 등 어떤 업무든 노동 집약적이고 오류가 발생하기 쉽다. 또한, 수작업 검사는 [그림6-6]과 같은 방식으로 회사의 성장을 저해한다.

대부분의 경우 수동 검사는 비용이 너무 많이 들고, 느리며, 작

| 가동 중단 | 매출 손실 | 불량 제품 | 인력 낭비 |
| 비용 낭비 | OEE 감소 | 고객 이탈 | 시간 낭비 |

[그림6-6] 수동 검사의 문제

업자의 인식과 경험에 따라 달라지기 때문에 일관성에 영향을 미친다. 이러한 한계를 극복하는 해결책은 컴퓨터 비전과 같은 기술을 사용하는 것이다.

사람의 육안 검사와 달리, 컴퓨터 비전$_{CV}$/머신 비전$_{MV}$은 빠르고 신뢰할 수 있으며 일관된 객관적인 검사 기법을 제공한다. 또한 비파괴적이고 자동화되었으며 경제적인 기술이다. 따라서 다양한 산업 분야에서 널리 사용되고 있다.

3. 품질검사 비전시스템이란

품질검사 머신 비전시스템은 카메라, 조명, 그리고 고급 소프트웨어를 사용하여 제조 과정에서 제품을 검사하는 자동화 솔루션이다. 이 시스템은 제품이나 부품의 이미지를 캡처하고 결함, 크기, 모양 및 기타 중요한 특징을 분석한다. 모든 제품이 공장 출고 전에 엄격한 기준을 충족하는지 확인하여 품질 관리에 중요한 역할을 한다.

비전검사 시스템은 제조업체가 높은 제품 품질을 달성하는데 도움을 준다. 수동 검사보다 훨씬 빠르게 작동하며, 피로감이나 주의 산만함이 없다. 센서와 스마트 알고리즘을 활용하여 아주 작은 결함도 찾아낼 수 있다. 치수 측정, 부품 누락 확인, 라벨 또는 코드 검증까지 모두 가능하다. 이를 통해 낭비를 줄이고 불량품이 고객에게 도달하는 것을 방지할 수 있다.

품질검사 머신 비전시스템의 가치는 단순히 결함을 찾아내는 데 그치지 않는다. 공정 최적화를 위한 데이터를 제공하고 인더스트리 4.0 목표를 지원한다. 기업은 이 데이터를 활용하여 워크플로우를 개선하고, 효율성을 높이고, 신제품을 더 빨리 출시할 수 있다. 이러한 시스템의 투자 회수 기간은 일반적으로 6개월에서 18개월 사이이므로 많은 제조업체에게 현명한 투자이다.

4. 품질 4.0에서 머신 비전의 중요성

머신 비전은 품질 4.0에 필수적인 통합 기술로, 자동화되고 일관되며 고속의 품질 검사를 가능하게 하여 제품 품질을 개선하고, 생산성을 증가시키며, 제조 운영비용을 절감한다.

- **자동 검사** : 머신 비전 시스템은 제품, 부품 또는 공정을 고속, 정확하게 자동 검사할 수 있다. 이를 통해 지속적인 모니터링과 결함 또는 사양 편차의 신속

한 감지가 가능해져 전반적인 제품 품질이 향상된다.

- **일관되고 객관적인 평가** : 머신 비전 시스템은 피로, 편견, 또는 일관성 부족에 노출될 수 있는 인간 검사자와 달리 일관되고 객관적인 평가를 제공한다. 이를 통해 더욱 신뢰성 있고 반복 가능한 품질 평가가 보장된다.

- **고속 검사** : 머신 비전은 수동 검사에 비하여 훨씬 빠른 속도로 검사를 수행할 수 있으므로 생산 및 처리 라인을 더욱 빠르게 만들 수 있다.

- **인적 오류 감소** : 머신 비전을 사용해 검사 프로세스를 자동화하면 제품 품질, 낭비, 재작업 측면에서 비용이 많이 들 수 있는 인적 오류 위험이 줄어든다.

- **추적성 및 데이터 분석** : 머신 비전 시스템은 검사 프로세스에 대한 정확한 데이터를 수집하여 추적성, 프로세스 최적화, 예측 유지 관리에 활용할 수 있으며, 이는 인더스트리 4.0의 목표에 부합하다.

- **유연성과 적응력** : 머신 비전 시스템은 광범위한 제품, 구성 요소 또는 프로세스를 검사하도록 프로그래밍 할 수 있어 급격히 다재다능하고 변화하는 생산 요구 사항에 맞게 적응할 수 있다.

- **비용 효율적** : 머신 비전을 활용해 품질 보증을 자동화하면 노동력이 줄고, 효율성이 향상되고, 제품 결함과 재작업이 최소화되어 비용을 절감할 수 있다.

5. 비전 검사 시스템 유형

비전 검사 시스템은 여러 유형으로 제공되며, 각 유형은 제조 및 산업 자동화 분야의 특정 작업에 맞게 설계되었다. 주요 유형으로는 1D, 2D, 3D 시스템이 있다. 각 유형은 서로 다른 기술을 사용하여 이미지를 캡처하고 분석한다.

비전 시스템 유형	이미지 캡처 방법	주요 특징	일반적인 응용 프로그램	깊이 정보	정확도 및 정밀도	비용 및 복잡성
1D 비전 시스템	라인별 레이저 스캐닝	컨베이어 벨트에서 움직이는 품목을 스캔한다. 세부 정보가 적다.	치수 측정, 바코드 판독, 라벨 확인	깊이 없음	낮은 정밀도	저렴한 비용, 간단한 설정
2D 비전 시스템	단일 카메라로 평면 이미지 캡처	표면 결함, 패턴 및 라벨을 감지한다.	표면 검사, 결함 감지, 패턴 매칭	깊이 없음	중간 정확도	중간 비용, 중간
3D 비전 시스템	3D를 위한 여러 대의 카메라 또는 레이저	깊이, 부피, 각도를 측정한다.	복잡한 형상 검사, 로봇 유도, 3D 스캐닝	예	높은 정밀도	비용이 더 높고 복잡함

- **1D 비전 시스템** : 라인 스캔 카메라를 사용하여 한 번에 한 줄씩 이미지를 캡처한다. 케이블 길이 확인이나 바코드 판독 등 컨베이어 벨트에서 빠르게 움직이는 품목을 검사하는 데 가장 적합하다. 속도는 빠르지만 깊은 정보는 제공하지 않는다.

- **2D 비전 시스템** : 이 시스템은 영역 스캔 카메라를 사용하여 제품의 평면 이미지를 촬영한다. 표면 검사, 결함 감지 및 평평한 표면의 패턴 인식에 이상적이다. 제조업체는 이를 사용하여 긁힘, 변색 또는 라벨 누락을 찾는다.

- **3D 비전 시스템** : 이 첨단 시스템은 여러 대의 카메라 또는 레이저를 사용하여 3차원 모델을 생성한다. 깊이, 부피, 각도를 측정하여 복잡한 형상 검사 및 로봇 유도에 적합하다. 3D 시스템은 가격이 비싸고 복잡하지만, 자동차 부품의 형상 검사 또는 로봇 유도와 같은 작업에 가장 높은 정확도를 제공한다. 제조업체는 자사의 특정 요구에 따라 비전 검사 시스템 유형을 선택한다. 예를 들어, 2D 시스템은 표면 검사에 널리 사용되는 반면, 3D 시스템은 정밀한 치수 측정 및 복잡한 형상 검사에 사용된다. 각 시스템은 수동 검사로는 쉽지 않은 너무 빠르거나 세부적인 검사를 자동화하여 품질 관리 개선에 도움을 준다.

비전 검사 시스템은 전자, 자동차, 식음료, 제약 등의 산업에 필수적이다. 비전 검사 시스템은 기업이 높은 제품 품질을 유지하고, 결함을 줄이며, 엄격한 규제 기준을 충족하는데 도움을 준다. 적절한 유형의 머신 비전 검사를 통해 제조업체는 모든 제품이 품질 목표를 충족하는지 확인할 수 있다.

[그림6-7] 적용되는 분야에서 머신 비전의 이점

또한 고객 관계가 개선된다. 고객 주문을 적시에 준비하고 배송하면 고객만족도가 높아져 기존 고객을 유지하고 신규 고객을 유치하는 데 도움이 된다. 그리고 가장 중요한 것은 새로운 기술과 장비가 시스템에 통합됨에 따라 사용이 더욱 편리해진다는 것이다. 머신 비전의 이점은 [그림6-7]에서 볼 수 있듯이 컴퓨터 비전의 긍정적인 측면과 유사하다.

6. 품질 4.0 측면에서 비전 시스템의 이점

제조업 분야에서 비전 시스템은 제조 중인 제품의 사진이나 비디오를 촬영한 후 분석하여 결함을 식별하고, 경계를 측정하며, 제품이 사전에 설정된 품질 기준을 충족하는지 확인할 수 있다. 비전 시스템은 이러한 평가 업무를 자동화함으로써 상당한 이점을 제공할 수 있다. 이러한 이점에는 검사 속도 향상, 정밀성 향상, 그리고 조화로운 성능 등이 포함된다. 결과적으로 기능 비용을 절감하고, 결함 있는 제품이 요청에 따라 배송될 위험을 최소화할 수 있다. 여기서는 비전시스템을 활용할 경우 어떤 이점을 제공하는지 알아본다.

- 첫째, 인적 오류를 제거하여 검사 정확도를 향상시킨다. 카메라와 알고리즘은 사람의 눈보다 더 정밀하게 결함과 이상을 감지할 수 있다. 이를 통해 지정된 품질 기준을 충족하는 제품만 승인된다.
- 둘째, 머신 비전은 프로세스를 자동화하여 검사 효율성을 향상시킨다. 수동 검사는 특히 복잡하거나 반복적인 작업의 경우 시간이 많이 소요될 수 있다. 머신 비전 시스템은 연속적이고 고속으로 작동할 수 있어 검사 시간을 크게 단축하고 전반적인 생산성을 향상시킨다.
- 셋째, 머신 비전은 실시간 데이터 수집 및 분석을 가능하게 한다. 검사 데이터를 수집하고 분석함으로써 제조업체는 품질 추세를 파악하고, 생산 공정을 모니터링하며, 제조 운영을 최적화하기 위한 정보에 기반한 의사 결정을 내릴 수 있다.
- 또한, 머신 비전은 향상된 유연성과 확장성을 제공한다. 시스템은 다양한 검

사 요구 사항을 충족하고 변화하는 생산 요구에 맞춰 쉽게 프로그래밍 할 수 있다. 이러한 유연성을 통해 제조업체는 큰 차질 없이 기존 품질 관리 프로세스에 머신 비전을 쉽게 통합할 수 있다.

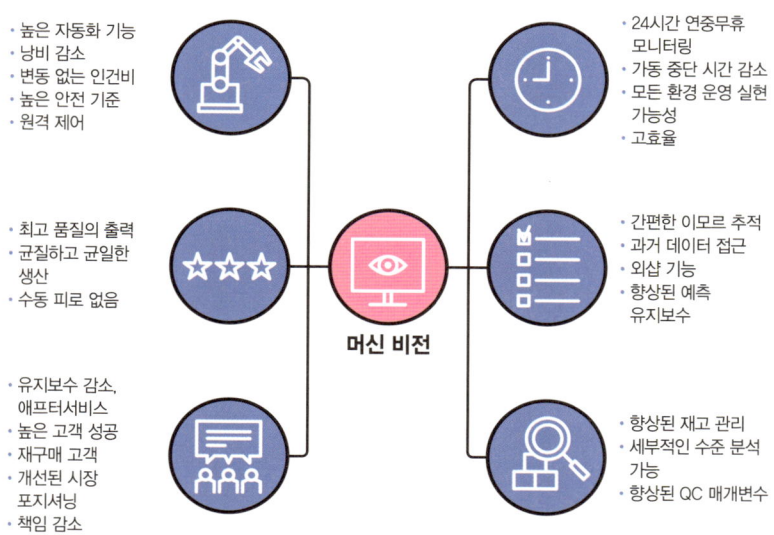

[그림6-8] 산업 제조에서 머신 비전 지원 품질 관리의 이점

7. 품질 4.0을 위한 비전 시스템 적용 효과

(1) 정도

품질 관리를 위한 컴퓨터 비전 솔루션은 인간 작업자에 비해 더 높은 정밀도와 정확성을 제공한다. 품질 검사를 위해 돋보기나 현미경을 사용하더라도, 비전 시스템은 더 큰 허용 오차 범위 내에서 부품을 보고, 측정하고, 감지할 수 있기 때문에 더욱 정밀하다.

(2) 속도

회사가 무언가를 '올바르게' 그리고 '빠르게' 수행할 수 있을 때 시장 출시 기간 등과 같이 추구하는 목적에 더 가까워진다. 의심할 여지없이 수동 검사 방식은 제조용 컴퓨터 비전 시스템의 속도, 일관성 및 효율성을 따라올 수 없다.

(3) 반복성

24시간 내내 피로감 없이 품질을 검사할 수 있는 수동 검사 방법이 있을까? 모든 구성 요소가 동일하더라도 작업자마다 시점에 따라 다른 해석을 내릴 수 있다는 것은 의심의 여지가 없다.

(4) 전수 검사

가전제품, 전기 장비 또는 자동차 부품 제조업체를 상상해 보자. 사람의 눈으로 100% 검사하는 것이 불가능한 회로 기판이나 스위치 박스를 제조한다고 가정해 보자. 섬유, 화학, 탄화수소, 또는 FMCG 제품 제조업체도 마찬가지이다. 많은 제조업체가 부품/제품을 무작위로 샘플링하여 검사하고 통계적 방법과 도구를 적용한다. 이제 컴퓨터 비전 컨설팅 서비스를 활용하여 100% 검사를 수행할 수 있다.

(5) 1종 및 2종 오류 방지

제조 주기에서 품질이 좋지 않은 재료/부품을 감지하는 것은 오류가 발생하기 쉽고, 검사하는데 시간이 많이 소요된다. 수동 검사는 종종 오탐_{불량품을 양품으로 감지}이나 오부정_{양호품을 불량품으로 식별}으로 이어진다. 이러한 결함이 있는 부품/부품이 생산 라인 마지막 단계에서 감지될 경우, 회사는 노동력, 소모품, 공장 생산 능력 및 매출 손실에 직면하게 되며 반대로, 미처 발견하지 못한 불량 부품이 최종 제품에 유입될 경우, 고객과 시장 반응에 부정적인 영향을 미칠 수 있다. 이러한 상황은 브랜드 평판에 돌이킬 수 없는 손상을 초래할 수 있다. 품질 관리를 위한 컴퓨터 비전 검사 시스템만이 이러한 문제를 해결할 수 있다.

(6) 비용 효율성

자동 비전 검사 시스템은 사람보다 빠르기 때문에 비용을 절감할 수 있다. 또한, 이러한 자동 비전 검사는 더욱 정확하여 불량 부품의 공급을 줄인다. 결과적으로 교체, 판매 손실 및 보증으로 인한 외부 제품 고장 비용이 감소한다.

8. 품질 4.0을 위한 컴퓨터 비전 솔루션 기능

- 실시간 객체 감지
- 실시간으로 감지된 결과의 효율적인 후처리
- 고속으로 움직이는 정지 및 이동 물체 감지
- 예측 모델의 안정성과 정확도를 지속적으로 개선
- 다중 추론에 대한 논리적 추론

9. 품질 4.0을 위한 컴퓨터 비전 시스템 설계단계

- **1단계** : 기대치 정의
- **2단계** : 카메라 유형 결정
- **3단계** : 조명 유형 선택
- **4단계** : 관심 영역 결정
- **5단계** : 이미지 처리 기술 확립
- **6단계** : 컴퓨터 비전 모델 학습

1단계 : 기대치 정의

비전시스템이 달성해야 할 목표를 정확히 파악하라. 이를 위한 방법은 여러 가지가 있다. 그중 하나는 다음 질문에 답하는 것이다. 치수 측정, 유무 검사, 특성 검사, 표면 검사, 프로파일 검사 등 무엇을 검사하고 싶은지 파악한다.

- 어떤 구성품이나 제품을 검사해야 하는가?
- 검사는 연속적(완전)인가, 개별적(샘플링)인가?
- 성과에 대한 기대치는 어떤가?
- 검사 속도는 어떻게 되어야 하는가?

2단계 : 카메라 유형 결정

가장 먼저 확인해야 할 것은 수동 시각 검사를 수행할 사람을 배치할 위치이다. 나중에 라인 스캔이나 영역 스캔을 위해 카메라를 설치할 수 있다. 여기에 스마트 카메라를 설치할 수도 있다.

3단계 : 조명 유형 선택

카메라를 사용할 때는 제조 주기에 필요한 백라이트, 전면 조명, 사선 조명, 확산 조명, 적외선 또는 자외선 등 조명 기술도 고려해야 한다.

4단계 : 관심 영역 결정

각 기업의 품질 검사 기준은 고객의 요구사항에 따라 다르다. 관심 영역은 자동 시각 검사 시스템의 속도, 일관성 및 비용에 영향을 미친다. 예를 들어, 자동차 부품 제조업체는 전체 회로에서 칩 영역만 검사하고자 한다. 따라서 이 제조업체의 관심 영역은 칩 영역이 될 것이다. 마찬가지로 관심 영역은 제조업체와 제조된 제품/기계에 따라 달라진다.

5단계 : 이미지 처리 기술 확립

카메라가 디지털 이미지나 비디오에서 관심 영역을 포착한 후, 여러 과정을 거친다. 이미지는 필터링, 스무딩, 샤프닝, 그레이 스케일링 과정을 거친 후, 침식, 팽창, 열기, 닫기 등의 이미지 변환 과정을 거친다. 마지막으로, 미지 처리 기법을 통해 사용 사례 유형에 따라 이미지에서 관심 영역을 곡선으로 표시한다.

6단계 : 컴퓨터 비전 모델 학습

컴퓨터 비전 모델 학습은 일련의 단계로 구성된다. 전제 조건은 결함으로 분류된 수천 개의 고유 이미지와 양품으로 분류된 수천 개의 고유 이미지를 확보하는 것이다. 데이터 증강 프로세스를 사용하여 초기화 방법, 손실 함수 및 옵티마이저를 적용한다. 사전 학습된 모델을 중간 표현$_{IR}$으로 변환하고 그런 다음 추론 엔진을 사용한다. 추론 엔진은 CPU, GPU, VPU와 같은 다양한 처리 장치에서 공통 API를 사용하여 IR 파일을 읽고, 로드하고, 추론한다. 샘플 이미지에 대한 추론 벤치마크를 설정한다. 마지막으로 데이터 시각화 방법을 결정한다.

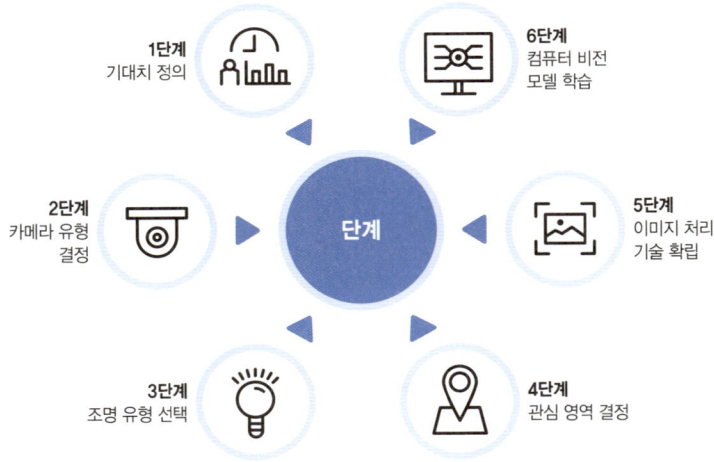

[그림6-9] 품질 4.0을 위한 컴퓨터 비전 시스템 설계단계

10. 품질 4.0에서 머신 비전의 응용 분야

머신 비전은 품질 4.0에서 다양한 분야에 활용될 수 있다. 주요 응용 분야는 다음과 같다

(1) 조립 검증

인더스트리 4.0 자동화의 일환으로, 대부분의 제조업계는 완전 자동화된 제품 조립 및 관리 프로세스를 수행하기 위해 머신 비전을 구현하고 있다. 조립 검증은 제조 과정에서 머신 비전을 활용하여 모든 제품과 부품의 조립이 정확한지 확인한다. 카메라는 각 부품이 생산라인의 올바른 위치에 있는지 확인한다. 부품이 누락되었거나 잘못된 위치에 있는 경우, 시스템은 작업자에게 즉시 알림을 보낸다. 로봇은 머신 비전을 사용하여 높은 정확도로 제품 및 구성품 조립을 안내하고 이 과정을 통해 오류가 줄어들고 생산이 빠르게 진행된다. 조립 검증은 회사가 값비싼 실수를 피하고 안전한 제품을 제공하는 데 도움이 된다.

조립 검증에서 높은 품질을 유지하려면 일관성이 필수적이다. 제조업체는 머신 비전 검사를 통해 인적 오류를 줄이고 일관성을 향상시킨다. 이러한 시스템은 24시간 연중무휴 운영이 가능하여 항상 동일한 수준의 정확도를 제공한다. 또한 인건비와 재작업 필요성을 줄여 기업의 비용 절감에도 도움이 된다. 머신 비전 검사는 업계 규정 준수를 지원하고 고비용 리콜을 방지하는데 도움이 된다. 머신 비전 시스템은 24시간 내내 피로 없이 작동하여 모든 생산 교대조

에서 동일한 수준의 정확도를 보장한다.

(2) 예측 유지관리

일부 제조 공정은 임계 온도와 환경 조건에서 진행되기 때문에 재료 열화나 부식이 흔히 발생한다. 이는 장비 변형으로 이어지고 조기에 조치하지 않으면 심각한 손실을 초래하고 제조 공정이 중단될 수 있다. 제조 과정에서 머신 비전을 활용하면 기계를 모니터링하고 고장을 일으키기 전에 문제를 발견하고 카메라와 센서는 생산 과정에서 장비 상태를 점검한다.

머신 비전 시스템은 작은 문제를 일찍 발견하므로 작업자는 생산 라인을 중단하기 전에 문제를 해결할 수 있다. 이러한 시스템은 회사가 수리를 계획하고, 낭비를 줄이고, 생산을 안정적으로 유지하는 데 도움이 된다. 예측적 유지관리를 통해 기계의 수명이 길어지고 효율성이 향상된다. 지멘스와 캐터필러와 같은 기업들은 이 기술을 활용하여 가동 중단 시간을 줄이고 비용을 절감한다.

(3) 포장 검사

포장 검사는 제조 분야에서 머신 비전의 또 다른 중요한 활용 분야이다. 용기에 포장하기 전에 제조된 제품의 개수를 세는 것이 중요하다. 이 작업을 수동으로 수행하면 많은 오류가 발생하는데 이 문제는 제약 및 소매 제품에서 더 흔하게 나타난다. 포장 공정에 머신 비전 시스템을 구축하여 제품 개수를 세고 포장 기준 준수 여부를 확인한다.

제품이 제대로 포장되면 머신 비전의 또 다른 활용 사례는 제품이 고객에게 안전하고 손상 없이 도착하는 것이 중요하기 때문에 포장 자체의 손상을 검사하는 것이다. 손상된 포장은 내부 제품 손상의 위험이다. 머신 비전시스템은 공장 출고 전에 손상된 포장을 사전에 우회시킬 수 있다.

다시 말해 카메라는 생산라인의 모든 포장에 라벨, 봉인, 바코드가 정확하게 부착되었는지 확인한 후 이 단계를 통해 제품을 안전하게 보관하고 배송 준비를 완료할 수 있다. 머신 비전 시스템은 손상되거나 잘못 표시된 포장을 빠르게 찾아낸다. 기업은 안전 규칙을 준수하고 고객만족도를 높이기 위해 포장 검사를 실시한다. 포장 검사를 철저히 하면 반품이 줄고 제품 품질이 향상된다.

(4) 결함 감지

제조업은 미세한 결함例 : 잘못된 나사산 모니터링까지 모니터링하는 시스템이 필요하기 때문에 제조 제품의 결함 감지 정확도를 100% 달성하는 데 어려움을 겪는 경우가 많다. 생산 공정의 마지막 단계나 고객에게 인도된 후에 이러한 결함을 감지하면 생산 비용이 증가하고 고객 불만으로 이어질 수 있다.

결함 감지는 제조 과정에서 머신 비전을 활용하여 사람이 놓칠 수 있는 결함을 찾아내고 시스템은 생산라인의 각 품목을 스캔하여 균열, 긁힘 또는 색상 변화를 확인할 수 있게 한다. 결함 탐지는 낭비를 줄이고 효율성을 높이는데 도움이 되고 조기에 감지하면 불량 제품이 고객에게 도달하는 횟수가 줄어든다. 제조업에서 머신 비전은 생산라인을 더욱 스마트하고, 빠르고, 안정적으로 만들어준다. 제너럴 일렉트릭이나 롤스로이스 같은 기업들은 이 기술을 사용하여 높은 품질을 유지한다.

(5) 부품 검사

자동차 공장에서는 생산 과정에서 머신 비전을 사용하여 부품을 검사한다. 카메라는 각 부품의 균열이나 부품 누락과 같은 결함을 검사한다. 이 과정을 통해 고품질 부품만 차량에 장착된다. 머신 비전 시스템은 사람보다 빠르게 작동하며 피로감을 느끼지 않는다. 덕분에 공장은 높은 생산 수요를 충족할 수 있다. 신뢰할 수 있는 부품 검사를 통해 자동차의 안전성이 높아지고 리콜도 줄어든다.

(6) 오류 방지

조립 검증 검사는 오류 방지 전략을 활용하여 1종 오류와 2종 오류를 줄인다. 검사 시스템은 고급 알고리즘과 머신러닝을 활용하여 대규모 데이터세트를 학습하고, 시간이 지남에 따라 결함 탐지 정확도를 향상시킨다. 이러한 접근 방식은 검사 시스템이 제품 변형 및 변화하는 환경에 적응하는데 도움이 된다.

AI 기반 검사 시스템은 여러 품질 매개변수를 동시에 평가하는 다각적인 검사를 수행한다. 실시간 모니터링을 통해 즉각적인 시정 조치를 취할 수 있어 인적 오류를 줄이고 일관된 품질 관리를 보장한다. 검사 시스템은 이미지 획득, 조명, 전처리, 분석, 패턴 인식으로 구성된 체계적인 프로세스를 따른다. 이러한 프로세스를 통해 결함 감지의 정확성과 일관성이 보장된다.

비전 검사 시스템은 AI 및 딥러닝과 결합되어 신뢰할 수 있는 자동화된 검사 및 결함 감지 기능을 제공한다. 이러한 시스템은 제조업체가 높은 기준을 유지하고, 낭비를 줄이며, 안전하고 고품질의 제품을 제공할 수 있도록 지원한다.

머신 비전은 제품의 결함, 표면 결점, 치수 불일치를 감지하여 품질 관리를 자동화한다. 이 기술은 이물질이나 결함과 같은 문제를 신속하게 식별하여 규격을 충족하는 제품만이 처리되고 분류되도록 보장한다.

11. 품질 4.0의 비전시스템 확산 및 과제

자동화된 품질 검사를 위한 컴퓨터 비전의 광범위한 확산을 위해서는 몇 가지 과제가 남아 있다. 높은 초기 설치비용, 방대하고 다양한 학습 데이터 세트의 필요성, 그리고 이러한 시스템을 제품 라인에 통합하는 과정의 복잡성은 중요한 장애물이다. 기업들은 비용 효율적인 결과를 도출하고, 알고리즘의 견고성을 개선하며, 다양한 제조 환경에 적응할 수 있는 유연한 시스템을 구축함으로써 이러한 문제를 해결하기 위해 노력해야 한다.

품질 4.0은 인더스트리 4.0과 머신 비전의 발전에 따라 빠르게 발전하고 있으며, 다음과 같은 주요 사항들을 통해 미래를 형성하고 있다.

(1) 로봇 및 자동화와의 통합

머신 비전은 로봇과 자동화를 가능하게 하는 핵심 기술로, 로봇이 물체를 정확하게 인식하고, 탐색하며 조작할 수 있도록 함으로 품질향상에 영향을 주며 자동화가 확산됨에 따라, 비전 유도 로봇은 제조, 물류, 품질, 조립 분야의 효율성을 높이고 있다.

(2) 엣지/포그 컴퓨팅 및 임베디드 비전

산업 현장은 지연이 거의 없는 실시간 처리를 요구한다. 엣지/포그 컴퓨팅과 임베디드 비전 기술을 통해 머신 비전시스템은 장치나 센서에서 직접 이미지를 분석할 수 있어 부적합품을 빠르게 찾을 수 있으며 반응 시간을 줄이고 현장 의사결정을 향상시킨다.

(3) 딥러닝 및 인공지능(AI)

인공지능 기반 머신 비전시스템은 정확성과 적응력을 향상시킨다. 특히 합성곱 신경망CNN과 같은 딥러닝 모델은 자동 검사, 결함 감지, 공정 최적화를 개선한다.

(4) 3D 비전 및 정밀 감지

사물 인식은 객체 인식, 자세 추정, 장면 이해를 강화한다. 3D 비전의 도입은 빈 피킹, 품질 검사, 로봇 가이던스를 혁신하며, 기계가 환경과 더 효과적으로 상호작용할 수 있도록 한다.

(5) 인간-기계 협업

머신 비전은 실시간 지원, 자동 품질 관리, 향상된 안전 기능을 통해 작업자의 업무 흐름을 향상시킨다. 이러한 기술은 인간의 실수를 줄이고 인간과 기계 간의 원활한 협업을 가능하게 한다.

(6) 증강현실(AR) 응용

AR 기반 머신 비전은 품질 교육을 비롯하여 산업 교육, 원격 지원, 조립 가이드 등을 위해 객체 인식, 추적, 제스처 제어를 지원한다. 아직 초기 단계이지만, AR 응용은 현대 산업 현장에서 점점 더 중요해지고 있다.

12. 머신 비전을 통한 품질 4.0의 변화

머신 비전은 오랫동안 산업 환경에서 제품 검사 및 분류에 중요한 역할을 해왔다. 그러나 인공지능, 특히 딥러닝의 통합으로 그 역량이 크게 향상되었다. 기존의 규칙 기반 시스템에서는 제품 변동성과 복잡한 결함 패턴을 따라잡는데 어려움을 겪고, 잦은 수동 조정이 필요했다. 반면, AI 기반 비전 시스템에서는 최소한의 인력으로 방대한 데이터를 분석하고, 미묘한 이상을 감지하며, 새로운 제품 유형에 적응할 수 있다. 따라서 속도, 정밀성, 그리고 적응성이 중요한 역동적이고 다양한 제품이 혼합된 생산라인에 특히 적합하다.

사전 정의된 기준과 일관된 결함 유형을 요구하는 규칙 기반 시스템과 달리, 비전 시스템은 방대한 이미지 데이터세트에서 패턴을 학습한다. 이전에는 발견되지 않았던 이상 징후와 편차까지도 식별할 수 있다. 따라서 제품 설계나 재료가 자주 변경되는 역동적인 제조 환경에서 매우 효과적이다.

- **인간의 눈에는 보이지 않는 미세 결함 감지**

AI 기반 비전 시스템은 표면 이상, 균열, 변색 또는 구조적 편차를 미세한 수준에서 식별할 수 있으며, 이는 종종 사람의 눈이나 기존 검사 도구의 해상도를 뛰어넘는 수준이다. 이러한 수준의 정밀도는 반도체, 전자, 의료 기기와 같이 아주 작은 결함이라도 제품 고장이나 안전 문제로 이어질 수 있는 산업에서 특히 중요하다.

- **새로운 데이터와 변화하는 제품 라인에 따른 학습 및 진화**

  모든 제품 변형에 대해 수동으로 재프로그래밍 해야 하는 기존 시스템과 달리, AI 기반 솔루션은 새로운 데이터세트를 통해 지속적으로 학습한다. 이를 통해 제조업체는 검사 인프라를 전면 개편하지 않고도 설계 변경을 도입하거나 신제품을 출시할 수 있다. 결과적으로 생산 수요에 따라 진화하는 고도로 적응력 있는 품질 관리 프로세스가 구축된다.

- **오탐 및 누락된 결함 감소**

  딥러닝 알고리즘을 활용하여 이러한 시스템은 허용 가능한 제품 변형과 실제 결함을 더욱 정확하게 구분한다. 이를 통해 적합품이 부적합으로 거부되는 오탐(False Positive)과 결함이 있는 제품이 감지되지 않고 통과되는 오부정(False Negative)을 크게 줄일 수 있다. 이는 시간이 지남에 따라 제품 품질 향상, 낭비 감소, 그리고 자동 검사 결과에 대한 신뢰도 향상으로 이어진다.

제 **7** 장

품질 및 설비 이상 탐지

01 이상 탐지의 개요

　제조 현장이나 네트워크의 이상 징후는 수많은 실제 애플리케이션에서 불규칙성을 의미한다. 대부분의 경우 이상 징후 탐지는 과거 데이터에서 볼 수 없었던 새로운 현상을 파악하기 위한 것이다. 이상 징후를 탐지하는 표준 방법은 정상Normal 데이터의 모델을 만들고 미래의 관측값을 모델과 비교하는 것이다. 그러나 정상에 대한 정의가 다양한 문제 영역에 따라 다르기 때문에 이상 징후를 탐지하는 문제는 더 까다롭고 복잡한 과정으로 드러난다. 일반적인 계산적 접근 방식은 주어진 데이터 세트에서 이상값을 찾는 것이다.

　최근 이상 탐지는 머신 러닝, 데이터 마이닝, 딥러닝, 제조, 네트워킹, 건강, 보안, 사기 탐지 등 여러 연구 커뮤니티에서 상당한 관심을 받고 있다. 이는 드물게 발생하는 연구 대상 현상에 대한 통찰력을 제공할 수 있기 때문이다. 예를 들어 이상치 탐지 기술은 무선 센서 네트워크를 모니터링하여 결함 있는 센서나 흥미로운 행동 패턴을 식별하는데 사용될 수 있다.

　이상 탐지 작업에 사용되는 데이터의 가용성은 데이터 세트의 속성에 따라 달라진다. 정적 데이터 세트에서는 모든 관측치가 있는 전체 데이터 세트에 대해 이상 탐지를 수행할 수 있는 반면 연속 데이터 스트림 시나리오에서는 관측치가 특정 시점에 존재하지 않고 순차적으로 도착할 수 있다. 데이터 스트림의 관측치는 한 번만 관찰될 수 있으며 이상 징후는 실시간으로 탐지되어야 한다. 시간에 따라 분포가 변하는 환경_{비정상적}에서는 기존 탐지 방법을 적용할 수 없으며 모델도 변경된다. 따라서 동적으로 변화하는 특성을 처리하여 진화하는 시계열에서 이상 징후를 탐지하기 위해서는 적응형 모델을 고려해야 한다.

02 특이치(Outlier)와 이상 탐지(Anomaly Detection)

주요 데이터 분포와 일치하지 않는 데이터 포인트를 이상_{Anomaly}이라고 한다. 원래 이상 분석 문제는 통계 커뮤니티에서 다루어졌다. Barnett과 Lewis의 정의에 따르면, 이상은 "해당 데이터 집합의 나머지 부분과 일치하지 않는 것으로 보이는 관측치_{또는 관측치의 부분 집합}"이다. Hawkins는 이상은 "다른 관측치와 크게 달라서 다른 메커니즘에 의해 생성되었다는 의심을 불러일으키는 관측치"라고 정의했다. 이상은 드문 사건, 비정상, 편차 또는 이상치라고도 한다.

이상은 종종 고장 및 결함과 연관될 수 있다. 이 두 용어는 서로 연관된 용어이기는 하지만 다소 다른 개념에 해당한다. 고장은 시스템의 결함 또는 성능 저하로 정의할 수 있는 반면, 결함은 불완전성, 오류, 실수에 해당한다. 유지보수 측면에서는 결함을 다시 결함 감지와 결함예측 두 가지로 나눈다. 결함 감지와 결함 예측이다.

또한 조기 결함탐지를 위해 신규성Novelty, 이상 징후Anomaly Detection 및 특이치Outlier 기법이 널리 사용되어 왔다. Anomaly이상 및 Outlier특이치라는 용어는 바람직하지 않은 패턴에 대한 아이디어를 제공하는 반면, Novelty새로운 현상라는 용어는 가능한 유효한 상태에 해당하는 새롭게 나타난 현상 또는 새로운 개념을 나타낸다. 그러면 이상과 이상치에 대한 정의를 살펴보자.

▌옥스포드 영어 사전

이상 : 표준, 정상 또는 예상에서 벗어나는 것

특이치 : 본체 또는 시스템에서 멀리 떨어져 있거나 분리된 사람 또는 사물

▌캠브리지 사전

이상 : 평소와 다르거나 다른 것과 일치하지 않아 만족스럽지 않은 사람이나 사물

특이치 : 사람, 사물 또는 사실이 다른 사람, 사물 또는 사실과 매우 다르기 때문에 일반적인 결론을 도출하는데 사용할 수 없음

▌메리엄-웹스터 영어 사전

이상 징후 : 다르거나, 비정상적이거나, 특이하거나, 쉽게 분류되지 않는 것

특이치 : 표본의 다른 표본과 값이 현저히 다른 통계적 관측치

Chandola et al.은 이상 감지를 예상되는 정상 동작에 해당하지 않는 데이터에서 패턴을 찾는 작업으로 정의하고 있다. 문헌에서는 특이치_{Outliers}를 데이터베이스에서 비정상적인, 즉 대부분의 데이터와 다르기 때문에 오염, 오류 또는 사기로 인한 것으로 의심되는 객체로 정의한다. 따라서 이상치는 일반적으로 부정적인 의미를 내포하고 많은 연구에서 특이치를 식별하고 제거하는 것을 목표로 하는 반면, 이상_{Anomalies}은 발생 원인을 파악하기 위해 추가 조사가 필요한 비정상적인 데이터로 인식되고 있다.

이상치라는 용어는 종종 데이터 노이즈와 관련이 있다. 잡음 감지를 탐지하기 위한 많은 기법은 특이치를 가능한 잡음으로 간주하여 이상값을 감지하려고 한다. 그러나 객체를 생성하거나 레이블을 지정하는 프로세스에 문제가 있는 것으로 알려지지 않는 한 객체가 잡음인지 확인하기는 어렵다.

간단히 말하면 특이치_{Outlier}는 주로 통계적인 관점에서 사용되며, 대부분의 다른 데이터 값들과 현저하게 다른 값을 가지는 데이터 포인트 자체를 의미한다. 주로 통계학적 분포를 기준으로 판단한다. 예를 들어, 정규분포에서 평균으로부터 3 표준편차 이상 떨어진 값들을 특이치로 간주할 수 있다. 데이터 분석시 모델의 성능을 저해하거나 결과를 왜곡시킬 수 있어 제거하거나 다른 값으로 대체하는 전처리 대상이 되기도 하지만, 때로는 그 자체가 매우 중요한 정보일 수 있다. 이상 탐지_{Anomaly Detection}는 '특이치'를 포함하는 더 넓은 개념이다. 단순히 통계적 분포를 벗어나는 것뿐만 아니라, 특정 문맥에서 기대되는 패턴과 다른 모든 종류의 예외적인 데이터나 이벤트를 지칭한다. 이러한 특이치를 포함하여, 정상적인 패턴에서 벗어나는 다양한 종류의 '이상Anomaly'을 식별하는 전체적인 과정이나 방법론을 의미한다. 즉, '행위' 또는 '분야'에 가깝다고 보면 된다.

03 이상 탐지(Anomaly Detection)

이상 탐지Anomaly Detection는 종류의 '이상Anomaly'을 데이터로부터 자동으로 식별하고 찾아내는 기술 또는 과정 전체를 의미한다. 즉 정상적인 데이터 패턴에서 벗어나는 예외적이거나 드문 관측치, 이벤트 또는 항목을 식별하는 과정을 말한다. 이러한 예외적인 데이터 포인트를 '이상치Anomaly', '특이치Outlier', '이탈값Deviant', '노이즈Noise' 또는 '예외Exception' 등 다양한 용어로 부른다. 쉽게 말해, "다른 것들과 확연히 다른 것을 찾아내는 기술"이라고 생각할 수 있다.

이상 탐지는 정상적인 데이터 패턴을 학습하고, 이로부터 벗어나는 관측치를 탐지하는 것을 목표로 하며 이를 위한 방법으로 통계적 방법, 머신러닝/딥러닝 기반 방법 등 다양한 알고리즘과 접근 방식이 사용된다.

간단히 말하면 이상 탐지Anomaly Detection는 특이치를 포함한 다양한 이상Anomaly들을 찾아내는 '활동' 또는 '기술 분야'라고 볼 수 있다.

[예시]

- 신용카드 사용 내역 데이터에서 평소 사용액보다 훨씬 큰 금액의 거래가 한 건 발생했다면, 이 거래는 특이치(Outlier)이자 점 이상치(Point Anomaly)이다. 이러한 비정상적인 거래를 찾아내는 시스템이나 알고리즘은 이상 탐지 (Anomaly Detection) 기술을 사용한다.
- 겨울철에 아이스크림 판매량이 갑자기 급증했다면, 이는 여름이라면 정상이 지만 겨울이라는 문맥에서는 문맥적 이상치(Contextual Anomaly)가 될 수 있 으며, 이를 찾아내는 것 역시 이상 탐지의 영역이다.

결론적으로, '특이치'는 데이터의 특정 상태를 나타내는 명사적 성격이 강하고, '이상 탐지'는 그러한 상태를 찾아내는 동사적, 방법 론적 성격이 강하다고 이해하면 된다. 이상 탐지를 통해 특이치를 발견하게 되는 것이다.

04 이상치의 종류

이상 탐지는 이상치의 특성에 따라 크게 세 가지 유형으로 나눌 수 있다.

1. 점 이상치(Point Anomalies)

단일 데이터가 나머지 데이터와 비교하여 비정상적이다_{예 : 점이 나머지와 멀리 떨어져 있음}. 이는 가장 단순한 이상이며, 이상 탐지 연구의 대부분 초점이다. 예를 들어, 신용 카드 사기 탐지를 예로 들 수 있다.

개인의 신용카드 거래 내역을 데이터셋으로 삼고 데이터가 지출 금액이라는 한 가지 특징만을 사용하여 정의된다고 가정하면, 해당 개인의 정상적인 지출 범위에 비해 지출 금액이 매우 높은 거래는 포인트 이상 징후가 될 것이다.

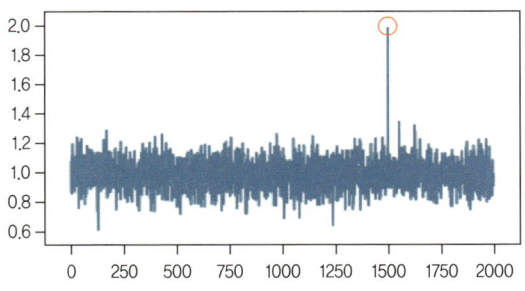

[그림7-1] 점 이상치(Point Anomalies)

2. 문맥적 이상치(Contextual Anomalies)

특정 문맥에서는 이상하지만, 다른 문맥에서는 정상일 수 있는 데이터 포인트를 말한다. 예를 들어, 여름에 난방비가 많이 나오는 것은 이상하지만 겨울에는 정상이다. 또 다른 예로 네트워크 침입 시도를 생각해 볼 수 있다. 하루 중 다양한 시간대에 네트워크에 접속하는 예상 트래픽 수준을 보여줄 수 있다. 트래픽은 이른 아침에 가장 낮을 수 있다. 따라서 새벽 3시에 트래픽이 급증하는 것은 상황적 이상 현상이며, 네트워크 침입 시도를 나타낼 수 있으므로 추가 조치 또는 조사가 필요하다.

다시 말해, 네트워크 접속 자체는 완전히 정상적인 현상이었다. 하지만 새벽 3시에 이렇게 많은 트래픽이 발생하는 것은 이례적인 일이었다. 이는 예외적인 상황이었다. 문맥적 이상치는 특정 시간, 특정 사용자 등의 '문맥' 정보가 중요하다.

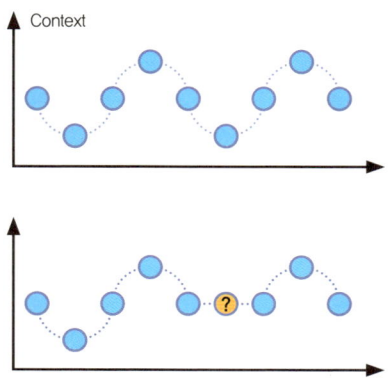

[그림7-2] 문맥적 이상치(Contextual Anomalies)

3. 집단적 이상치(Collective Anomalies)

개별 데이터 포인트는 정상이지만, 이러한 데이터 포인트들의 집합이 전체 데이터셋과 비교했을 때 이상한 경우이다. 예를 들어, 웹 서버의 CPU 사용량이 개별적으로는 정상 범위 안에 있지만, 여러 서버에서 동시에 갑자기 트래픽이 끊기는 패턴은 집단적 이상치일 수 있다. 또 다른 예로 두 주주 간에 대량으로 거래되는 동일한 주식이 정상으로 간주될 수 있지만, 소수의 주주 그룹 사이에서 동일한 주식이 반복적으로 거래되는 경우 집단 이상으로 취급된다. 이는 자금 세탁과 같은 주식 시장의 불법적인 조작일 가능성이 높다.

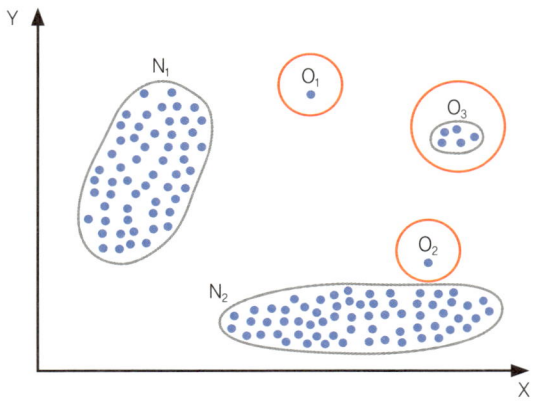

[그림7-3] 집단적 이상치(Collective Anomalies)

05 제조 분야에서 이상 탐지의 핵심 아이디어

1. '정상'의 정의 및 학습

제조 공정, 설비, 제품 등에서 발생하는 다양한 데이터_{센서 데이터, 로그 데}
_{이터, 생산 데이터, 품질 데이터 등}를 수집한다. 수집된 데이터를 분석하여 시스템이
나 공정이 안정적으로 운영될 때 나타나는 일반적인 패턴, 분포, 관
계 등을 '정상 상태'로 정의하고 모델을 학습시킨다. 즉, 먼저 무엇이
'정상'인지 정의하거나 학습한다.

2. '이상'(편차)의 식별

실시간으로 들어오는 새로운 데이터 또는 분석 대상 데이터를 학
습된 정상 모델과 비교한다. 새로운 데이터가 기존의 정상 패턴에서
통계적으로 유의미하게 벗어나거나, 예상치 못한 값을 보이거나, 기
존에 없던 새로운 패턴을 나타낼 경우 이를 '이상'으로 탐지한다.

3. 임계값 설정 및 조기 경보 및 대응

탐지된 이상은 설비의 고장 전조, 제품 불량 발생 가능성, 공정
효율 저하, 안전 문제 발생 가능성 등 다양한 문제의 신호일 수 있
다. 벗어난 정도가 특정 기준_{임계값}을 넘으면 이상치로 판단한다. 이러
한 이상 징후를 조기에 발견하여 관리자나 운영자에게 경고함으로

써, 심각한 문제로 확산되기 전에 예방 조치를 취하거나 신속하게 대응할 수 있도록 한다.

06 이상 탐지 방법에서 고려해야할 사항

- **데이터의 종류와 크기** : 데이터가 정형인지 비정형인지, 시계열인지, 이미지인지, 고차원인지 등에 따라 적합한 방법이 다르다.
- **이상치의 특성** : 이상치가 점 이상치인지, 문맥적 이상치인지, 집단적 이상치인지에 따라 접근 방식이 달라질 수 있다.
- **레이블 유무** : 정상/이상 레이블이 있다면 지도 학습을, 없다면 비지도 학습이나 준지도 학습을 고려해야 한다.
- **계산 자원 및 실시간성 요구** : 실시간 탐지가 필요한 경우 계산 복잡도가 낮은 방법이 선호된다.

실제로는 여러 방법을 조합하거나, 특정 문제에 맞게 기존 방법을 변형하여 사용하는 경우가 많다. 또한, 탐지된 이상치가 정말로 의미 있는 이상인지 여부는 해당 분야의 전문가도메인 지식의 판단이 중요하다.

07   이상 탐지 방법

이상 탐지 방법은 매우 다양하며 데이터의 특성, 이상치의 유형, 사용 가능한 레이블 정상/이상 정보 유무 등에 따라 적합한 방법이 달라진다. 주요 이상 탐지 방법들을 범주별로 나누어 보면 다음과 같다.

[표7-1] 이상 탐지 분류 기준

분류 기준	주요 방법	설명
탐지 원리	통계 기반 / 거리 기반 / 밀도 기반 / 머신러닝 기반 / 딥러닝 기반	수학적/알고리즘적 접근
학습방식	지도 학습 / 비지도 학습 / 준지도 학습	라벨 존재 여부 기준
데이터 형태	시계열 / 이미지 / 범주형 / 다변량	이상 유형에 따른 방법 차이

1. 통계적 기법(Statistical Methods)

데이터가 특정 확률 분포 예: 정규 분포를 따른다고 가정하고, 이 분포에서 크게 벗어나는 데이터를 이상치로 판단한다.

• Z-점수(Z-score) / 가우시안 분포 기반

데이터가 정규 분포를 따른다고 가정하고, 평균에서 특정 표준편차(예: 3 표준편차) 이상 떨어진 데이터를 이상치로 간주한다. 간단하지만 데이터가 정규 분포를 따르지 않으면 성능이 낮을 수 있다.

- **사분위수 범위(IQR, Interquartile Range)**

  데이터의 중앙값을 기준으로 분포를 파악하며, Q1(제1사분위수) − 1.5*IQR 또는 Q3(제3사분위수) + 1.5*IQR 범위를 벗어나는 값을 이상치로 판단한다. 분포 가정이 필요 없고 극단적인 값에 덜 민감하다. IQR을 시각적으로 표현한 것이 Box Plot이다.

- **통계적 가설 검정(Grubbs' Test, Dixon's Q Test 등)**

  데이터셋 내에 이상치가 있는지 통계적으로 검정하는 방법이다. 주로 단일 이상치 탐지에 사용된다.

- **가우시안 혼합 모델(Gaussian Mixture Model, GMM)**

  데이터가 여러 개의 가우시안 분포의 혼합으로 이루어졌다고 가정하고, 각 데이터 포인트가 어떤 분포에도 속할 확률이 낮으면 이상치로 판단한다.

2. 거리 기반 기법(Distance-based Methods)

정상 데이터 포인트들은 서로 가깝게 모여 있고, 이상치는 다른 데이터들로부터 멀리 떨어져 있을 것이라는 가정에 기반한다.

- **k-최근접 이웃(k-Nearest Neighbors, k-NN)**

  각 데이터 포인트에 대해 가장 가까운 k개의 이웃까지의 거리를 계산한다. 이 거리가 특정 임계값보다 크거나, 다른 데이터들에 비해 현저히 크면 이상치로 판단한다.

- **클러스터링 기반 거리**

  k-Means 등의 클러스터링 알고리즘을 사용하여 데이터를 군집화한 후, 어떤

군집의 중심(Centroid)으로부터 거리가 먼 데이터를 이상치로 간주하거나, 어떤 군집에도 속하지 않는 데이터를 이상치로 판단한다.

3. 밀도 기반 기법(Density−based Methods)

정상 데이터 포인트들은 밀도가 높은 지역에 존재하고, 이상치는 밀도가 낮은 지역에 존재할 것이라는 가정에 기반한다.

· **LOF(Local Outlier Factor)**

지역 밀도는 이웃(k−최근접 이웃)인 데이터 포인트 간의 거리를 추정하여 결정된다. 따라서 각 데이터 포인트에 대해 지역 밀도를 계산할 수 있다. 이를 비교하여 어떤 데이터 포인트가 비슷한 밀도를 가지고 어떤 데이터 포인트가 이웃보다 밀도가 낮은지 확인할 수 있다. 밀도가 낮은 데이터 포인트는 이상치로 간주된다.

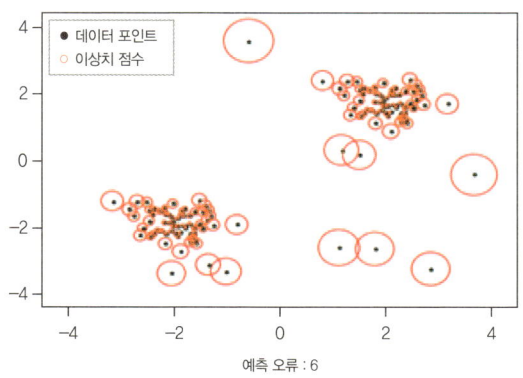

[그림7−4] LOF(Local Outlier Factor)의 예

- **DBSCAN**

(Density—Based Spatial Clustering of Applications with Noise)

특정 반경 내에 최소 개수 이상의 데이터 포인트가 있는 지역을 클러스터로 형성하고, 어떤 클러스터에도 속하지 않는 포인트를 노이즈(이상치)로 간주한다.

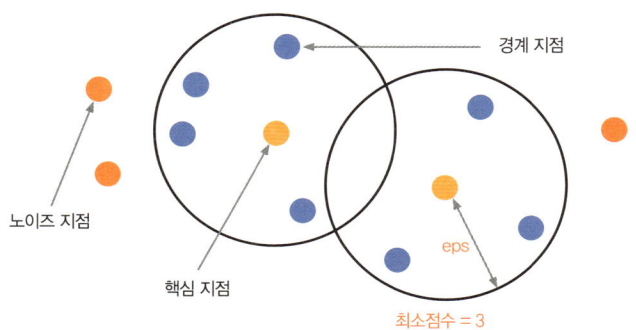

[그림7-5] DBSCAN(Density—Based Spatial Clustering of Applications with Noise)의 예

4. 군집 기반 기법(Clustering—based Methods)

데이터를 유사한 특성을 가진 그룹_{클러스터}으로 묶는다. 어떤 클러스터에도 속하지 않거나, 매우 작은 크기의 클러스터에 속하거나, 클러스터의 중심에서 멀리 떨어진 데이터를 이상치로 간주한다.

- **K—Means**

각 데이터 포인트를 가장 가까운 클러스터 중심에 할당하고, 클러스터 중심과의 거리가 먼 데이터를 이상치로 판단할 수 있다.(DBSCAN도 이 범주에 포함될 수 있다.)

5. 머신러닝/딥러닝 기반 기법

데이터로부터 직접 패턴을 학습하여 이상치를 탐지한다.

- **지도 학습(Supervised Learning)** : 지도 학습 모드는 정상 및 이상 클래스 레이블이 있는 변수로 구성된 학습 데이터 세트를 필요로 한다. 정상 데이터와 이상치 데이터는 모두에 레이블이 있어야 하며, 이를 분류 문제로 간주하여 지도 학습 알고리즘을 사용한다. 이 기법의 장단점으로 정확도가 높을 수 있으나, 실제로는 이상치 데이터가 매우 드물고 레이블링 비용이 높아 적용이 어렵고 이상치의 종류가 매우 다양하여 모든 유형을 학습시키기 어렵다.
  [예시] SVM, 랜덤 포레스트, 로지스틱 회귀, 신경망

- **준지도 학습(Semi-supervised Learning) / 단일 클래스 분류(One-Class Classification)** : 준지도 학습 모드로 작동하는 이상 탐지 기술은 훈련 데이터에 정상 클래스에 대해서만 표시된 변수가 있어야 한다. 이상 클래스에는 레이블이 필요하지 않으므로 지도 학습과 비교하여 그 패턴을 벗어나면 이상으로 판단한다. 즉, 이 기법은 주로 정상 데이터만을 학습하여 정상 데이터의 패턴을 정의하고, 이 패턴에서 벗어나는 데이터를 이상치로 판단한다. 예를 들어, 우주선 결함 탐지에서 이상 시나리오를 모델링하기는 어렵다. 이러한 모델에 대한 일반적인 접근 방식은 정상 데이터에 해당하는 클래스 모델을 구축하고 이 모델을 사용하여 이상 징후를 구별하는 것이다. 이러한 기술은 널리 사용되지 않는데, 그 이유는 주로 데이터에 나타날 수 있는 모든 정상 동작을 포괄하는 훈련 데이터 세트를 얻는 것이 어렵기 때문이다.

- One-Class SVM : 정상 데이터를 둘러싸는 경계면을 학습한다.

- SVDD(Support Vector Data Description) : 정상 데이터를 포함하는 최소 크기의 초구(hypersphere)를 찾는다.

- 오토인코더(Autoencoder) : 딥러닝 모델의 일종으로, 정상 데이터를 입력으로 받아 자기 자신을 복원하도록 학습한다. 정상 데이터는 복원이 잘 되지만, 이상 데이터는 복원 오차가 크게 나타나는 점을 이용한다.

- **비지도 학습(Unsupervised Learning)** : 비지도 학습 모드에서 작동하는 이상 탐지 방법은 학습 데이터가 필요하지 않으므로 가장 일반적으로 활용된다. 이 범주의 기법은 정상 사례가 테스트 데이터의 이상 사례보다 훨씬 더 자주 발생할 것이라고 암묵적으로 가정한다. 이 가정이 충족되지 않으면 이러한 기법은 높은 오탐률을 보일 수 있다. 레이블이 지정되지 않은 데이터 세트를 학습 데이터로 사용하여 다양한 준지도 학습 기법을 비지도 학습 모드에서 작동하도록 조정할 수 있다. 간단히 말하면 비지도 학습은 레이블이 없는 데이터에서 데이터의 분포, 밀도, 거리 등을 기반으로 이상치를 탐지한다.(위에서 언급된 거리 기반, 밀도 기반, 군집 기반 방법들이 대부분 여기에 속한다.)

[예시]

- Isolation Forest : 의사결정 트리를 변형한 형태로, 이상치가 정상 데이터보다 더 적은 분할로 고립(isolate)될 수 있다는 아이디어에 기반한다. 계산 속도가 빠르고 대용량 데이터에 효과적이다.

- PCA(Principal Component Analysis) : 데이터의 차원을 축소하여 주요 성

분을 찾고, 원래 데이터로 복원했을 때 복원 오차가 큰 데이터를 이상치로 간주할 수 있다.

– 생성 모델 기반(GANs, VAEs 등) : 정상 데이터 분포를 학습한 생성 모델이 생성하지 못하거나, 생성 확률이 매우 낮은 데이터를 이상치로 판단한다.

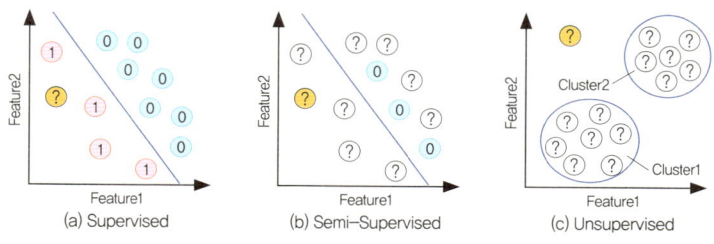

[그림7-6] 머신러닝 기법의 예

6. 시계열 데이터 특화 기법(Time-series Specific Methods)

시간의 흐름에 따라 기록된 데이터에서 이상치를 탐지할 수 있다.

[예시]

– 이동 평균(Moving Average) / 지수 평활(Exponential Smoothing) : 과거 데이터의 평균 또는 가중 평균을 이용하여 현재 값을 예측하고, 실제 값과 예측 값의 차이가 크면 이상치로 판단한다.

– ARIMA(Autoregressive Integrated Moving Average) / SARIMA : 시계열 모델을 구축하고, 모델의 예측에서 크게 벗어나는 잔차(residual)를 이상치로 간주

한다.

– STL 분해(Seasonal and Trend decomposition using Loess) : 시계열 데이터
를 계절성, 추세, 나머지 성분으로 분해하고, 나머지 성분에서 극단적인 값을
이상치로 판단한다.

– 변경점 탐지(Change Point Detection) : 데이터의 통계적 특성(평균, 분산 등)
이 급격하게 변하는 지점을 탐지하여 이상 상황을 식별한다.

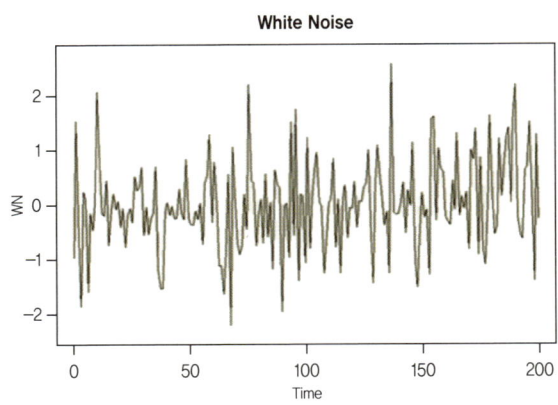

[그림7-7] ARIMA(Autoregressive Integrated Moving Average) 예

[표7-2] 이상 탐지 주요 방법의 장단점

방법	데이터 필요	장점	단점	적용 예
통계기반	소량	빠르고 간단하다	비선형에 취약	품질관리
거리기반	중간	다변량 대응	고차원에 취약	다차원 공정 데이터
밀도기반	중간	지역적 이상에 민감	파라미터에 민감	장비이상 감지
머신러닝	많음	강력한 분류	라벨 부족시 한계	예측품질검사
딥러닝	많음	비선형/복잡데이터 탐지 가능	학습비용이 큼	예지보전, 비전검사

08 이상 징후 탐지의 과제

　데이터 세트 또는 데이터 스트림의 이상 징후는 예상되는 정상 동작과 일치하지 않는 패턴으로 간주될 수 있다. 따라서 이상 징후를 탐지하는 간단한 방법은 정상 동작을 나타내는 영역을 정의하고 이 영역에 속하지 않는 관측치를 이상 징후로 식별하는 것이다.

　이 간단한 방법은 여전히 다음과 같은 주요 과제에 직면해 있다.

❶ 스마트공장에서 보안의 경우 이상 현상이 악의적인 행위의 결과로 나타날 때, 악의적인 공격자는 이상 관측치를 정상으로 보이도록 만들어 이상 현상을 탐지하는 것을 더욱 어렵게 만든다.

❷ 가능한 모든 정상 동작을 포괄하는 정상 영역을 정의하는 것은 어렵다. 또한 정상 동작과 비정상 동작의 경계가 불분명한 경우가 많다. 따라서 한계에 가까운 이상 관측치는 정상일 수 있으며, 그 반대의 경우도 마찬가지이다.

❸ 데이터에는 실제 이상 징후와 유사한 노이즈가 포함되는 경우가 많아 이상 징후를 구분하고 제거하기 어렵다.

❹ 이상 현상의 정확한 개념은 적용 분야에 따라 다르다. 예를 들어, 의료 분야에서 정상에서 약간 벗어난 것(예 : 체온 변동)은 이상 현상으로 간주될 수 있지만, 품질문제($\pm 3\sigma$)에서나 주식 시장에서 유사한 편차(예 : 주가 변동)는 정상으로 분류될 수 있다. 따라서 한 분야에서 개발된 기술을 다른 분야에 적용하

더라도 정확한 결과를 얻지 못할 수 있다.

❺ 이상 현상 탐지 기술에 사용되는 모델의 학습 및 검증을 위한 태그가 지정된 데이터의 가용성은 일반적으로 중요한 문제이다.

❻ 많은 분야에서 정상 동작은 시간이 지남에 따라 계속 진화하고 있으며, 현재 정상 동작에 대한 정의가 미래에는 달라질 수도 있다.

❼ 빅데이터 또는 빅데이터 스트림 형태의 데이터 크기가 기하급수적으로 증가함에 따라, 애플리케이션의 까다로운 요구 사항을 충족하기 위해서는 더 많은 컴퓨팅 리소스가 필요하게 되어 이상 징후 탐지가 매우 어려워진다(흔히 "빅데이터 건초더미"라고 함).

이러한 어려움 때문에 일반적인 형태의 이상 징후 탐지는 쉽지 않으며 대부분 특정 도메인 및 애플리케이션별 유형의 문제를 해결한다. 해결책은 데이터 유형, 레이블이 지정된 데이터의 가용성, 탐지할 이상 징후 유형 등 다양한 요인의 영향을 받는다.

09 이상 탐지의 정확도 및 예측

정확도와 예측은 이상 탐지에 매우 중요하다. 다음 소절에서는 정확도와 예측을 측정하는 다양한 유형의 지표를 분석한다.

1. 분류 및 회귀 지표

이진 분류 작업에서 학습 중 모델 평가는 혼동 행렬을 사용하여 수행할 수 있다. [표7-3]에 제시된 혼동 행렬에서 예측된 클래스의 정보는 행에, 실제 클래스는 열에 있다. TP와 TN은 올바르게 분류된 양성 및 음성 인스턴스의 수를 나타낸다. FP와 FN은 잘못 분류된 음성 및 양성 인스턴스의 수를 나타낸다.

[표7-3] 이진 분류 평가를 위한 혼동 행렬

		Predicted condition	
	Total population = P + N	Positive(PP)	Negative(PN)
Actual condition	Positive(P)	True positive(TP), hit	False negative(FN), type II error, miss, underestimation
	Negative(N)	False positive(FP), type I error, false alarm, overestimation	True negative(TN), correct rejection

혼동 행렬 결과에서 생성되는 일반적으로 사용되는 지표는 [표 7-4]에서 확인할 수 있으며, 다중 클래스 문제 평가를 위한 더 많은 지표를 요약하고 있다.

　정확도는 이진 분류 문제 또는 다중 클래스 분류 문제 모두에서 실제로 가장 일반적으로 사용되는 평가 지표이다. 생성된 솔루션의 품질은 모든 인스턴스에 대한 올바른 예측 비율을 기반으로 하는 정확도로 평가된다.

　정확도를 보완하는 지표는 오류율로, 잘못된 예측 비율을 기반으로 솔루션을 평가한다. 최적의 솔루션을 선택하기 위해 두 지표

[표7-4] 평가 매트릭스의 식 요약

		Predicted condition			
	Total population $= P + N$	Positive(PP)	Negative(PN)	Informedness, bookmaker informedness(BM) $= TPR + TNR - 1$	Prevalence threshold(PT) $= \dfrac{\sqrt{TPR \times FPR} - FPR}{TPR - FPR}$
Actual condition	Positive(P)	True positive(TP), hit	False negative(FN), type II error, miss, underestimation	True positive rate(TPR), recall, sensitivity(SEN), probability of detection, hit rate, power $= \dfrac{TP}{P} = 1 - FNR$	False negative rate(FNR), miss rate $= \dfrac{FN}{P} = 1 - TPR$
	Negative(N)	False positive(FP), type I error, false alarm, overestimation	True negative(TN), correct rejection	False positive rate(FPR), probability of false alarm, fall-out $= \dfrac{FP}{N} = 1 - TNR$	True negative rate(TNR), specificity(SPC), selectivity $= \dfrac{TN}{N} = 1 - FPR$
	Prevalence $= \dfrac{P}{P + N}$	Positive predictive value(PPV), precision $= \dfrac{TP}{PP} = 1 - FDR$	False omission rate (FOR) $= \dfrac{FP}{PN} = 1 - NPV$		
	Accuracy(ACC) $= \dfrac{TP + TN}{P + N}$	False discovery rate (FDR) $= \dfrac{FP}{PP} = 1 - PPV$	Negative predictive value(NPV) $= \dfrac{TN}{PN} = 1 - FOR$		
	Balanced accuracy(BA) $= \dfrac{TPR + TNR}{2}$	F_1 score $= \dfrac{2PPV \times TPR}{PPV + TPR}$ $= \dfrac{2TP}{2TP + FP + FN}$			

를 모두 널리 사용해 왔다. 정확도 또는 오류율의 이점에는 용이한 계산과 낮은 복잡도, 다중 클래스 및 다중 레이블 문제에의 적용 가능성, 쉬운 평가 방법, 그리고 이해하기 쉬운 특성이 있다. 정확도 지표는 평가 및 판별 과정에서 한계가 있다. 정확도의 주요 한계는 판별력이 떨어지는 점수를 생성한다는 것이다 정확도는 정보성 및 소수 클래스 변수에 대한 선호도 감소 측면에서도 무력하다.

정확도에 대한 대안으로, F-측정$_{FM}$과 G-평균$_{GM}$이 있는데 이는 이진 분류 문제에 대한 분류기 최적화에서 좋은 실패율과 정확도보다 더 나은 성능을 보인다. FM과 GM은 다중 클래스 분류 문제에

[표7-5] 평가 매트릭스의 식과 평가기준 설명

	공식	평가 기준
정확도	$\dfrac{TP + TN}{TP + FP + FN + TN}$	정확도 지표는 평가된 총 변수 수에 대한 정확한 예측의 비율을 측정한다.
실패율	$\dfrac{FP + FN}{TP + FN + FP + TN}$	오분류 오류는 평가된 전체 인스턴스 수에 대한 잘못된 예측의 비율을 측정한다.
민감도	$\dfrac{TP}{TP + FN}$	민감도는 양성 패턴 중 정확하게 분류된 비율을 측정하는데 사용된다. 진짜 양성률(TPR)
특이도	$\dfrac{TN}{TN + FN}$	특이도는 음성 패턴 중 정확하게 분류된 비율을 측정한다. 진짜 음성률(TNR)
정밀도	$\dfrac{TP}{TP + FP}$	정밀도는 양성 클래스의 총 예측 패턴 중에서 정확하게 예측된 양성 패턴을 측정한다.
재현율	$\dfrac{TP}{TP + FN}$	재현율은 올바르게 분류된 양성 패턴의 비율을 측정하는데 사용된다.
F-Measure (F1-Score)	$2 \times \dfrac{정밀도 \times 재현율}{정밀도 + 재현율}$	F-Measure는 재현율과 정밀도 간의 조화 평균을 나타낸다.
기하평균(GM)	$\sqrt{TP + TN}$	기하평균은 TP 및 TN 비율을 최대화하는데 사용되며 두 비율의 균형을 유지한다.

대한 최적 솔루션을 판별하고 선택하는데 덜 사용되었다는 점에 유의해야 한다. 이와 대조적으로 [표7-5]의 다른 지표는 단일 평가 작업을 기반으로 최적 솔루션을 결정하고 선택하는데 이상적이지 않다. 클래스 간 유의성 트레이드오프는 대표 표본이 각 클래스를 대표하도록 하는 것이 중요하다. 불균형 데이터 세트를 분석할 때 클래스 간 트레이드오프는 더욱 중요해진다. 선택된 대표 표본이 소수 클래스 인스턴스를 정확하게 예측하지 못한다면 최적의 해를 선택하더라도 무용지물이다.

2. ROC 곡선 아래 면적(AUC)

AUC는 순위 유형을 평가하는데 널리 사용되는 지표로 최적화된 학습 모델을 구축하고 학습 알고리즘을 비교하는데 사용된다. AUC는 모델이 무작위로 선택된 긍정적인 사례를 무작위로 선택된 부정적인 사례보다 더 높은 순위를 매길 확률로 해석된다. 임계값 및 우도 지표와 달리 AUC 값은 분류기의 전반적인 순위 성능을 반영한다. 따라서 모델의 전반적인 변별력을 측정하는 척도가 된다. AUC의 주요 장점 중 하나는 정확도와 같은 메트릭에 비해 클래스 불균형에 상대적으로 민감하지 않다는 것이다. 한 클래스가 다른 클래스보다 훨씬 많은 데이터 세트에서는 정확도가 오해의 소지가 있는 반면, AUC는 모델이 클래스를 얼마나 잘 구분하는지를 보다 강력하게 측정할 수 있는 척도를 제공한다. 두 클래스 문제의 경우 AUC 값은 다음과 같이 계산할 수 있다.

$$AUC = \frac{S_p - n_p(n_n + 1)/2}{n_p n_n}$$

여기서 Sp는 순위가 매겨진 모든 긍정 사례의 합이고, np와 nn은 각각 긍정 및 부정 사례의 수를 나타낸다. AUC가 1에 가까울수록 분리 능력이 뛰어난 모델이고, 0.5에 가까울수록 무작위 추측과 유사하게 변별력이 떨어진다는 것을 나타낸다.

AUC 값은 분류기의 성능을 평가하고 분류 학습 중 최적의 솔루션을 식별하는데 있어 정확도 지표보다 이론적, 경험적으로 더 나은 것으로 나타났다. AUC 구현은 평가 및 판별 프로세스에 탁월했지만, 특히 다중 클래스 문제의 생성된 솔루션 세트를 판별하는 경우 AUC의 계산 비용이 높다.

3. 평균 제곱 오차(MSE)

지도 학습 벡터 양자화LVQ는 유지할 학습 변수 수를 선택하고 해당 변수가 어떻게 보여야 하는지 학습할 수 있는 프로토타입 선택 분류기이다. 학습 프로세스 동안 지도 학습 LVQ는 MSE를 사용하여 분류 학습에서의 성능을 평가한다. MSE는 예측값과 실제값의 차이를 측정하며, 다음과 같이 정의된다.

$$MSE = \frac{1}{n} \sum_{i=1}^{n} (P_i - A_i)^2$$

여기서 Pj는 변수 j의 예측값, Aj는 변수 j의 실제 목표값, n은 변수 개수이다. LVQ 학습 과정을 통해 MSE 값이 가장 낮은 해가 최종 모델최적 해로 사용된다. 정확도와 마찬가지로, MSE의 주요 한계는 이 지표가 클래스 데이터 간의 상충 관계에 대한 정보를 제공하지 않는다는 점이다. 이로 인해 판별 과정에서 차선의 해가 선택될 수 있다. 또한, 이 지표는 가중치 초기화에 크게 의존한다. 불균형 클래스 문제의 경우, 초기 가중치가 적절하게 선택되지 않으면즉, 소수 클래스를 나타내지 못하면, 판별 과정에서 차선의 해가 도출될 수 있다. MSE 값이 최소화되더라도, 소수 클래스에 대한 정보 부족으로 인해 해가 과소적합되거나 과대적합될 수 있다.

4. 평균 절대 오차(MAE)

평균 절대 오차MAE는 평균 제곱근 오차RMSE와 마찬가지로 오차 값 단위가 예측 목표 값 단위와 일치하기 때문에 널리 사용되는 지표이다. RMSE와 달리 MAE의 변화는 선형적이어서 직관적이다. MSE와 RMSE는 오차가 클수록 더 큰 페널티를 부여하여 오차 값의 제곱으로 인해 평균 오차 값을 증가시킨다. MAE에서는 오차에 가중치를 두지 않고, 오차가 증가함에 따라 점수가 선형적으로 증가한다. MAE 점수는 절대 오차 값의 평균으로 측정된다. 절대 오차는 숫자를 양수로 만드는 수학 함수이다. 따라서 기대값과 예측 값의 차이는 양수 또는 음수일 수 있으며, MAE를 계산할 때는 반드시 양수가 된다. MAE 값은 다음과 같이 계산할 수 있다.

$$MAE = \frac{1}{n}\sum_{i=1}^{n}|y_i-\hat{y_i}|$$

5. 평균 제곱근 오차(RMSE)

평균 제곱근 오차RMSE는 MSE를 확장한 것이다. 오차의 제곱근이 계산되는데, 이는 RMSE의 단위가 예측된 목표값의 원래 단위와 동일함을 의미한다. 따라서 MSE 손실을 사용하여 회귀 예측 모델을 학습하고 RMSE를 사용하여 성능을 평가하고 보고하는 것이 일반적일 수 있다. RMSE는 다음과 같이 계산할 수 있다.

$$RMSE = \sqrt{\frac{1}{n}\sum_{i=1}^{n}(y_i-\hat{y_i})^2}$$

- **사이버 보안** : 네트워크 침입이 대표적인 예이다. 이상 탐지 알고리즘이 이를 수행하는 한 가지 방법은 트래픽을 모니터링하여 정상 수준을 설정한 후, 이 기준을 벗어나는 모든 것을 식별하는 것이다.
- **사기 감지** : 이는 위에서 신용카드 예시와 함께 언급되었다.
- **소셜 미디어 모니터링** : 소셜 미디어와 기타 형태의 디지털 마케팅 및 광고에서 사용자 활동과 참여를 더 잘 이해하기 위해 이상 감지를 통해 특정 주제에 대한 검색이 특정 시기에 급증하는 것을 파악하여 광고주와 마케터가 예산을 적절히 할당할 수 있다.
- **기계 성능** : 디지털트윈 기술이 이 경우 좋은 예이다. 디지털트윈은 실제 기계, 공정 또는 장비의 정확한 디지털 복제본이다. 이상 감지는 디지털트윈의 성능 편차를 식별하여 실제 기계의 임박한 고장을 조기에 경고할 수 있다. 이를 통해 고장 발생 전에 기계 유지 보수 일정을 계획하여 가동 중단 시간을 줄이고 생산성을 향상시킬 수 있다.
- **의료 모니터링** : 이는 개인의 비정상적인 패턴이나 발생(예 : 불규칙한 심장 박동)을 식별하는 것부터 특정 지역에서 단기간 동안 질병이 비정상적으로 확산되는 것과 같이 사람들의 그룹에서 건강과 관련된 이상을 식별하는 것까지 모든 것을 포함한다.
- **환경** : 자연재해 예측(지진, 쓰나미), 환경오염 감지 등이 있다.

11 제조 현장에서 이상 탐지 적용의 필요성

이상 탐지는 스마트공장 구현의 핵심 기술 중 하나로, 생산성 향상, 비용 절감, 품질 개선 등 다양한 목표를 달성하는데 활용된다. 제조 현장에서 이상 탐지의 필요성은 다음과 같다.

1. 품질 관리 및 불량 예측(Quality Control & Defect Prediction)

생산 공정 중 수집되는 센서 데이터_{온도, 압력, 속도, 화학적 성분 등}나 비전 시스템을 통해 수집되는 제품의 이미지 데이터_{표면 결함, 치수 오류 등} 혹은 계측 장비로부터 얻는 제품의 측정값_{무게, 크기, 강도 등}에서 얻어진 자료를 바탕으로 공정 변수_{온도, 압력 등}가 설정된 범위를 벗어나거나 비정상적인 패턴을 보이는 경우라든지 이미지 분석을 통해 제품 표면의 긁힘, 찍힘, 이물질 등 미세한 결함이 감지된다든지 제품의 치수나 무게가 정상 범위를 벗어나는 경우 혹은 용접, 도장, 조립 등의 공정에서 발생하는 미세한 오류 패턴 감지 등 이상 탐지를 통해 불량품 발생 즉시 또는 발생 전에 원인을 파악하여 공정을 수정하고, 불량품 유출을 방지하여 최종 제품의 불량률을 낮추고 실시간으로 품질 문제를 감지함으로 품질 신뢰도를 높일 수 있다.

2. 설비 예지보전(Predictive Maintenance)

　모터, 펌프, 로봇 등의 주요 설비에 부착된 센서로부터 수집되는 진동, 온도, 소음, 전류, 압력 등의 시계열 데이터를 통해 평소와 다른 비정상적인 진동 패턴 감지_{예 : 베어링 손상, 축 불균형}하거나 온도 급상승 또는 비정상적인 발열 감지_{예 : 과부하, 냉각 시스템 문제}, 모터의 전류 소비량 패턴 변화 감지_{예 : 기계적 마모, 효율 저하} 그리고 특정 소음 패턴의 발생_{예 : 부품 균열, 이물질 유입} 등 고장이 발생하기 전에 이상 징후를 포착하여 사전에 부품을 교체하거나 수리 계획을 세울 수 있게 해, 갑작스러운 생산 중단을 막고 유지보수 효율을 높이고 유지보수 비용을 최적화하기 위해 활용될 수 있다.

3. 공정 이상 감지 및 최적화
(Process Anomaly Detection & Optimization)

　각 공정 단계에서 수집되는 다양한 센서 데이터, 생산량, 작업 시간 등의 데이터를 통해 특정 공정 단계의 처리 시간이 평소보다 길어지거나 짧아지는 현상이 나타난다든지 원자재 투입량 대비 생산량이 비정상적으로 낮은 경우 혹은 화학 반응 공정에서 특정 성분의 농도가 급격히 변하는 경우 또는 여러 공정 변수들 간의 상관관계가 평소와 다르게 나타나는 경우 이상 탐지를 통해 공정의 병목 지점을 찾거나 비효율적인 부분을 개선하고, 일관된 생산 품질을 유지하며 생산 효율을 극대화함으로 생산 공정의 안정성을 확보하고, 최적의 운영 조건을 유지할 수 있게 한다.

4. 에너지 사용량 최적화 (Energy Usage Optimization)

공장 전체 또는 개별 설비의 전력, 가스, 스팀 등의 에너지 사용량 데이터에서 비가동 시간임에도 불구하고 특정 설비의 에너지 소비가 높은 경우가 발생한다든지 생산량 대비 에너지 소비량이 평소보다 급증하는 경우 혹은 에너지 사용 패턴이 일반적인 패턴에서 벗어나는 경우 예 : 특정 시간에 불필요한 피크 발생 등 이상요인의 탐지를 통해 에너지 누수 지점이나 비효율적인 설비 운영 방식을 찾아 개선함으로써 에너지 비용을 낮추고 탄소 배출량을 감소시켜 불필요한 에너지 낭비를 줄여 운영비용을 절감할 수 있다.

5. 작업자 안전 관리 (Worker Safety Management)

이상 탐지는 작업장 내 CCTV 영상, 작업자 착용 센서 데이터위치, 생체 신호 등, 유해가스 농도 센서 데이터를 통해 작업자가 위험 구역에 접근하거나 불안전한 행동보호구 미착용 등하거나 유해가스 농도가 기준치를 초과하는 경우 혹은 작업자의 비정상적인 생체 신호예 : 갑작스러운 쓰러짐 감지를 참조하여 잠재적인 안전사고를 미리 경고하거나 신속하게 대응하여 인명 피해를 최소화함으로써 작업 현장의 위험 요소를 감지하여 안전사고를 예방할 수 있다.

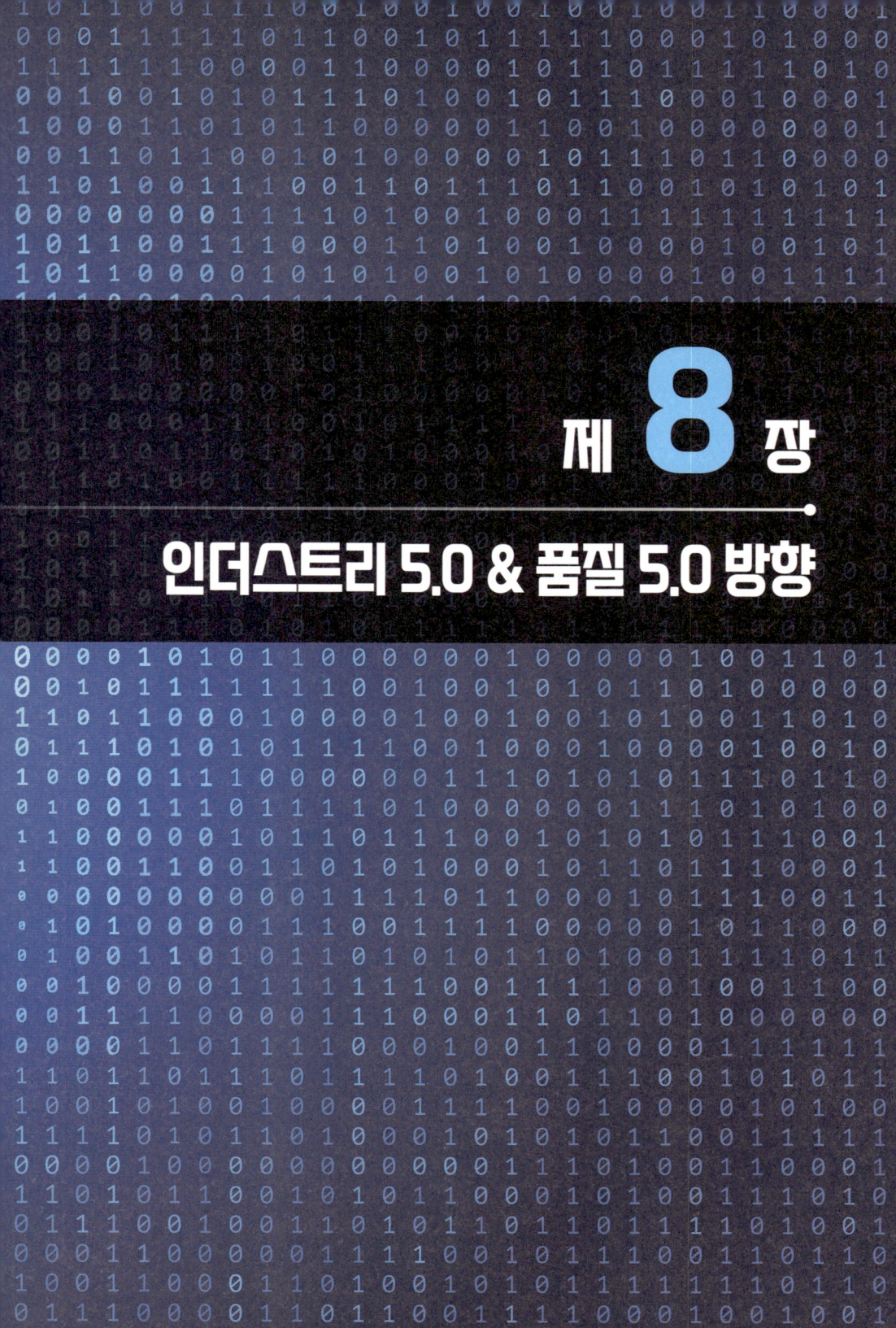

제 **8** 장

인더스트리 5.0 & 품질 5.0 방향

01 개요

제5차 산업혁명, 즉 인더스트리 5.0Industry 5.0이라는 개념은 비교적 새로운 개념으로 자동화, IoT, AI와 같은 최첨단 기술을 산업에 접목하는 것을 의미한다.

이 새로운 혁신의 물결은 인간-설비 상호작용과 윤리적 고려 사항에 초점을 맞춰 보다 협력적이고 지속가능한 생산 프로세스를 만드는 것을 목표로 한다. 제5차 산업혁명은 전문 지식과 기술적 전문성을 필요로 하는 고도로 숙련되고 창의적인 직업을 선호하여 노동 시장을 크게 변화시킬 것으로 예상된다. 제5차 산업혁명은 제1차 산업혁명부터 발전하여, 21세기에 우리의 삶과 일을 크게 변화시킬 잠재력을 가지고 있다.

1. 정의

5차 산업혁명은 제조업에 혁명을 일으켜 혁신과 진보의 새로운 시대를 열 잠재력을 지닌 획기적인 발전이며 이전 혁명을 기반으로 AI, 머신러닝, 로봇공학, 사물인터넷을 통합하여 더욱 통합된 제조 프로세스를 만들고, 설비와 인간 작업자를 통합하여 조화롭고 협력적인 환경을 조성하여 더욱 효율적이고 반응성 있고 적응력 있는 생산 시스템을 구축한다.

[표8-1] Industry 5.0의 정의

저자/조직	정의
유럽 위원회(2012)	생물경제란 재생 가능한 생물학적 자원을 생산하고, 이 생물학적 자원과 폐기물을 부가가치가 있는 제품과 바이오에너지로 전환하는 것을 말한다.
작센마이어(2016)	인더스트리 5.0은 생체공학 및 합성 생체공학과 관련이 있다. 생체공학은 자연의 발명품을 모방하거나 추상화하는 것이다.
Østergaard(2016)	인더스트리 5.0은 공장 현장에서 인간의 손길이 다시 닿는 것을 의미한다.
라다(2017)	인더스트리 5.0은 설비와 사람의 노동력을 효율적으로 활용하고, 환경과 시너지 효과를 내는 것이다. 가상 환경에서 현실 환경으로 돌아가는 것이다. 산업 5.0에는 6R(인식, 재고, 실현, 감소, 재사용 및 재활용) 방법론과 LED(물류, 효율성, 설계) 원칙이 포함된다.
요한슨(2017)	인더스트리 5.0은 공장 현장에서 인간과 설비 간의 협업에 관한 것이다.
유럽 경제사회위원회(2018)	인더스트리 5.0은 인간의 창의성과 장인정신을 로봇의 속도, 생산성 및 일관성과 결합하는데 중점을 둔다.
나하반디(2019)	인더스트리 5.0은 워크플로와 지능형 시스템을 결합하여 프로세스 효율성을 높이기 위해 인간의 두뇌 능력과 창의성을 더욱 활용하기 위해 인간과 설비를 연결한다.
자바이드와 할림(2020)	인더스트리 5.0은 대량 맞춤화에서 대량 개인화로의 전환으로, 특히 자동화된 제품 추적을 위한 고급 시설을 갖추고 고객에 대한 인식을 갖춘 스마트 공급망을 통해 개별 고객의 요구 사항을 충족하는 것이다.
브레크 외(2021)	인더스트리 5.0은 일자리와 성장을 넘어 사회적 목표를 달성하고 번영을 회복력 있게 제공하는 산업의 힘을 인식하고, 생산 과정에서 지구의 경계를 존중하고 산업 종사자의 웰빙을 생산 과정의 중심에 둔다.
Ocicka와 Turek(2022)	인더스트리 5.0이 다양한 산업 기술자, 철학 등을 통해 제조 시스템의 인적 요소와 기술에 집중하도록 요구한다.

지능형 자동화는 품질 관리, 자원 관리 및 폐기물 감소를 향상시켜 더욱 지속가능하고 환경 친화적인 생산 프로세스를 구축할 수 있게 한다.

5차 산업혁명5IR의 핵심 측면 중 하나는 지속가능성을 고려하면서 윤리적 고려 사항과 사회적 책임을 강조하는 것이다. 기술이 사회와 직장에 미치는 변혁적 영향은 개인, 지역 사회 및 국가에 미치는 부정적 영향을 최소화하는 것을 목표로 균형을 이루어야 한다. 이 프로세스에는 새로운 기술의 잠재적인 사회적, 경제적 및 환경적 영향을 평가하고 부정적인 영향을 완화하기 위한 전략을 고안하는 것이 포함된다. 기술 변화는 어려움과 위험을 수반하지만, 그 이점은 부정적인 영향보다 긍정적인 영향이 훨씬 클 것으로 예상되며, 이를 수용하고 적응하려는 사람들에게 밝은 미래를 선사할 것이다. [표8-1]은 인더스트리 5.0의 정의를 보여준다.

인더스트리 5.0에서 로봇의 효율성과 인간의 두뇌 능력이 결합된 것은 다양한 산업 및 사회 발전의 핵심이다. 인더스트리 5.0의 핵심 요소인 산업용 로봇은 대량 생산되는 맞춤형 제품을 생산하는데 필수적이다. 모든 제조 공정이 자동화되어 새로운 생산 방식을 개발할 수 있다. 고객 요구사항은 인간과 설비 간의 강력한 협력을 요구하며, 이는 인더스트리 5.0의 특징이다. 지능형 소프트웨어를 사용하여 상호 연결되고 공유되는 작업 공간에서 인간과 상호 작용할 수 있다. 인더스트리 5.0 기반 첨단 기술은 복잡하고 개인화되며 정밀한 고품질 제품을 대량으로 생산하는 것을 주요 목표로 한다. 또한 끊임없이 변화하는 시장 환경에서 다양한 최신의 고객 요구 사항을 충족시키는데 도움이 된다.

02 인더스트리 5.0의 진화

인더스트리 5.0은 자동화 중심의 4.0 접근 방식에서 패러다임 전환을 의미하며, 인간의 창의성과 전문성을 첨단 기술과 조화롭게 통합하는 것을 강조한다. [그림8-1]은 설비화에서 인간 중심적이고 지속가능한 인더스트리 5.0 모델로 이어지는 산업혁명의 타임라인을 추적하며 이러한 진화적 전환을 보여준다.

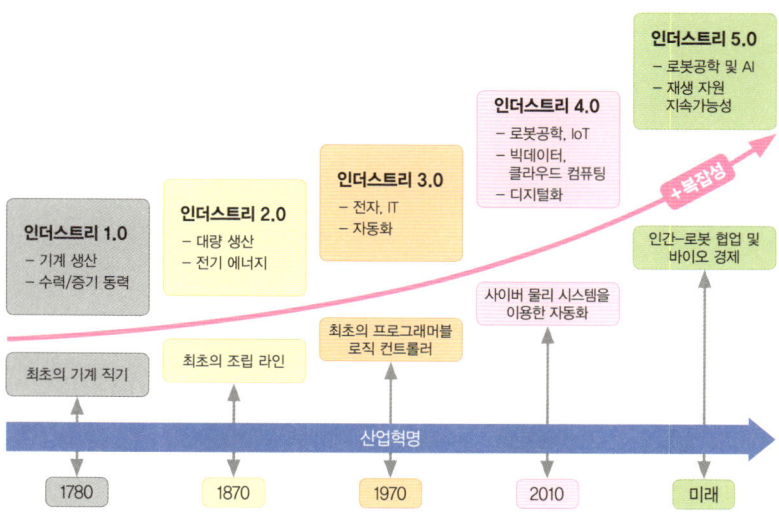

[그림8-1] 인더스트리 5.0으로의 진화

이는 인더스트리 5.0이 인더스트리 4.0을 기반으로 윤리적이고 적응적이며 회복탄력적인 혁신을 향해 나아가는 방식을 보여준다. 인더스트리 5.0의 비전은 개인화, 안전 및 환경 의식에 중점을 두고 인간과 설비 간의 협업을 활용하는 인간 중심적이고 지속가능하며 회복탄력적인 산업 프레임워크를 구축하는 것이다.

인더스트리 5.0의 핵심은 코봇, DT, AI, XR, IoT와 같은 기술이다. 이러한 기술은 인간과 설비 간의 실시간 상호 작용을 촉진하여 폐기물 제로, 대량 맞춤화, 향상된 지속가능성을 달성하는 동시에 인간의 혁신과 창의성을 촉진한다.

많은 업계 전문가들은 인더스트리 5.0의 구현이 기존 비즈니스 모델을 파괴하고 현실과 가상 세계의 경계를 모호하게 만들 것이라고 믿는다. 이는 Bloomberg가 독일 자동차 산업에 대해 최근 발표한 기사에 따른 것이다. 이 기사는 생산 공장에서 더 많은 공간이 인간에게 주어져서 고객의 요구에 따라 더 많은 맞춤화가 이루어질 것이라고 말한다. Universal Robots의 최고 기술 책임자는 고객이 구매하는 개인화된 제품과 관련된 높은 수요가 이 새로운 산업혁명으로 이어질 것이라고 말했다.

03 인더스트리 4.0 vs. 인더스트리 5.0

인더스트리 4.0과 인더스트리 5.0은 모두 IoT, AI, ML, 빅데이터 분석과 같은 기술을 활용하여 운영을 최적화하고 스마트 제조를 구현한다. 이러한 기술은 상호 연결되고 자동화되며 데이터 기반 프로세스의 기반을 형성하여 실시간 통찰력과 예측 기능을 제공한다.

인더스트리 4.0과 인더스트리 5.0의 주요 차이점은 사람들이 개인화된 제품 및 서비스의 형태로 자신을 표현할 수 있도록 하는 인간-설비 상호작용의 증가이다. 인더스트리 5.0은 고객에게 그 어느 때보다 더 개인화된 제품과 서비스를 제공하고 있으며, 이는 제품 및 서비스 설계에 인간이 더 많이 참여해야만 가능하다. 인간-설비 상호작용의 증가와 인간/사용자 중심 제품에 대한 강조로 인해 인더스트리 4.0은 점차 인더스트리 5.0에 자리를 내줄 것이라고 여겨진다. 인더스트리 5.0에서 말하는 개인화와 인간-설비 협업의 증가는 기존 혁신 프레임워크를 인더스트리 5.0에 적합하지 않게 만들었다. 이러한 혁신 관리 프레임워크는 개인화를 고려하지 않기 때문이다. 개인화는 인간 또는 사용자를 중심에 두는 인간과 설비의 상호작용 증가를 통해서만 가능하다.

또한 인더스트리 4.0은 환경 문제를 최소화하고 자동화 기반 대량 맞춤 생산에 주로 초점을 맞춘다는 점에서 이전 산업혁명과 매

[표8-2] 인더스트리 4.0과 인더스트리 5.0의 주요 차이점

구분	인더스트리 4.0	인더스트리 5.0
목표	지능적이고 상호 연결된 생산프로세스 시스템 최적화를 추구한다.	인간중심, 지속가능성, 회복력을 중심으로 한다.
인간 중심성	• 생산성 중심의 경쟁력에 더욱 중점을 두고 있다. • 자동화, IoT, 데이터 분석을 활용하여 제조 공정의 디지털 전환에 주로 중점을 두고 효율성과 비용 절감을 달성한다. • 기술을 중심에 두고 다른 작업도 기술에 집중한다.	• 사회를 더욱 회복력 있게 만들기 위해 생산성 중심의 경쟁력과 생태적 개발을 포괄한다. • 인간의 창의성과 전문성을 강조하여 제조 과정에서 포용성과 개인화를 보장한다. • 인간 중심적이며 인간적 측면에 초점을 맞춰 기술을 인간 중심으로 전환한다.
협업 vs 자동화	• 설비 간 통신 및 자동화에 크게 의존하여 인간의 개입을 최소화한다.	• 인간을 산업 공정의 중심에 두고 인간과 설비 간의 협업을 촉진한다. • 협동로봇과 고급 HMI를 도입하여 인간과 설비가 서로의 강점을 보완하는 시너지 효과를 내는 작업 공간을 조성한다.
지속가능성 중시	• 기술 지향적이며 조직의 지속가능성을 유도하는 기능과 원칙을 포함하지 않는다. • 운영 효율성과 생산성을 강조하며 환경 및 사회적 영향을 간과하는 경우가 많다. • 생태학적 및 환경적 지속가능성을 옹호하며 사회적 지속가능성 측면을 포함하지 않는다. • 효율성 및 자동화에 중점을 둔다.	• 조직의 지속가능성을 유도하기 위해 기술과 인간적 가치를 모두 흡수한다. • 지속가능성을 핵심 원칙으로 통합하여 순환 생물경제, 제로 웨이스트, 친환경 기술과 같은 관행을 장려한다. • 산업을 더욱 회복력 있고 지속가능하게 만드는데 중점을 두고 지속가능성의 모든 측면을 촉진한다. • 친환경 시스템을 통해 친환경 솔루션, 재생 에너지 및 폐기물 제거를 우선시한다.
회복탄력성 및 적응성	• 기술 발전에 중점을 두고 중단에 대한 회복력을 명시적으로 다루지 않는다. • 자동 오류감사와 자율의사결정이 포함된다.	• 회복탄력성을 우선시하여 산업 시스템이 팬데믹, 기후 변화, 공급망 중단과 같은 세계적 과제에 적응할 수 있도록 보장한다. • 예상치 못한 상황에 대한 인간의 적응력, 상호 운용성이 포함된다.
제품	스마트 제품	개인 맞춤형 제품
고용	기계와 로봇으로 인한 노동력이 감소한다.	인간의 접촉, 재능의 재통합, 인간과 기계 간의 협업 증대는 고용을 증가시킬 수 있다.
연결성	지능적이고 더 잘 연결된 기계에 중점을 둔다.	인지 컴퓨팅과 인간 지능을 통합할 수 있는 자유를 제공한다.
환경 전환	완전히 가상 환경에서 작업하는 로봇 및 기계가 스스로 제어한다.	기계와 인간의 상호 작용의 균형을 통해 실제 환경으로 복귀한다.
사회 통합	산업 분야 내에서 효율성을 향상시키는 것을 목표로 하며, 이는 종종 더 넓은 사회적 맥락에서 분리된다.	Society 5.0과 같은 개념을 통합하고 산업 활동의 사회적 및 환경적 영향을 강조하여 산업과 사회 간의 격차를 해소한다.

기술적 정교함	IoT, AI, 빅데이터와 같은 기술에 의존하며, 응용 분야는 주로 자동화 및 효율성 범위 내에 있다.	DT, 초개인화, 인지 시스템과 같은 고급 프레임워크를 통합하여 이러한 기술을 향상시켜 기술과 인간 참여 간의 균형을 이룬다.
성과 측정	거버넌스, 혁신 및 성과 측정에서 기술적 우선성을 옹호한다.	조직의 성과 및 혁신 평가의 다양한 측면에서 이해관계자의 우선권을 옹호한다.

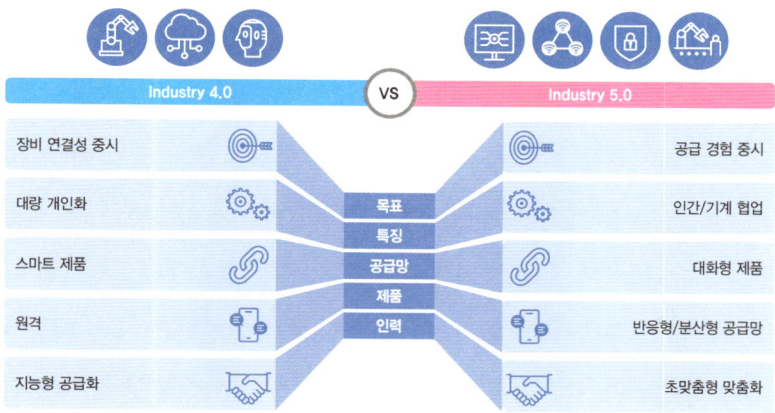

[그림8-2] 인더스트리 4.0과 인더스트리 5.0의 주요 차이점

우 유사하다. 현재 산업혁명으로 인해 세계는 심각한 환경오염 증가에 직면해 있으며, 산업계는 폐기물 발생 및 관리 문제를 해결해야 하며, 이는 결국 환경오염 문제로 이어진다. 환경 문제는 산업계가 직면한 가장 큰 과제이며, 기업의 성공은 환경 관리의 효율성에 달려 있다. 인더스트리 5.0은 데이터를 지능적으로 활용하여 지속가능한 환경을 조성하며, 이는 순수하게 디지털 데이터 활용에 기반하기 때문에 인더스트리 4.0에서는 찾아볼 수 없었던 자동화된 절차를 활용한 지속적인 환경 관리를 통해 폐기물 발생 및 처리 관리와 관련된 환경 문제를 해결할 수 있다.

04 인더스트리 5.0의 특징

　인더스트리 5.0의 혁신적인 응용 프로그램은 스마트 장치를 채택하여 새로운 비즈니스 개념을 지원하는 지능형 제조 시스템을 사용하여 혁신을 가속화하고 지능형 소재 개발을 지원할 수 있다. 인더스트리 5.0은 제품을 개인화하고 생산성과 효율성을 높이며 제품 품질을 개선하여 고객을 기쁘게 하는 것을 목표로 하는 동시에 자동화와 코봇을 구현하여 산업이 제조에서 유연성과 혁신을 개선하도록 장려한다. 스마트 센서와 장치를 사용하면 지능형 장치의 컴퓨팅 기능이 향상되고 정확도가 높아진다. 이 혁명은 복잡하고 중요한 상황에서 더 정확하게 의사 결정을 내리는 능력을 향상시킨다. 새로운 설비, 소프트웨어 및 정보 기술을 통합한 새로운 제조 시스템의 구현은 인더스트리 5.0의 미래에 필수적이다.

　인더스트리 5.0의 제품은 고객의 요구 사항에 따라 생산되므로 원자재 낭비가 크게 줄어든다. 인더스트리 5.0은 지능형 소재, 혁신적이고 지능적인 장치를 활용하여 공정 및 시스템 자동화를 지원하는 첨단 시스템을 활용한다. 인더스트리 5.0은 요구사항, 상황, 시간에 따라 변화하고 형태를 갖추며, 온도, 열, 압력과 같은 외부 환경의 영향으로 특성이 변하는 지능형 스마트 소재를 활용하기 시작했다. 인더스트리 5.0의 핵심인 소프트웨어 기반 디지털 제조는 협동

로봇, 3D 및 4D 프린팅, 스마트 소재, 적응형 제조 등의 기술을 활용하여 고정밀 및 복잡한 형상의 제품에 대한 경험과 구현을 향상시킬 것이다.

05 인더스트리 5.0의 핵심 관점

1. 회복력

회복력은 장애에 가능한 한 신속하고 효율적으로 대응하고 중단이나 어려움에서 신속하게 복구하는 능력을 말한다. 인더스트리 5.0 의제는 회복력에 여러 기회를 제공할 수 있다는 것이다. 회복력은 디지털 산업의 기여가 평등이나 일자리 창출과 같은 전형적인 사회적 개발 목표를 넘어 확장되어야 한다. 또한 이 사고는 가치 네트워크가 혼란, 도전 및 예상치 못한 사건에서 견뎌내고 빠른 기간에 회복할 수 있는 운영과 전략으로 변모해야 한다.

회복력은 급변하는 환경에 직면하여 적응력과 대응력의 필요성을 인식하기 때문에 인더스트리 5.0의 중요한 측면이다. 전례 없는 지정학적 변화_{예 : 러시아의 우크라이나 침공, 이스라엘의 가자지구 점령}이나 COVID-19 팬데믹과 같은 글로벌 위기는 글로벌 가치 창출에 대한 기존 접근 방식의 취약성을 입증했다.

제조업체의 경우 인더스트리 5.0의 분산화 및 모듈화 원칙은 생산 관리의 기반에 민첩성을 도입하여 제조업체가 처리량을 늘리고, 제품 믹스를 조정하고, 운영을 재창조할 수 있도록 한다. 인더스트리 5.0은 또한 제조 공급망 운영에 대한 포괄적 가시성을 제공하여 특히 개선된 공급망 협업, 프로세스 통합 및 데이터 민주화를 통해 위험, 병목 현상 및 실패 지점을 식별한다.

또한 블록체인과 디지털트윈 기반 발전은 인더스트리 5.0 시나리오에서 조직의 회복력을 크게 향상시킬 수 있다. 디지털트윈을 통해 구현된 스마트계약은 P2P_{peer-to-peer} 협상 및 작업 조정을 위한 다중 에이전트 시스템 역할을 수행하여 제조 공정 내 실시간 모니터링, 조정 및 적응형 의사결정을 강화할 수 있다. 이 기술은 기업이 장애에 신속하게 대응하고, 변화하는 환경에 적응하며, 효과적으로 복구할 수 있도록 지원한다. 블록체인은 제조 회복탄력성을 크게 향상시킬 수 있는 분산형 자율 생산 시스템의 디지털트윈을 구축하는 데에도 활용될 수 있다.

2. 지속가능성

지속가능성은 제조업체가 지속가능한 목표에 부합하는 혁신을 개념화하고 핵심 운영, 가치 제안 또는 수익 흐름과 같은 비즈니스 모델의 다양한 부분에서 구현할 수 있는 능력을 나타낸다. 인더스트리 5.0은 각각의 기반 기술과 원칙이 비즈니스 모델의 다양한 측면을 지속가능하게 혁신할 수 있기 때문에 기업에게 수많은 의미를 제공한다. 예를 들어, 인더스트리 5.0에 따른 서비스화와 개인화된 스마트 제품의 도입은 비즈니스 모델의 가치 제안과 고객 관계 요소를 근본적으로 혁신하는 동시에 제품 수명 주기, 고객 경험 및 제품 순환성과 같은 포괄적인 지속가능한 제조의 중요한 측면을 강화한다. 또는 인더스트리 5.0은 지속가능한 개방형 혁신에 대한 이해관계자 전체의 협업을 간소화하고 제조업체와 기술 제공업체의 지속가능한 혁신 지향성을 촉진하여 보다 지속가능한 제품 및 프로세스 혁신 역량을 제공한다.

3. 인간 중심성(코봇)

인더스트리 5.0은 인간 근로자를 다시 공장 현장으로 불러들이고, 인간과 설비의 결합을 통해 인간의 두뇌 능력과 창의력을 더욱 활용하고 워크플로우와 지능형 시스템을 결합하여 프로세스 효율성을 높일 것이다. 인더스트리 4.0의 주요 관심사가 자동화라면, 인더스트리 5.0은 인간과 자율 설비 간의 시너지 효과를 창출하는 것이다. 자율적인 노동력은 인간의 의도와 욕구를 인지하고 파악하게 될 것이고 인간은 로봇과 함께 일할 때 두려움 없이, 그리고 로봇 동료들이 자신을 충분히 이해하고 효과적으로 협업할 수 있다는 것을 알고 안심하며 일할 수 있게 될 것이다. 이를 통해 매우 효율적이고 부가가치가 높은 생산 프로세스, 신뢰할 수 있는 자율성의 확대, 그리고 낭비 및 관련 비용 절감이 이루어질 것이다.

인더스트리 5.0은 "로봇"이라는 단어의 정의를 바꿀 것이다. 로봇은 반복적인 작업을 수행할 수 있는 프로그래밍 가능한 설비일 뿐만 아니라, 특정 상황에서는 이상적인 인간 동반자가 될 것이다. 로봇 제작에 인간의 손길을 더하는 차세대 산업 혁명은 흔히 코봇Cobot이라고 불리는 차세대 로봇을 선보일 것이고 코봇은 이미 무엇을 해야 할지 알고 있거나 빠르게 학습한다.

이러한 협동 로봇은 인간의 존재를 인지하여 안전 및 위험 기준을 충족할 것이다. 코봇은 인간뿐만 아니라 인간 작업자의 목표와 기대치까지 인지하고 이해하고 느낄 수 있다. 견습생처럼 코봇은 작업자가 작업을 수행하는 방식을 관찰하고 학습한 후 코봇은 인간 작업자처럼 원하는 작업을 수행한다. 따라서 인간은 코봇과 함께 작업하면서 다른 만족감을 경험하게 된다.

[그림8-3] 인더스트리 5.0의 3가지 핵심 관점

인더스트리 5.0은 인더스트리 4.0의 발전을 기반으로 인간 중심성, 지속가능성, 회복탄력성을 강조한다. 인더스트리 5.0의 기반 기술은 첨단 시스템을 인간의 독창성 및 환경 의식과 완벽하게 통합함으로써 산업 환경을 재정의하고 있다. 코봇, DT, 6G, 순환경제

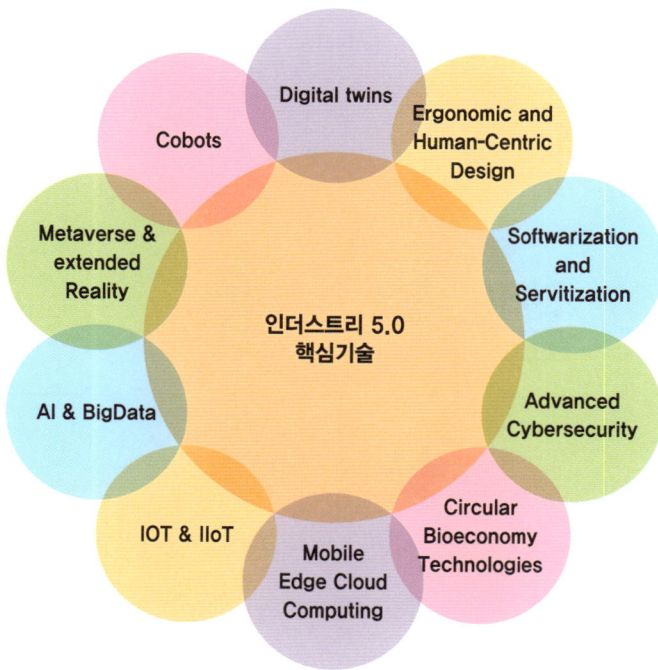

[그림8-4] 인더스트리 5.0의 핵심 구현 기술

기술과 같은 혁신은 기술 발전을 환경 관리 및 사회 복지와 연계하도록 설계되었다. 이러한 기술의 새로운 연구 동향은 적응성, 포용성, 윤리적 관행의 중요성을 강조한다.

　이러한 진화는 기술 성장이 사회의 요구와 균형을 이루는 미래를 향해 산업을 이끌고 있으며, 지속가능하고 공평한 산업 생태계를 조성한다. [그림8-4]는 AI, IoT, DT, XR, 코봇, 순환경제 혁신을 포함한 인더스트리 5.0의 핵심 기반 기술을 제시한다. 이러한 기술들은 산업 분야 전반에 걸쳐 실시간 협업, 지속가능성, 개인화 및 회복력을 향상시킴으로써 지능적이고 적응적이며 인간 중심적인 시스템으로의 전환을 지원한다.

07 인더스트리 5.0이 제조 시스템에 미치는 영향

　이전 산업혁명들은 제조 시스템과 전략이 생산성과 효율성을 높이기 위해 끊임없이 변화해 왔다. 인더스트리 5.0을 중심으로 많은 컨퍼런스와 심포지엄이 개최되고 있지만, 여전히 많은 제조업체와 업계 리더들은 새로운 산업혁명이 아직 이르다는 생각을 가지고 있다. 한편, 차세대 산업혁명을 수용하기 위해서는 새로운 기술의 도입, 표준화, 그리고 구현이 필요하며, 이를 위해서는 자체적인 인프라와 개발이 필요하다.

인더스트리 5.0은 설비를 인간의 일상생활에 매우 가까이 두게 되면서 인간—설비 상호작용HMI 분야에 전례 없는 도전을 가져올 것이다. 프로그래밍 가능한 보조 장치나 프로그래밍 가능한 자동차와 같은 설비에 열광하지만, 이러한 설비들을 코봇의 한 종류로 여기지 않는다비록 그 차이가 특정 관점에서는 그리 크지 않더라도. 주로 그 형태 때문이다. 코봇은 구성 및 도입 단계에서 잡기, 집기, 의도 및 환경 요인에 기반한 상호작용과 같은 인간과 유사한 기능을 포함하기 때문에 매우 다른 로봇이다. 또한 인더스트리 5.0은 HMI 및 인간 요인HCF 분석 분야에서 많은 일자리를 창출할 것으로 예상한다.

인더스트리 5.0은 인간 근로자에게서 지루하고, 더럽고, 반복적인 작업을 가능한 한 대체함으로써 전 세계 제조 시스템에 혁명을 일으킬 것이다. 지능형 로봇과 시스템은 제조 공급망과 생산 현장에 전례 없는 수준으로 침투할 것이다. 이는 탄소 섬유와 같은 첨단 소재와 가볍지만 견고한 소재로 제작되고, 고도로 최적화된 배터리 팩으로 구동되며, 사이버 공격에 대비하고, 강력한 데이터 처리 프로세스빅데이터 및 인공지능와 지능형 센서 네트워크를 갖춘 저렴하면서도 고성능 로봇의 도입을 통해 가능해질 것이다. 인더스트리 5.0은 생산성과 운영 효율성을 높이고, 친환경적이며, 산업 재해를 줄이고, 생산 주기를 단축할 것이다. 그러나 당장의 직관과는 달리, 인더스트리 5.0은 일자리를 없애는 것보다 더 많은 일자리를 창출할 것이다.

지능형 시스템 분야, AI 및 로봇 프로그래밍, 유지보수, 교육, 스케줄링, 용도 변경, 그리고 새로운 유형의 제조 로봇 개발 분야에서 수많은 일자리가 창출될 것이다.

또한 반복적인 작업은 인간 근로자가 수행할 필요가 없으므로, 모든 사람이 직장에서 다양한 형태의 로봇을 혁신적으로 활용하도록 장려하여 업무 프로세스의 창의성을 높일 수 있다.

08 인더스트리 5.0의 도전과 기회

인간 중심성, 지속가능성, 그리고 회복탄력성을 강조하는 인더스트리 5.0은 산업이 기술 중심의 인더스트리 4.0에서 보다 통합적이고 총체적인 접근 방식으로 전환함에 따라 도전과 기회를 동시에 제시한다. [그림8-5]는 인더스트리 5.0의 이중적인 모습을 보여주며, 사이버 보안 및 데이터 프라이버시 문제, 인재 격차, 통합의 복잡성과 같은 주요 도전과제와 HMC 개선, 지속가능한 가치 창출, 그리고 회복탄력적인 시스템 설계를 포함한 기회를 함께 제시한다. 이러한 대조는 인더스트리 5.0의 잠재력을 최대한 활용하기 위한 균형 잡힌 전략의 중요성을 강조한다.

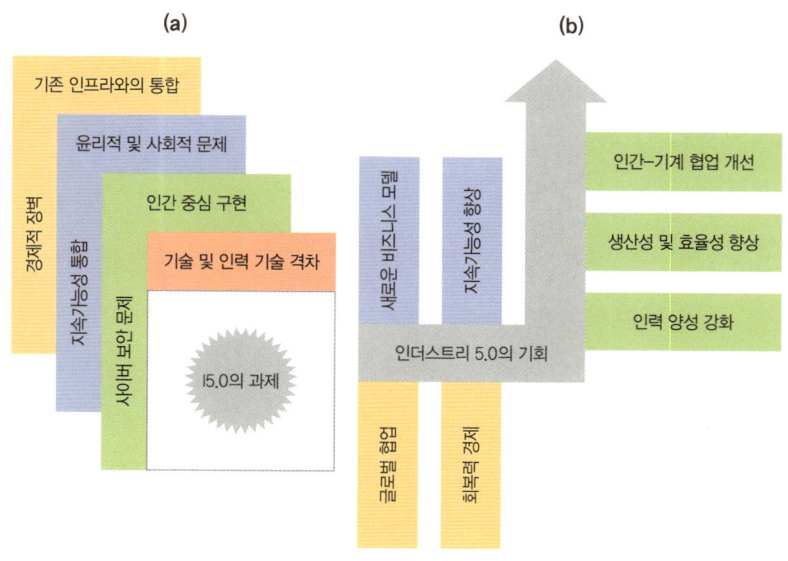

[그림8-5] 인더스트리 5.0의 (a)과제 및 (b)기회

1. 인더스트리 5.0의 과제

산업의 새로운 패러다임인 인더스트리 5.0 도입은 조직의 저항적 문화, 명확하게 정의된 CPS 표준, 연결 등과 같은 다양한 과제에 직면하게 될 뿐만 아니라 인간의 창의성, 지능 및 의사결정을 시스템에 통합하는 것 역시 상당한 과제가 된다. 특히 고정밀 작업의 경우 협업 환경에서 인간과 설비 역할 간의 균형을 맞추는 것은 복잡하다. 이 분야의 잘못된 관리로 인해 근로자 참여가 감소하고 인간의 잠재력이 제대로 활용되지 않아 인더스트리 5.0의 협업 비전이 훼손될 위험이 있다.

기술 격차는 인더스트리 5.0으로의 전환이 학제 간 전문성을 갖춘, 고도로 숙련된 인력을 요구하기 때문에 또 다른 시급한 문제이다. 그러나 현재 인력 역량과 고급 인더스트리 5.0의 기술적 요구사항 간에는 상당한 불일치가 있다. 기술 향상 및 재교육 노력의 지연은 새로운 시스템의 채택 및 구현을 더욱 방해하여 산업 전반의 진전을 늦출 수 있다. 이와 함께 연결성 증가와 디지털 시스템 의존도는 인더스트리 5.0 생태계를 사이버 위협 증가에 노출시킨다. 견고하고 확장 가능하며 복원력이 뛰어난 사이버 보안 조치를 개발하는 것은 데이터 침해, 운영 중단, 평판 손상과 같은 위험을 완화하는데 매우 중요하며, 이는 이러한 시스템에 대한 신뢰에 심각한 영향을 미칠 수 있다.

인더스트리 5.0 표준으로 업그레이드하려면 DT 및 AI와 같은 고급 기술을 기존 장비에 통합하는데 상당한 투자가 필요한 경우가 많다. 이 프로세스는 기술적으로 까다롭고 비용이 많이 들며, 새 시스템과 기존 시스템 간의 상호 운용성이 제한되어 비효율성이 발생하고 전환 비용이 증가한다. 또한 고급 기술, 인력 교육 및 인프라에 대한 초기 투자가 많으면 재정적 제약이 더욱 가중되며 특히 중소기업SME의 경우 더욱 그렇다. 이러한 제약은 혁신에 대한 접근성을 제한하고 다양한 부문에서 인더스트리 5.0의 광범위한 채택을 방해할 수 있다.

윤리적 고려 사항은 인더스트리 5.0 혁신에 또 다른 복잡성을 더한다. 인더스트리 5.0의 이점에 대한 공평한 접근을 보장하기 위해서는 일자리 대체, 근로자 감시, 데이터 프라이버시에 대한 우려를

[표8-3] 인더스트리 5.0 혁신의 도전과 장애요소

장벽	설명
저항적 문화	인더스트리 5.0과 결합된 첨단 기술 도입은 제조의 새로운 측면에 대한 지식 기반이 부족하여 조직 구성원들의 저항을 받는다. 조직 구성원들은 기존 작업 방식에 익숙하지만, 변화 관리, 지속적인 학습, 그리고 산업 환경 내 우수성 추구 문화의 부재로 인해 새로운 기술 도입에 저항을 받고 있다.
프로세스의 디지털화 및 자동화	물리적 프로세스와 디지털 기술을 결합하면 제품 또는 서비스 구현 과정에서 운영 관리가 더욱 효율적으로 이루어진다. 이러한 통합은 운송 및 재고 관리를 개선하고 SC(Supply Chain) 파트너 간의 자원 공유, 상호 협력 및 신뢰를 증진한다. 그러나 인더스트리 5.0 기술을 기존 작업 방식과 결합하는 것은 가용성 기준의 부재와 비교 기준의 확립된 벤치마크로 인해 어려운 과제이다.
가치 사슬의 통합 과제	인더스트리 5.0 기술 도입은 SC(가치 사슬) 내 다양한 파트너 간의 협력, 정보 교환, 그리고 자원 공유를 요구한다. 파트너 간의 상호 협력과 신뢰 구축을 통해 인더스트리 5.0 기술 도입이 SC 내 모든 파트너에게 조화를 가져오고, 생산성과 수익성을 향상시키며, 글로벌 차원에서 모든 파트너에게 경쟁 우위를 제공할 수 있도록 해야 한다.
현실과 컴퓨터 생성 현실 사이의 연결 설정	가상 생산 시스템을 구축하기 위해서는 체계화된 사이버 물리 시스템(CPS)을 활용하여 가상 엔지니어링, 가상 공장, 가상 사물의 모든 측면을 통합하는 것이 필수적이다. 가상 생산과 실제 생산 간의 정보 교환을 위해서는 적절한 기술, 보안 및 표준이 요구된다.
협력 패러다임	인더스트리 5.0은 로봇과 인간 행동 간의 효과적인 협업을 요구한다. 이를 통해 로봇이 인간의 의도를 모방하고 감지 및 분석할 수 있는 지능적이고 사고 없는 작업 공간을 조성한다. 로봇과 인간 지능의 협업 모델은 연구 개발 활동, 인간의 손길과 결합된 스마트 기기 개발을 촉진하고, 사고를 줄이고 작업 만족도를 높이는 인간–설비 안전 시스템 개발을 보장한다.
인프라의 정규화	인더스트리 5.0 도입을 위한 준비된 산업 환경을 조성하려면 수많은 구성 요소 간 자동화 및 통합을 도입하기 위한 기존 인프라에 상당한 변화가 필요하다.
CPS에 대한 명확하게 정의된 표준	CPS는 물리적 시설과 가상 세계의 통합을 구축함에 따라 제품 제조 시스템이 요구되는 특정 제약 조건을 이해할 수 있도록 잘 알려진 기존 표준을 사용하여 CPS 프레임워크를 검증하는 것이 필수적이다.
지속가능성 추구의 부족	지속가능한 사업 관행 및 방법을 사용하면 자재 취급 및 운송 비용이 절감된다. 하지만 저항적인 문화와 전진을 위한 추진력 부족은 조직이 인더스트리 5.0, 순환 경제, 그린 린 식스 시그마 등과 같은 지속가능한 관행을 도입하는데 더욱 걸림돌이 된다.
기술 사용 증가로 인한 사고 발생 가능성 증가	높은 수준의 자동화로 인해 불화와 부적절한 피드백으로 인해 사고 발생 가능성이 높아진다. 인간의 의도와 감정을 이해할 수 있는 스마트 로봇의 활용은 직장 내 사고 없는 환경을 조성하기 위해 요구되는 차세대 혁신이다.
재정적 제약	인더스트리 5.0 기술 도입에는 ICT 관련 신기술 조달, 필수 인프라 구축, 그리고 사람과 상호작용하고 이해할 수 있는 협동 로봇 연구 개발에 상당한 투자가 필요하다.

해결해야 한다. 이러한 문제를 무시하면 새로운 기술 도입에 대한 사회적 저항과 반발로 이어져 인더스트리 5.0의 인간 중심적이고 지속가능한 목표 달성이 지연될 수 있다. 이러한 상호 연결된 과제를 해결하려면 비용 효율적인 솔루션을 개발하고, 인력 준비도를 강화하고, 강력한 윤리 및 사이버 보안 프레임워크를 구현하기 위한 공동의 노력이 필요하다. 그 외에 다양하게 현장에서 나타날 수 있는 장벽은 앞의 [표8-3]과 같이 설명할 수 있다.

2. 인더스트리 5.0의 기회

인더스트리 5.0의 혁신적 잠재력은 첨단 기술을 인간 중심 원칙과 통합하여 미래의 산업 관행을 재정의 하는 능력에 있다. 협동로봇, AI, DT와 같은 기술은 RtM, PdM을 가능하게 한다. 더 빠른 생산 주기, 감소된 가동 중지 시간, 비용 절감을 통해 생산성을 향상시킴으로써 이러한 혁신은 산업이 운영적 우수성을 달성할 수 있도록 지원한다. 지속가능성은 폐기물 최소화, 재생 에너지 통합, CE_{Circular Economy, 순환경제} 모델과 같은 친환경적 관행을 강조하는 인더스트리 5.0의 초석으로 남아 있다. 이러한 노력은 글로벌 지속가능성 목표에 기여할 뿐만 아니라 산업이 규정을 준수하고 브랜드 평판을 높이는데 도움이 된다. 이러한 전략을 채택하는 회사는 환경 관리의 리더로 자리 매김하여 사회적으로 긍정적 영향을 더욱 촉진한다.

인더스트리 5.0은 서비스화, 대량 맞춤화, 구독 기반 프레임워크와 같은 새로운 비즈니스 모델을 도입한다. 이러한 모델은 AI와 IoT를 활용하여 고도로 개인화된 주문형 제품과 서비스를 제공하여 고객 참여를 강화하고 경쟁 우위를 유지한다. 다양한 소비자 요구에 부응하는 능력은 혁신을 촉진하고 시장에서의 성공을 이끌 수 있다.

인더스트리 5.0의 핵심은 기술 향상과 평생 학습을 우선시하는 인간 중심적 접근 방식이다. 근로자에게 고급 도구와 기술을 제공함으로써 산업은 변화하는 요구사항을 충족할 준비가 된 지식이 풍부하고 다재다능한 인력을 양성한다. 인력 개발에 대한 이러한 집중은 급변하는 환경에서 회복력과 민첩성을 보장한다.

지속가능성을 보완하는 인체공학, 증강현실AR, 협업 설계 도구의 발전은 더욱 안전하고 포용적인 직장을 만들어가고 있다. 이러한 혁신은 근로자의 웰빙과 직무 만족도를 향상시켜 참여도와 유지율을 높인다. 인더스트리 5.0은 인적 요소를 우선시함으로써 기술 발전과 인력 포용성 간의 균형을 보장하여 산업 환경 내 조화를 촉진한다.

SCSupply Chain의 회복력과 적응력 또한 인더스트리 5.0 기술을 통해 크게 강화된다. DT 및 빅데이터 분석과 같은 도구를 통해 산업은 위험을 완화하고, 중단 중에도 연속성을 보장하며, 시장 변화에 효과적으로 대응할 수 있는 민첩성을 제공할 수 있다. 강화된 SC는 취약성을 줄여 산업을 불확실성에 더욱 강하게 만든다.

3. 인더스트리 5.0의 SWOT 분석

강점 (S)	• **인간과 기계의 협업 :** 인간과 기계의 상호작용을 강조하여 협업 환경을 조성한다. 인간의 창의성과 기계의 효율성을 결합하여 생산성을 향상시키고 작업장 안전을 개선한다. • **인간 중심적 접근 방식 :** 인간의 필요와 관심을 생산 공정의 중심에 둔다. 인더스트리 5.0은 산업 근로자의 웰빙을 최우선으로 생각하며, 생산 공정에서 근로자의 중요성을 강조한다. • **맞춤형 생산 :** 개별 요구에 맞춰 제조 공정을 조정할 수 있다. • **조직적 회복력 :** 인더스트리 5.0은 회복력에 중점을 두어 산업이 변화하는 환경에 적응하고 번영할 수 있도록 지원한다. • **환경 의식 :** 지속가능성과 환경 보호에 중점을 둔다. • **디지털트윈 및 증강 현실 :** 디지털트윈과 증강 현실 기술을 제조 공정에 도입한다. • **기술 발전 :** IoT, AI, 로봇 공학과 같은 첨단 기술을 통합하여 유연하고 효율적인 생산 시스템을 구축한다. • **지속가능한 제조 :** 제조업은 지구적 경계를 존중하고 지속가능해야 한다. 제조업은 지구적 경계를 존중하는 동시에 사회적 요구를 충족해야 한다.

약점 (W)	• **복잡한 기술** : 신기술의 도입 및 통합은 기업에 복잡한 과제를 안겨줄 수 있다. • **교육 요건** : 근로자는 신기술을 효과적으로 활용하기 위해 새로운 기술을 습득해야 한다. • **사회적 이질성** : 가치관과 수용에 있어 사회적 차이가 있을 수 있다. • **전환 과제** : 인더스트리 4.0에서 5.0으로의 전환은, 특히 이전에 많은 투자를 한 산업의 경우 어려움을 겪을 수 있다. • **데이터 보안 및 상호 운용성** : 시스템 간 데이터 보안 및 상호 운용성 확보와 관련된 우려 사항이 존재한다. • **잠재적 저항** : 기존 산업은 전환에 따른 비용과 복잡성으로 인해 변화에 저항할 수 있다. • **명확한 정의 부족** : 개발 중인 주제이기 때문에 정의에 대한 명확한 합의가 없어 혼란과 오해가 발생할 수 있다.
기회 (O)	• **경쟁 우위** : 인더스트리 5.0 기술을 성공적으로 구현하는 기업은 시장에서 경쟁 우위를 확보할 수 있다. • **지속가능한 성장** : 환경을 고려한 제조 공정을 통해 기업은 장기적으로 지속가능한 성장을 달성할 수 있다. • **회복력** : 제조업은 위기 상황에서도 혼란을 방어하고 중요 인프라를 확보할 수 있어야 한다.

기회 (O)	• **파트너십 강화** : 공공 부문과 민간 부문 간의 협력을 강화하여 공동 성장과 발전을 이룰 수 있는 기회가 있다. • **사회적 요구 충족** : 인더스트리 5.0은 사회적 요구에 맞춰 산업을 재편하고 새로운 시장과 성장 기회를 창출할 수 있는 기회를 제공한다. • **혁신과 기업가 정신** : 혁신에 유리한 환경 조성에 중점을 둠으로써 새로운 아이디어, 제품 및 서비스의 탄생으로 이어질 수 있다. • **글로벌 과제 해결** : 기후 변화, 재생 불가능한 자원의 급속한 소비, 환경오염, 사회적 불의와 같은 심각한 글로벌 과제를 해결할 수 있는 능력이 있다.
위협 (T)	• **사이버 보안 위험** : 시스템이 더욱 복잡해지고 상호 연결됨에 따라 보안 위험도 증가한다. • **높은 초기 투자** : 인더스트리 5.0 기술 도입에는 상당한 초기 투자가 필요할 수 있다. • **생산성 과제** : 생산성 향상을 기대하는 동시에 상당한 투자가 필요하다. • **급속한 기술 변화** : 기술 발전 속도가 업계의 적응 능력을 앞지르면서 잠재적인 비효율성으로 이어질 수 있다. • **환경 및 사회적 과제** : 기후 변화, 환경오염, 사회적 불의와 같은 문제는 인더스트리 5.0의 성공적인 구현에 심각한 과제를 제기할 수 있다.

09 인더스트리 5.0과 품질 5.0의 방향

품질 관리 분야에서 품질 4.0 Quality 4.0은 인더스트리 4.0 Industry 4.0과 연계되어 디지털 기술을 적용하여 품질 관리를 강화하며 여기에는 IoT, 데이터 분석 및 품질 보증을 위한 자동화가 포함된다. 특히 품질 4.0의 영향은 향상된 품질 보증 프로세스와 예측 유지보수에서 나타난다.

품질 5.0은 인간 중심의 품질경영을 강조하고 지속가능성과 윤리적 생산에 초점을 맞춤으로써 품질 4.0의 원칙을 확장하는 진화된 개념이다. 품질 5.0은 덜 정의되어 있지만 기술 발전과 인간적 가치, 그리고 지속가능한 관행의 균형을 이룰 것으로 예상된다. 품질 관리 시스템은 산업 전반에 걸쳐 지속가능한 발전의 초석이 될 것이다.

여기서는 인더스트리 5.0의 관심 분야인 인간 중심, 지속가능성, 회복력에 대한 품질 5.0의 방향에 대해 언급하기로 한다.

1. 인간 중심과 품질 5.0의 관계

앞서 많은 학자들이나 연구자들이 품질 4.0을 "조직의 전략적 목표를 달성하고 이해관계자를 위한 가치를 창출하기 위해 첨단 디지털 기술을 활용하여 조직 프로세스와 그 결과의 품질을 계획,

실현, 제어 및 개선하는 프로세스"로 정의했듯이 품질 4.0의 핵심은 고객 요구 충족에다 인더스트리 4.0 기술을 포함하는 데이터 기반 관리로 요약할 수 있는 반면에 품질 5.0은 품질 4.0의 개념에 인간의 안전·건강·경험·가치까지 보장하는 총체적 개념을 더 포함하게 될 것이다. 즉, 품질 5.0은 "제품이 잘 작동하느냐"를 넘어 "사람에게 어떤 영향을 주고, 어떤 경험을 주는가"로 품질 정의가 확장될 것이다.

(1) 인간–설비 협업(Human–Machine Collaboration)과 품질

협업로봇Co-bot과 인간이 함께 일하는 환경에서는 인체공학적 품질Ergonomic Quality이 중요하게 될 것이며 이는 불량 없는 제품뿐 아니라 작업자의 안전, 피로도 최소화, 직무 만족도 품질의 일부로 포함된다. 예를 들어 조립공정에서 로봇이 무거운 부품을 들고, 작업자는 정밀 조립만 수행하던 것을 품질 5.0에서는 작업 품질과 안전성을 동시에 확보해야 하는 일이 발생될 것이다.

(2) 사용자 경험(UX) 품질

5차 산업혁명에서는 고객 맞춤형Customization과 인간 친화적 설계가 필수적이기 때문에 고객 요구사항은 인간과 설비 간의 강력한 협력을 통하여 더 전문화되고 개인화되고 맞춤화된 제품과 서비스를 대량으로 생산하는 것을 주요 목표로 한다. 이때 품질은 기술적 성능뿐 아니라 감성적 만족, 편의성, 접근성까지 포함하여야 한다.

예를 들면 전기차 UI/UX 설계의 경우, 단순한 기능 품질이 아니라, 운전자가 느끼는 직관성과 편안함이 곧 품질 평가 요소로 포함된다.

(3) 윤리 · 포용성과 품질

인간 중심 품질은 모든 사용자 계층_{노인, 장애인, 사회적 약자}에 대한 헌신과 배려를 고려하여 접근해야 한다. 이는 단순 제품 품질 관리에서 사회적 품질_{Social Quality} 개념으로 확장을 의미하며 기술 발전이 인간의 가치에 부합하는 동시에 사회 전반의 복지에 기여하도록 하기 위해 사전 예방적이고 지속가능하며 예측 가능한 전략을 표현한다고 볼 수 있다. 예를 들면 의약품을 포장할 경우 시각장애인을 위한 점자 표기를 포함하는 것도 품질의 일부로 간주된다.

(4) 인간 가치 기반 지속개선

인간 중심은 기술적 우수성뿐만 아니라 사람의 행복·삶의 질 향상을 위한 개선, 창의성 함양, 그리고 윤리적 기준 충족에도 초점을 맞춰야 한다. 단순히 기술 효율을 위한 개선이 아니라, 포용적이고 지속가능한 실행의 필요성을 포함해야 한다.

'품질 5.0'은 지속가능성, 윤리적 생산, 사회적 책임에 중점을 둔 인간 중심의 품질경영을 강조함으로써 품질 4.0의 원칙을 확장하는 것으로 진행되어야 한다. 따라서 5차 산업혁명에서는 '품질'이 단순한 성능 관리가 아니라, 인간을 위한 기술의 따뜻한 보증 장치 역할을 하게 될 것이다.

2. 지속가능성과 품질 5.0

지속가능한 전략은 환경 친화적인 관행과 윤리적인 생산 방식에 중점을 둔다. 이러한 전략은 기술 발전이 환경 파괴나 사회적 불평등을 초래하지 않도록 보장한다. 폐기물 감축, 재생 가능 자원 사용, 순환 경제 원칙 구현과 같은 관행은 지속가능한 전략의 예이다. 이러한 관행은 장기적인 사회 복지에 기여하고 세계적인 지속가능성 목표와 일치한다. 현재 전 세계적으로 관심을 받고 있는 SDG, CSR과 ESG는 지속가능성에 대한 미래 품질 5.0의 방향을 제시해 줄 것이다. 여기서는 ESG 관점에서 품질 5.0을 설명한다.

ESG는 Environmental Social Governance의 약자이며 회사의 사회적 책임을 평가하기 위한 Corporate Social Responsibility의 추가 표현 및 친숙한 설명의 일부로 간주된다. 이는 국가의 법률이나 글로벌 규정에 얽매이지 않고 기업의 자발적인 노력으로 여겨지며 기업가치, 에티켓 및 투자결정과 관련하여 지속가능성 및 생태적 행동을 위한 CSR 설정의 일환으로 보고 있다. ESG는 최근 기업 평가의 핵심 지표가 되었고, 품질 5.0과도 긴밀하게 연결된다. 품질은 더 이상 "제품 성능"만을 의미하지 않고, 환경·사회적 책임·지배구조와 직결된 가치를 만들어 내는 축으로 확장되고 있다.

(1) ESG 각 요소와 제조 품질과의 관계

1) E(환경, Environment)

E 요인으로 기후 변화 완화, 기후 변화 적응, 수자원 및 해양 자

원의 지속가능한 사용 및 보호, 순환 경제로의 전환, 오염 방지 및 통제, 생물 다양성 및 생태계의 보호 및 복원이 포함된다. 제조 분야에서 영향을 받을 수 있는 사항은 친환경 제조공정, 에너지 효율, 자원 절감, 폐기물/불량률 관리 등이다. 이들과 품질과의 관계는 불량률을 줄이는 것은 폐기물 감소로 이어져 결국 환경 발자국을 최소화할 수 있으며 공정 품질 관리를 통하여 에너지의 효율적 생산이 가능하고 또한 친환경 소재나 공정 도입 시에도 품질 보증이 뒷받침되어야 한다는 것이다. 예를 들면 자동차 제조시 도장공정에서 VOC_{휘발성 유기화합물}를 저감하게 된다면 품질 기준과 환경 기준을 동시에 충족함으로 탄소발자국을 줄일 수 있게 된다.

2) S(사회, Social)

S 요인으로 인권, 공급망의 노동 기준, 아동 및 노예 노동, 직장 건강 및 안전, 인적 자본 관리 및 직원 관계, 다양성, 지역 사회와의 관계, 의료에 대한 건강 및 접근성, 소비자 보호 등을 들 수 있는데 제조 현장에서는 안전, 근로 환경, 소비자 보호, 공급망 인권 등이 포함된다. 이러한 요인들과 품질과의 관계를 살펴보면 제조 품질은 곧 소비자 안전과 직결되기 때문에 불량으로 인한 리콜은 사회적 신뢰를 상실하게 만들고 작업자 안전/작업환경 품질 관리도 사회적 책임의 일부로 볼 수 있다. 또한 공급망 관리에서 협력사 품질 인증은 곧 윤리적 조달과도 연계된다. 예를 들면 자동차 에어백 불량이 발생하게 되면 그것은 품질 문제이자 사회적 책임 문제로 대두되어

ESG 평가지표에서 큰 감점 요인이 된다.

3) G(지배구조, Governance)

G 요인으로는 이사회 구조, 규모, 다양성, 기술 및 독립성, 임원 보수규제, 주주권, 정보 공개, 비즈니스 윤리, 뇌물 및 부패, 내부 통제 및 위험 관리 등이 있으며 제조 현장에서는 투명한 품질 데이터 관리, 윤리적 경영, 규정 준수 등이 포함된다. 이 요인들과 품질과의 관계를 보면 품질 데이터 위조나 은폐_{예 : 검사 성적서 조작}는 ESG 중 Governance의 치명적 리스크가 될 수 있으며, 품질경영 프로세스의 투명성과 내부 감사는 지배구조 건전성과 직결된다. 국제 표준_{ISO 9001, IATF 16949 등}을 준수하는 것은 곧 ESG의 G 항목을 충족하는 행위라고 볼 수 있다. 예를 들어 디젤게이트_{배출가스 조작}가 발생하면 품질 신뢰성 훼손과 더불어 Governance가 붕괴되어 결국 ESG 전체에 대한 신뢰적 상실을 가져온다. 이를 요약하면 다음과 같다.

- **E** : 불량 · 낭비 최소화 → 친환경 제조 = 품질 혁신
- **S** : 소비자 · 근로자 안전 → 사회적 책임 = 품질 확보
- **G** : 투명한 품질 데이터 → 윤리적 경영 = 품질 신뢰성

즉 "품질은 ESG의 실행 도구"라고 설명할 수 있으며, 품질관리 없이는 ESG를 달성할 수 없고, ESG를 지키는 과정이 곧 품질경영의 확장이라고 보는 것이 자연스럽다.

ESG와 제조품질의 관계 프레임워크 + 산업별 사례		
E 환경	• 불량률 최소화 → 폐기물 감소 • 에너지 효율적 공정 • 친환경 소재 사용시 품질 보증 • 오염 저감 기술과 품질 동시 충족	자동차 : 도장 공정 VOC 저감과 품질 유지 전자 : 에너지 효율 반도체 제조 제약 : 친환경 용매 사용시 안정성 품질 검증
S 사회	• 소비자 안전 보장 • 근로자 안전과 작업환경 품질 • 윤리적 공급망과 협력사 품질 인증 • 리콜 방지로 사회적 신뢰 확보	자동차 : 에어백 품질 검증으로 소비자 안전 확보 전자 : 협력사 노동환경 + 품질 감사 제약 : 임상시험 데이터 무결성 관리
G 지배 구조	• 투명한 품질 데이터 관리 • 규정 및 국제표준 준수 • 검사 / 성적서 위조 방지 • 내부 감사와 품질 신뢰성 확보	자동차 : 배출가스 시험 투명성 확보 전자 : 품질 인증 프로세스 공개 제약 : GMP 감사와 데이터 투명성 유지

3. 회복성

최근까지 기업은 사업부 단위로 리스크를 관리해 왔다. 그러나 오늘날에는 전체론적 접근 방식이 적용된다. 전사적 리스크 관리 ERM는 기업이 직면하는 모든 리스크를 통합적이고 현대적인 방식으로 관리하는 프로세스라는 점을 고려할 때, 기업의 성과와 가치 향상에 기여한다.

ERM은 지속가능성 보고에 영향을 미칠 뿐만 아니라 경제적 부가가치 분석을 통해 측정된 사업성과를 향상시킨다.

조직의 위험 관리는 점점 더 중요해지고 있으며, 특히 급격한 환경 변화에 직면한 인더스트리 4.0 시대에는 더욱 그렇다. 조직 내 위험 관리 방식은 다른 모든 비즈니스 활동 계획과 마찬가지로 계획되어야 한다. 위험 관리 및 시나리오 계획은 새롭게 발생하는 위험의 식별 및 관리를 강조한다.

여기서는 인더스트리 4.0과 5.0 시대에 상호 연결된 시스템에 대해서는 품질 5.0 측면에서, 포괄적인 회복성을 ISO 22301과 전사적 리스트관리 관점에서 알아본다.

ISO 22301은 비즈니스 연속성 경영 시스템BCMS, Business Continuity Management System에 관한 국제 표준이다. 흔히 품질경영과 직접적으로 연결되는 ISO 9001 같은 규격과는 다르지만, 제조업의 품질 관리와도 밀접하게 연관될 수 있다.

(1) ISO 22301과 제조 품질의 관계

1) 위기 상황에서도 품질 유지

제조업은 지진, 화재, 사이버 공격, 공급망 중단 같은 사건이 발생하면 생산이 중단되고, 이는 곧 품질 저하와 고객 불만으로 이어질 수 있다. ISO 22301은 이러한 리스크 상황에서 필수 제조 공정과 품질 관리 활동이 지속될 수 있도록 계획BCP, Business Continuity Plan을 세우게 한다. 원자재 공급이 끊기거나 대체 불가능한 협력사가 피해를 입으면 품질에 영향을 줄 수 있기 때문에 공급망 안정성이 품질 보증과 연결될 수 있다. ISO 22301은 공급망 리스크 평가와 대체 공급원 확보 같은 대응 체계를 요구해 결과적으로 안정적이고 일관된 품질 확보를 가능하게 한다.

2) 법규 준수 및 고객 신뢰성 강화

제조 품질에는 단순한 제품 성능뿐 아니라 납기 준수, 안전성, 법규 충족이 포함된다. ISO 22301을 도입하면 예상치 못한 중단 상황에서도 고객 요구와 법규 준수를 유지할 수 있어, 품질경영시스템ISO 9001과 상호 보완적 역할을 한다.

3) 위험 기반 사고 예방(Risk-based thinking)

ISO 9001도 위험 기반 접근을 강조하지만, ISO 22301은 비즈니스 중단 리스크에 더 특화되어 있다. 즉, 제조 품질 리스크불량률, 공정 이상

[표8-4] ISO 22301 vs ISO 9001 매핑표(제조 품질 관리 관점)

구분	ISO 22301 요구사항(BCMS)	ISO 9001 요구사항(QMS)	제조 품질 관리 관점 매핑
경영책임	• 조직 상황 및 이해관계자 요구 파악(Clause 4) • 리더십 및 거버넌스 (Clause 5)	• 조직 상황 및 이해관계자 요구 파악(Clause 4) • 리더십 및 품질방침 수립(Clause 5)	위기 상황과 고객 요구를 동시에 고려한 품질 및 연속성 전략 정렬
위험 및 기회 관리	리스크 평가 및 BIA (Business Impact Analysis) 수행(Clause 8)	리스크 및 기회 파악 (Clause 6)	위기 리스크와 품질 리스크(불량, 공정변동)를 통합 관리
자원 관리	• BCMS 운영 자원 확보(Clause 7.1) • 역량 및 훈련(Clause 7.2)	• QMS 운영 자원확보 (Clause 7.1) • 역량 및 교육훈련 (Clause 7.2)	품질 담당자 + 비상 대응팀 통합 훈련, 위기시 품질 보증 역량 유지
운영 관리	비즈니스 연속성 전략, 절차, 계획 수립(Clause 8.3~8.5)	• 제품 실현 프로세스 운영(Clause 8.5) • 생산 및 서비스 제공 관리	중단 상황에서도 품질 표준 충족 가능하도록 대체 공정/라인 확보
문서화 및 기록	문서화된 BCP, 테스트 결과, 개선 내역(Clause 7.5, 9.1)	문서화된 절차, 검사 기록, CAPA(Clause 7.5, 8.7, 10.2)	품질 기록과 연속성 기록을 통합 관리, 데이터 무결성 확보
모니터링 및 평가	모의훈련(테스트), 성과 모니터링(Clause 9.1~9.2)	품질 성과 모니터링, 내부심사(Clause 9.1~9.2)	정기적 연속성 시뮬레이션을 통해 품질 영향 평가
개선	사건 후 리뷰, 교훈 반영(Clause 10.2)	시정조치, 예방조치, 지속적 개선(Clause 10.2)	사고 후 품질 저하 요인 분석 재발 방지 시스템 강화

뿐만 아니라 운영 연속성 리스크_{생산라인 중단, IT시스템 장애}까지 포괄함으로써 더 견고한 품질경영 체계를 만든다.

ISO 22301은 직접적으로 "품질 표준"은 아니지만, 위기 상황에서도 제조 품질을 안정적으로 유지·보장하는 기반을 제공하는 표준이다. 즉, ISO 9001_{품질경영} + ISO 22301_{비즈니스 연속성}을 함께 운영하면 제조 품질의 신뢰성과 기업 회복탄력성이 크게 강화된다.

(2) ERM(Enterprise Risk Management, 전사적 위험관리)과 품질 5.0

1) 전사적 리스크 관리의 기본 개념

기업들은 불충분한 직원 보호 체계, 공급망 결함, 예측 불가능한 재무 상황 등 광범위한 문제에 직면하게 되었고, 그 결과 민첩하고 유연한 데이터 기반 전사적 리스크 관리 필요성이 대두되었다. 전사적 리스크 관리는 제조 품질 리스크를 단순히 현장에서 관리하는 차원을 넘어, 기업의 전략·재무·운영 전반에 걸쳐 통합적으로 관리하도록 해주는 시스템이며, 이는 품질을 비용 절감 요소가 아닌 기업 경쟁력 및 지속가능성의 핵심 자산으로 승격시킨다. 대부분의 기업이 혁신과 성장에 중점을 두었음에도, 시간이 갈수록 회복력을 보유한 기업들만이 성공적으로 살아남을 수 있게 되었다. 이들이 비즈니스 전략을 통해 위험 및 준비도까지 관리했기 때문이다.

전사적 리스크 관리는 조직 전반의 위험을 식별, 평가, 대응, 모니터링하여 기업의 목표 달성을 지원하는 종합 관리 체계이며 단순히 재무적 위험뿐만 아니라 운영, 전략, 규제, 평판, 공급망, 품질 등 기업 활동 전반의 위험을 다룬다. 대표적인 프레임워크는 COSO ERM Framework이다.

- **제조 현장에 발생 가능한 위험**

  품질은 고객 요구를 만족시키는 제품과 프로세스를 보장하는 활동으로, 제조 현장에서는 다음과 같은 위험이 존재한다.

  - 제품 불량 위험(Defect Risk)
  - 공정 변동성 위험(Process Variation Risk)
  - 설비 고장/정지 위험(Equipment Failure Risk)
  - 공급망 품질 리스크(Supplier Quality Risk)
  - 규제 및 인증 미준수 리스크(Compliance Risk)

- **전사적 리스크 관리와 제조 품질의 연결고리**

  전사적 리스크 관리는 품질경영 활동을 위험 관리 언어로 번역해 주는 역할을 한다.

전사적 리스크 관리 요소	제조 품질과의 관계
위험 식별	불량률 상승, 원자재 불량, 공정 능력 저하, 공급업체 리스크를 사전에 탐지
위험 평가	Cpk, Ppk, 불량률, FMEA, SPC 지표를 통해 품질 리스크 수준 정량화
위험 대응	예방적 유지보수, 표준화, 공급업체 감사, 품질 교육 등을 통한 대응
위험 모니터링	실시간 품질 데이터 모니터링(IoT, MES, SPC)으로 리스크 지속 감시
위험 보고 / 의사결정	품질 KPI를 ERM 대시보드에 반영하여 경영진 의사결정 지원

- **ERM 적용시 제조 품질의 구체적 효과**
  - **불량 비용 감소** : 위험 기반 접근으로 사전 예방 가능(예 : 고장예측은 불량 감소로 연결됨)
  - **공급망 품질 강화** : 협력사 위험 평가를 전사적 리스크 관리 체계에 포함시키면 공급망 안정성 확보
  - **규제 대응 강화** : ISO 9001, IATF 16949, ISO 22301(BCM) 등 품질/위기관리 시스템과 전사적 리스크 관리 연계
  - **디지털 기반 품질 예측** : AI · 빅데이터 기반 예측 품질 관리(Predictive Quality)를 전사적 리스크 맵에 통합
  - **기업 가치 제고** : 품질 문제로 인한 리콜 · 평판 위험을 최소화하기 위해 ESG와 연결

품질 4.0은 인더스트리 4.0 기술을 품질경영에 접목하여 품질을 데이터 기반, 연결형, 예측형으로 전환하는 새로운 패러다임을 의미한다. 이는 단순히 기술을 도입하는데 그치지 않고, 전통적인 품질관리 체계를 디지털화하고 지능화하여 보다 민첩하고 예측 가능한 품질관리 체계를 마련하는데 초점을 둔다. 인공지능·머신러닝, 사물인터넷, 빅데이터와 고급 분석, 클라우드 및 엣지 컴퓨팅, 블록체인, 디지털트윈, AR/VR 등의 기술은 이러한 전환의 핵심적인 기반이 된다.

품질 4.0의 가장 큰 기대 효과는 데이터와 연결성을 활용하여 결함을 사전에 탐지·예측하고, 공정을 최적화함으로써 불량률을 낮추는 것이다. 이를 통해 기업은 리콜이나 품질 문제 발생시 추적성을 강화할 수 있으며, 고객만족도를 높이고 비용 절감을 동시에 달성할 수 있다. 궁극적으로는 예방 중심의 패러다임에서 예측 중심의 패러다임으로 전환함으로써 운영 효율성과 민첩성을 극대화할 수 있다.

그러나 이러한 혁신에는 현실적인 어려움도 존재한다. 우선 디지털 인프라에 대한 투자가 필요하며, 조직 내 디지털 역량과 데이터 거버넌스 성숙도가 뒷받침되지 않으면 효과적인 실행이 어렵다. 또한 사이버보안 위협, 변화 관리의 부담, 경영진의 관심 부족 등은 실질적인 장벽으로 작용한다. 무엇보다도 데이터 품질과 프로세스 성숙이 확보되지 않은 상태에서 고급 분석만을 도입하는 경우, '빠른 잘못된 결정'이라는 심각한 리스크가 발생할 수 있다. 따라서 기술보다 선행되어야 할 것은 데이터 품질 확보, 조직적 리더십, 품질 문화의 정착이다.

품질 4.0의 운영 원칙은 의사결정 속도와 질의 동시 향상, 투명성과 추적성의 확보, 지속적 개선을 위한 상시적 변화와 학습 민첩성 강화에 있다. 이를 뒷받침하는 프레임워크는 사람·조직·프로세스·기술이라는 네 가지 축을 통합하는 구조로 제시된다. 사람 측면에서는 리더십과 윤리적 투명성이 요구되며, 조직 차원에서는 품질문화와 내·외부 협업 역량을 강화해야 한다. 프로세스 차원에서는 데이터 기반 의사결정과 수직·수평적 통합 체계, 그리고 ERP/MES/PLM과 같은 정보 시스템의 지능화가 필요하다. 기술적으로는 클라우드·AI/ML 기반의 스마트 소프트웨어와 센서·로봇·CPS 기반의 스마트 하드웨어가 결합된 체계를 마련해야 한다.

품질 4.0에서 더 나아간 품질 5.0은 단순히 데이터와 연결성, 예측 역량을 넘어 인간 중심성, 지속가능성, 회복력을 중시하는 방향으로 이행한다. 이는 인더스트리 5.0의 핵심 개념과 맥락을 같이한다. 품질 5.0은 성능과 기능에 국한되지 않고 안전, 건강, 경험, 사회적 가치까지 포함한다. 작업자의 안전, 피로도, 만족도를 포함한 인체공학적 품질 관리, 기능에 감성적·편의적 요소를 더한 사용자 경험UX 품질, 그리고 윤리와 포용성·공정성을 강조하는 사회적 품질이 주요 과제로 부상한다.

정리하자면, 품질 4.0은 데이터·연결성·예측을 통해 기업의 차별적 경쟁력을 확보하는 오늘의 전략적 프레임이며, 품질 5.0은 여기에 인간 중심 원리와 지속가능성, 회복탄력성을 결합해 장기적으로 견고한 경쟁력을 창출하려는 미래의 필수 전략이다. 따라서 품질 혁신의 여정은 기술 도입 자체가 아니라, 데이터 거버넌스·리더십·조직 문화라는 근본적 토대를 먼저 다지는 데서 출발해야 한다. 이러한 기반 위에서만 품질 4.0의 진정한 내재화와 품질 5.0으로의 확장이 성공적으로 이루어질 수 있다.

참고문헌

1. 나형배, 손환식, 이원기, 황인극(2025), 스마트공장 개론(제2판), 청람
2. 머신비전 전문가그룹(2024), 머신비전 비밀노트, 바른북스
3. 신언명(2012), 기업리스크 관리의 가이드 COSO ERM, 신일북스
4. 안영진(2021), 경영품질론(제5판), 박영사
5. 이영상(2025), AI시대와 스마트 TPM, 뉴욕비즈
6. 이영상, 김수용, 한승선, 이성종(2016), TPM 종합 실천 프로세스, 한국표준협회미디어
7. 정종수(2018), 사업연속성 경영시스템 관리론 – 기업재난관리표준 및 ISO22301 기반, 신화전산기획
8. 최형일(2023), 원리를 설명하는 컴퓨터비전 최강의 수업, 홍릉
9. 황인극, 손환식, 강성진(2023), 지속가능 기업을 위한 ESG 경영, 청람
10. 황인극, 손환식, 김응석(2023), 4차 산업혁명 개론, 청람
11. 황인극, 서지원, 이문수, 최면중, 나상균(2021), 제4차 산업혁명과 기술경영, 청람
12. 황인극, 이경근, 이문영(2025), 디지털 품질경영을 선도하는 품질4.0, 청람
13. Aggarwal, C. C.(2013). Outlier Analysis. Springer.
14. Ali, K. and Johl, S.K.(2021), "Soft and hard TQM practices: future research agenda for Industry 4.0",Total Quality Management and Business Excellence, Vol. 33 No. 14, pp. 1625–1655.
15. Ali, K. and Johl, S.K.(2022), "Impact of total quality management on Industry 4.0 readiness and practices: does firm size matter?", International Journal of Computer Integrated Manufacturing, Vol. 36 No. 4, pp. 567–589.
16. Almobarek, M., Mendibil, K. and Alrashdan, A.(2022), "Predictive maintenance 4.0 for chilled water system at commercial buildings: a systematic literature review", Buildings, Vol. 12 No. 8, p. 1229.
17. Alzahrani, B., Bahaitham, H., Andejany, M. and Elshennawy, A.(2021), "How ready is higher education for quality 4.0 transformation according to the LNS research framework?", Sustainability, Vol. 13 No. 9, p. 516.
18. Antonino, P.O., Capilla, R., Pelliccione, P., Schnicke, F., Espen, D., Kuhn, T. and Schmid, K.(2022), "A Quality 4.0 Model for architecting industry 4.0 systems", Advanced Engineering Informatics, Vol. 54, 101801.
19. Antony, J., McDermott, O. and Sony, M.(2021a), "Quality 4.0 conceptualisation and theoretical understanding: a global exploratory qualitative study", The TQM Journal, Vol. 34 No. 5, pp. 1169–1188.
20. Antony, J., Sony, M., Furterer, S., McDermott, O. and Pepper, M.(2021b), "Quality 4.0 and its impact on organizational performance: an integrative viewpoint", The TQM Journal, Vol. 34 No. 6, pp. 2069–2084.
21. Antony, J., Swarnakar, V., Salentijn, W., Shokri, A., Doulatabadi, M., Bhat, S., McDermott, O., Jayaraman, R. and Sony, M.(2022a), "A global study on applicability of ISO 18404:2015 for SMEs: an exploratory qualitative study", The TQM Journal, Vol. 35 No. 7, pp. 1917–1934.
22. Antony, J., McDermott, O., Sony, M., Toner, A., Bhat, S., Cudney, E.A. and Doulatabadi, M.(2022b), "Benefits, challenges, critical success factors and motivations of Quality 4.0 – a qualitative global study", Total Quality Management and Business Excellence, Vol. 34 Nos 7–8, pp. 827–846.
23. Asif, M.(2020), "Are QM models aligned with Industry 4.0? A perspective on current practices", Journal of Cleaner Production, Vol. 258, pp. 1–11.
24. Babatunde, O.K.(2021), "Mapping the implications and competencies for Industry 4.0 to hard and soft total quality management", The TQM Journal, Vol. 33 No. 4, pp. 896–914.
25. Bousdekis, A., Lepenioti, K., Apostolou, D. and Mentzas, G.(2022), "Data analytics in Quality 4.0:

literature review and future research directions", International Journal of Computer Integrated Manufacturing, Vol. 36 No. 5, pp. 678–701.

26. Broday, E.E.(2022), "The evolution of quality: from inspection to Quality 4.0", International Journal of Quality and Service Sciences, Vol. 14 No. 3, pp. 368–382.

27. Carvalho, A.V. and Lima, T.M.(2022), "Quality 4.0 and cognitive engineering applied to quality management systems: a framework", Applied System Innovation, Vol. 5 No. 6, p. 115.

28. Carvalho, A.V., Enrique, D.V., Chouchene, A. and Charrua–Santos, F.(2021), "Quality 4.0: an overview", Procedia Computer Science, Vol. 181, pp. 341–346.

29. Chandola, A. Banerjee, and V. Kumar,(2007) "Outlier detection: A survey," ACM Comput. Surv., vol. 41, pp. 1–15.

30. Chiarini, A.(2020), "Industry 4.0, quality management and TQM world. A systematic literature review and a proposed agenda for further research", The TQM Journal, Vol. 32 No. 4, pp. 603–616.

31. Chiarini, A. and Kumar, M.(2022), "What is Quality 4.0? An exploratory sequential mixed methods study of Italian manufacturing companies", International Journal of Production Research, Vol. 60 No. 16, pp. 4890–4910.

32. Cresnar, R., Potocan, V. and Nedelko, Z.(2020), "Speeding up the implementation of industry 4.0 withmanagement tools: empirical investigations in manufacturing organizations", Sensors, Vol. 20 No. 12, p. 3469.

33. Dias, A.M., Carvalho, A.M. and Sampaio, P.(2022), "Quality 4.0: literature review analysis, definition and impacts of the digital transformation process on quality", International Journal of Quality and Reliability Management, Vol. 39 No. 6, pp. 1312–1335.

34. Douglas Goodman, James P. Hofmeister and Ferenc Szidarovszky(2019), Prognostics and Health Management–A Practical Approach to Improving System Reliability Using Condition–Based Data, Wiley

35. Dror, S.(2022), "QFD for selecting key success factors in the implementation of quality 4.0", Quality and Reliability Engineering International, Vol. 38 No. 6, pp. 3216–3232.

36. Escobar, C.A., Macias, D., McGovern, M., Hernandez–de–Menendez, M. and Morales–Menendez, R.(2022), "Quality 4.0 – an evolution of six sigma DMAIC", International Journal of Lean Six Sigma, Vol. 13 No. 6, pp. 1200–1238.

37. Foidl, H. and Felderer, M.(2016), "Research challenges of Industry 4.0 for quality management", Innovations in Enterprise Information Systems Management and Engineering, Vol. 245, pp. 121–137. Springer.

38. Fonseca, L., Amaral, A. and Oliveira, J.(2021), "Quality 4.0: the EFQM 2020 model and industry 4.0 relationships and implications", Sustainability, Vol. 13 No. 6, p. 3107.

39. Glogovac, M., Ruso, J. and Milica Maricic, M.(2022), "ISO 9004 maturity model for quality in Industry 4.0", Total Quality Management and Business Excellence, Vol. 33 No. 5, pp. 529–547.

40. Haleem, A., Javaid, M., Singh, R.P. and Suman, R.(2021), "Quality 4.0 technologies to enhance traditional Chinese medicine for overcoming healthcare challenges during COVID–19", Digital Chinese Medicine, Vol. 4 No. 2, pp. 71–80.

41. Hamid, M.S.R.A., Masrom, N.R. and Mazlan, N.A.B.(2022), "The key factors of the industrial revolution 4.0 in the Malaysian smart manufacturing context", International Journal of Asian Business and Information Management, Vol. 13 No. 2, pp. 1–19.

42. Ho, P.T., Albajez, J.A., Santolaria, J. and Yagüe–Fabra, J.A.(2022), "Study of augmented reality based manufacturing for further integration of quality control 4.0: a systematic literature review", Applied Sciences, Vol. 12 No. 4, p. 1961.

43. Horvath, D. and Szabo, R.Z.(2019), "Driving forces and barriers of Industry 4.0: do multinational and small and medium–sized companies have equal opportunities?", Technological Forecasting and Social Change, Vol. 146, pp. 119–132.

44. Huang, Z., Shahzadi, A. and Khan, Y.D.(2022), "Unfolding the impact of quality 4.0 practices on industry 4.0 and circular economy practices: a hybrid SEM–ANN approach", Sustainability, Vol. 14 No. 23, 15495.

45. Khang, A., Hajimahmud, V. A., Ali, R. N., Hahanov, V., Avramovic, Z., & Triwiyanto, "The Role of Machine Vision in Manufacturing and Industrial Revolution 4.0," Machine Vision and Industrial Robotics in Manufacturing: Approaches, Technologies, and Applications. (1st Ed.) (2024a). CRC Press.

46. Kumar, R.R., Ganesh, L.S. and Rajendran, C.(2021), "Quality 4.0 – a review of and framework for quality management in the digital era", International Journal of Quality and Reliability Management, Vol. 39 No. 6, pp. 1385–1411.

47. Kumar, U., Kaswan, M.S., Kumar, R., Chaudhary, R., Garza–Reyes, J.A., Rathi, R. and Joshi, R. (2023), "A systematic review of Industry 5.0 from main aspects to the execution status", The TQM Journal, Vol. 36 No. 6, pp. 1526–1549.

48. Maganga, D.P. and Taifa, I.W.R.(2022), "Quality 4.0 conceptualisation: an emerging quality management concept for manufacturing industries", The TQM Journal, Vol. 35 No. 2, pp. 389–413.

49. Maganga, D.P. and Taifa, I.W.R.(2022c), "The readiness of manufacturing industries to transit to Quality 4.0", International Journal of Quality and Reliability Management, Vol. 40 No. 7, pp. 1729–1752.

50. Mittal, A., Kumar, V., Verma, P. and Singh, A.(2022), "Evaluation of organizational variables of quality 4.0 in digital transformation: the study of an Indian manufacturing company", The TQM Journal, Vol. 36 No. 1, pp. 178–207.

51. Mtotywa, M.M.(2022), "Developing a quality 4.0 maturity index for improved business operational efficiency and performance", Quality Innovation Prosperity, Vol. 26 No. 2, pp. 101–127.

52. Nenadal, J.(2020), "The new EFQM model: what is really new and could Be considered as a suitable tool with respect to quality 4.0 concept?", Quality Innovation Prosperity, Vol. 24 No. 1, pp. 17–285.

53. Nitin Mittal, Amit Kant Pandit, Mohamed Abouhawwash, Shubham Mahajan(2024), Intelligent Systems and Applications in Computer Vision, CRC Press

54. Pang, C. Shen, L. Cao, and A. V. D. Hengel,(2022) "Deep learning for anomaly detection: A review," ACM Comput. Surv., vol. 54, no. 2, pp. 1–38.

55. Prashar, A.(2022), "Towards digitalisation of quality management: conceptual framework and case study of auto–component manufacturer", The TQM Journal, Vol. 35 No. 8, pp. 2436–2454.

56. Radziwill, N.(2018), "Feature Quality 4.0 – let's get digital: the many ways the fourth industrial revolution is reshaping the way we think about quality", Quality Progress, Vol. 51 No. 10, pp. 24–29.

57. Ramezani, J. and Jassbi, J.(2020), "Quality 4.0 in action: smart hybrid fault diagnosis system in plaster production", Processes, Vol. 8 No. 6, p. 634.

58. Sader, S., Husti, I. and Daroczi, M.(2019), "Industry 4.0 as a key enabler toward successful implementation of total quality management practices", Periodica Polytechnica Social and Management Sciences, Vol. 27 No. 2, pp. 131–140.

59. Sader, S., Husti, I. and Daroczi, M.(2021), "A review of Quality 4.0: definitions, features, technologies, applications, and challenges", Total Quality Management and Business Excellence, Vol. 33 No. 9, pp. 1164–1182.

60. Saihi, A., Awad, M. and Ben–Daya, M.(2021), "Quality 4.0: leveraging Industry 4.0 technologies to improve quality management practices – a systematic review", International Journal of Quality and Reliability Management, Vol. 40 No. 2, pp. 628–650.

61. Santos, G., Sa, J.C., Felix, M.J., Barreto, L., Carvalho, F., Doiro, M., Zgodavova, K. and Stefanovic, M.(2021), "New needed quality management skills for Quality Managers 4.0", Sustainability, Vol. 13, 6149.

62. Shin, W.S., Dahlgaard, J.J., Dahlgaard–Park, S.M. and Kim, M.G.(2018), "A quality scorecard for the

era of industry 4.0", Total Quality Management and Business Excellence, Vol. 29 No. 9, pp. 959–976.

63. Sikorska,J.Z., Hodkiewicz, M., Ma, L.(2010), Prognostic modelling options for remaining useful life estimation by industry, Mechanical Systems and Signal Processing Vol. 25, pp. 1803–1836.

64. Sony, M., Antony, J. and Douglas, J.A.(2020), "Essential ingredients for the implementation of Quality 4.0: a narrative review of literature and future directions for research", The TQM Journal, Vol. 32 No. 4, pp. 779–793.

65. Sony, M., Antony, J., Douglas, J.A. and McDermott, O.(2021), "Motivations, barriers and readiness factors for Quality 4.0 implementation: an exploratory study", The TQM Journal, Vol. 33 No. 6, pp. 1502–1515.

66. Souza, F.F.d., Corsi, A., Pagani, R.N., Balbinotti, G. and Kovaleski, J.L.(2022), "Total quality management 4.0: adapting quality management to Industry 4.0", The TQM Journal, Vol. 34 No. 4, pp. 749–769.

67. Thekkoote, R.(2022), "Enabler toward successful implementation of Quality 4.0 in digital transformation era: a comprehensive review and future research agenda", International Journal of Quality and Reliability Management, Vol. 39 No. 6, pp. 1368–1384.

68. Zonnenshain, A. and Kenett, R.S.(2020), "Quality 4.0 the challenging future of quality engineering", Quality Engineering, Vol. 32 No. 4, pp. 614–626.

69. https://asq.org/quality-resources/quality-4-0

70. https://efqm.org

71. www.ksa.or.kr

72. https://www.iso.org

73. https://www.juran.com

74. https://www.nist.gov/baldrige